# 井筒俊彦ざんまい

若松英輔［編］

慶應義塾大学出版会

1980年、北鎌倉にある自宅の書斎にて

井筒邸にある２つの書斎には、日本語、中国語、アラビア語、ペルシア語文献を中心に
１万５千冊余が収蔵された。なかにはイラン国外では貴重な石板本が90冊含まれる

南側に面したもう１つの書斎。机にはパイプなどの愛用品が置かれている

書棚には、世界の旅先で出会ったふくろうの置物が多数並ぶ（本書目次にも登場）

書斎入り口

写真撮影　渋川豊子（右頁上の写真を除く）

1986年12月14日、天理国際シンポジウム'86の会場にて
右から、ウィルフレッド・C・スミス、井筒俊彦、井筒豊子夫人

提供　天理大学

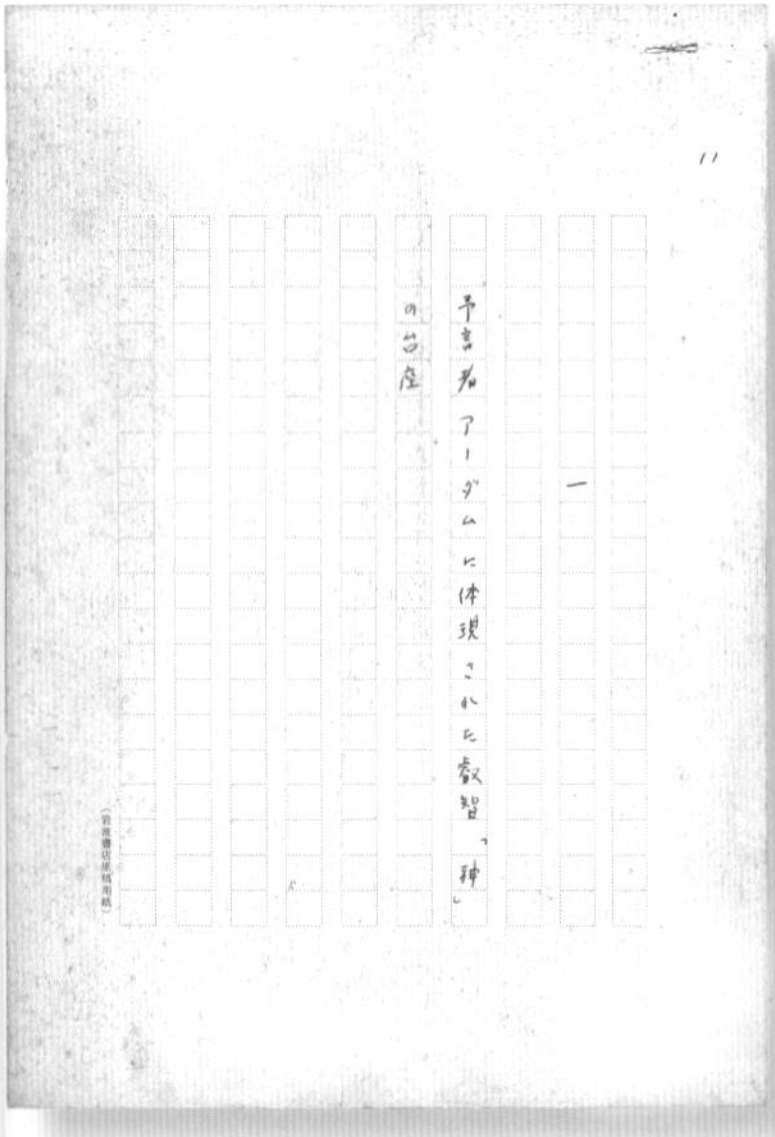

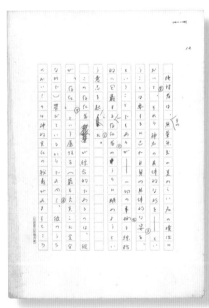

イブン・アラビー著『叡智の台座』第1章の新発見翻訳原稿(『井筒俊彦全集 別巻』5–42頁に収録)
スペイン出身のこの神秘主義哲学者に、井筒は長年のあいだ深い関心を寄せていた

井筒俊彦ざんまい　目次

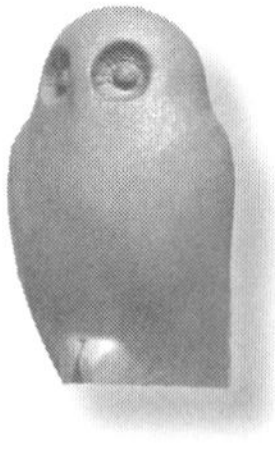

## Ⅲ――追悼

## Ⅳ――継承

# 知られざる井筒俊彦

## 若松英輔

「読む」という行為をめぐって井筒俊彦（一九一四―九三）は、独創的な、ある種の人から見ると、容易に受け入れがたいと思われるような認識をもっていた。

> 意味連関の生きた全体構造が、おのずからにして指示する必然不可避的思考の線にそって考えを推し進めてゆくとき、はじめて与えられたテクストを正しく誤読するということが可能になるのだ。現に書かれている思想についても、書かれていない思想についても。書かれている思想だけが読まれるのではない。誤読的コンテクストでは、顕示的に書かれていないコトバも、あたかも書かれてそこにあるかのごとく読まれるのでなくてはならない。構造的に緊密な思惟の必然性には、それだけの力がある、と私は思う。（「マーヤー的世界認識」）

「書かれている思想」だけでなく、「書かれていないコトバも、あたかも書かれてそこにあるかのごとく読まれるのでなくてはならない」これが、井筒における読書の技法だった。「読む」は、「書く」に勝るとも劣らない創造的営為となり得るとも彼は信じていた。

井筒が「読む」の意味を論じるとき、その対象は通常、古典と呼ばれる書物、あるいはそれに準じる役割を果たす著作である。古典は、書かれたときに古典になるのではない。それはあまたの人々によって「読まれる」ことによって誕生する。

若き日の主著『神秘哲学』は刊行から七十年が過ぎ、今、新たな読者を獲得しつつある。井筒の著作もまた、「古典」と呼ぶべきものへと変貌しつつある。没後二十年を経た今、私たちは彼の同時代人、あるいは彼の後継者たろうとする人々の言葉をたよりにしながら、改めて井筒俊彦の言葉を扉にしながら、彼の「コトバ」を読もうとしている。私たちもまた、目に映る文字を記号的に追うだけでなく、「書かれていないコトバ」を「読む」力を呼び覚まさなくてはならないのだろう。

本書では、広い意味での同時代人の言葉を交差させるところに、知られざる井筒俊彦を浮かび上がらせたいと願った。並列的に眺めるように比較するためではなく、交点を見出すことで近代日本精神史はもちろん、世界思想史に新しい扉を開く糸口になればと願っている。

一九六七年にはじめて出席したエラノス会議が井筒にもたらした影響は、計り知れない。会議に出席した同時代人との交わりだけでなく、この場で語るべき言葉を探すことがそのまま、彼の哲学の核を形成している。

このことの意味を早い時期から指摘していたのが澤井義次である。彼は生前の井筒とも交わりを深くしていた。澤井の射程は、いわゆる「日本的哲学」からだけでは井筒の哲学を充分に読み解くことができないという示唆であり、また導きとなっている。

エラノス会議との交わりを考察しながら、世界思想史を舞台にして井筒俊彦を考えるとは、西洋の思想家と井筒の対比だけを指すのではない。日本に生まれた彼を、国境を超えた地平で考え直してみることにほかならない。安藤礼二は、空海と井筒をそうした場所で「対話」させようとしている。西洋哲学の秩序とは異なる「東洋哲学」の起源を空海に発見し、その継承者の一人として井筒に注目するのである。

井筒俊彦を世界思想史の現場で捉えなおすこと、それも後世に生きる私たちに託された、重要な仕事の一つになるだろう。丸山圭三郎（一九三三―九三）は、井筒におけるエラノスの意義に気がついていた一人だった。彼こそ独創的な井筒論を書けた一人だった。私たちは、井筒から丸山への影響だけでなく、丸山から井筒への影響も考えてよい。「コトバ」という表記においても、意味は同じではないとしても、丸山は井筒に先んじて用いていたのである。互盛央の論考はこの二人のあいだにあって充分に顧みられていない問題を照らし出している。

一九七九年に革命が起こりイランから帰国したあとの井筒の仕事は、合庭惇との出会いがなければ生まれなかった。合庭は編集者としてしばしば、井筒の文章を最初に読む立場にいた。だが、それだけでない。彼はその奥にあるものを、ときに書き手よりもはっきりと見通すことがあった。彼の文章からは、これまで語られることのなかった現場の井筒俊彦の姿がかいま見られる。

晩年の井筒俊彦が、在イラン時代の教え子でもあったナスロッラー・プールジャヴァーディーを相手に自身の公生涯を語ったインタビューの記録が本書に収録されている。行われたのは一九八四年、ロンドンにおいてだった。井筒がテヘランを後にしてから五年が経過していた。

インタビューで、プールジャヴァーディーが井筒にイスラーム研究の変遷を尋ねつつ、研究者として、なぜイスラームにこれほど没入することになったのかと尋ねる。すると井筒は、よく尋ねられるのだが、理由は、はっきりとはわからない。「一種謎めいたもので」自分にも論理的な説明が難しい。いえるのはイスラームが自分を摑んだということくらいだ、と述べている。

人生に合理では説明できないことが幾つもあることは誰でも知っている。其れにもかかわらず、他者の生涯を理解するときに急に合理の物差しでそれを計ろうとしても無駄だ。

後日行われた遠藤周作（一九二三―九六）との対話で井筒は同じ質問に対し、違った発言を残している。イスラームとの邂逅をめぐってはあまりによく尋ねられるので「いちいち答えるのも面倒だから、偶然の連続で思わず知らずそういうことになってしまった」と答えることにしているが、実は理由は別にある。中学生時代に起ったある出来事が切っ掛けになったといい、キリスト教の「神」を巡る体験をなまなましく語り始めた。

イスラームに出会う以前、ユダヤ教、キリスト教、イスラームといった宗教の枠に収まらない、霊性的地平での「神」との邂逅が、まずあったというのである。

本書に収めた「井筒俊彦氏のこと」の作者関根正雄（一九一二―二〇〇〇）は、若き日に井筒と共にヘブライ語を学び、『旧約聖書』を読み解いた文字通りの旧友だった。この一文は、ルドルフ・オットーのいう「ヌミノーゼ」である「神」との邂逅の消息も伝えている。そうでなければ、関根の将来も違ったものになっていただろう。後年、関根は、旧約学の泰斗となる。

関根は内村鑑三（一八六一―一九三〇）の最晩年の弟子だった。その背景にあるのは内村の無教会の伝統だった。関根が井筒に内村のことを話さなかったとは考えづらい。井筒の著作に内村に関する記述はない。しかし、二人は終末の意味を真摯に考え得た者として強く共鳴している。

たしかに井筒は、日本人としてはじめてイスラーム思想史を書いた人物であり、イスラーム学においてもある貢献をしたが、彼自身はイスラーム学者と自称したことはない。また、彼はムスリム、イスラーム教徒でもない。

読者は、井筒のイスラーム理解は、学問的な、あるいは普遍的な事実を伝えているものであるより、彼の主体的な認識、そこで経験された彼の真実が語られたものであることもその著作を読むときに念頭においてよい。彼自身が語っているように、イスラームに関心があってそれに意味論的な解釈を加えたのではなく、イスラームは彼にとって、コトバの形而上学を深化させ得る比類なく豊饒なコトバの沃野だったのである。

井筒がいうコトバ、それは狭義の学問的領域をはるかに超えたところで生起している。本書に収録した文章の書き手たちが多様な分野から集結していることも、井筒の哲学が、従来の意味での「哲学」をはるかに超えた場所で起こっていたことを明示している。

冒頭に引用した一節にもあった「コトバ」は、井筒俊彦の哲学を読み解くとき、もっとも重要な鍵語《キーターム》となる。主著となる『意識と本質』を雑誌の連載しているとき、井筒はそれまで「言葉」と書いていた文字を「コトバ」と書き改めるようになった。コトバと書くとき、井筒が想起するのは言語の姿をした言葉ではない。その枠組みにとらわれないさまざまな形姿をしたうごめく意味のかたまりを指す。

日常生活にあっても、私たちはさまざまなコトバとともに生きている。意思疎通でも言語のみならず、さまざまなコトバを用いている。絵を描くとき色と線はコトバになり、楽器を奏でるときは旋律がコトバになる。彫刻家にとってはかたちがコトバであり、祈る者にとっては沈黙こそがもっとも雄弁なコトバになる。井筒俊彦の哲学とは、存在世界の奥にコトバの深み、すなわち生ける意味の深みを探ろうとする営みだったといってよい。

現代人はコトバの場所をより広く、また、より遠く拡張することに労力を費やしてきた。デジタル社会は、瞬時にして数千キロ離れた場所ばかりか宇宙空間にいる人とのコミュニケーションを可能にしている。だが、井筒が重要性を指摘するのはそうした水平的な広がりのなかでの行為ではない。むしろ、今いる場所を掘り下げる垂直的な意味の世界への旅なのである。「『東洋思想』編纂の立場から」と題する一文で井筒は、デジタル型の単線的アプローチを突破するには、「コンテクストの照明のなかで「読み」なおしていく努力を怠るべきではないと思う」と述べ、こう言葉を継いだ。

> 言い換えるなら、特定の鍵概念の整合的組織体として成立している個々の思想伝統が、それぞれの自閉的孤立状態を脱して、他のすべての伝統にたいして意味構造的に開かれたものになり得るような広い統合的な場を作り出さなくてはならない。(「『東洋思想』編纂の立場から」)

個々の学問が、その扉を開け放ち、叡知の平原にむかって足を踏み出すとき、世界はその姿を変える。無数に細分化された学問が、来たるべき統合と均衡のなかで新生するためには、ある場、あるいは媒介者を必要とする。井筒は、「東洋哲学」こそがその役割を担い得ると考えた。「東洋」も井筒俊彦の哲学に接近するための重要な鍵語である。それは単に地理的領域を示す術語ではなかった。『意識と本質』の副題が「精神的東洋を索めて」となっているように、それは内面世界の境域を示す術語でもあった。
研究者たちの多くは、テクストの外的世界を記号的に眺めるのに忙しい。いわば、過去から語り継がれた意味の衣しか見ていない。衣の奥にあるものを「見る」こと、それが井筒にとっての「東洋哲学」だった。井筒は、「意識と本質」の主題を「東洋哲学の共時的構造化」と表現したこともある。彼が言う「共時的」とは、過ぎれば二度と戻らないはずの過去を、時間の秩序を突破して今の次元に呼び起こそうとすることを指す。「共時的」世界では歴史と今が共存する。人はそこで古典の作者と「今」の人として向き合うことになる。

本書に収められた追悼文も、彼を懐かしむために読むのでは充分ではない。私たちは「読む」ことで彼を共時的世界に呼び出すこともできる。このことこそ、『意識と本質』で彼が試みたことの本質だった。

別な一文で井筒は、『論語』に記された「温故知新」という四字熟語にふれ、「使いふるされた表現だが、「温故」と「知新」とを直結させることで、この『論語』の言葉は「古典」なるものに関わる真理を言い当てている」と述べる。さらにこの熟語は「読む」ことの秘儀を伝えているといい、次のように続けた。

> 「古典」とは、まさしく古さを窮めてしかも絶え間なく新しくなるテクスト群なのだ。新しくするもの、それは常に、「読み」の操作である。(中略)幾世紀もの文化的生の集積をこめた意味構造のコスモスが、様々に、大胆に、「読み」解かれ、組み変えられていく。現代の知的要請に応える新しい文化価値創出の可能性を、「温故」と「知新」との結合のうちに、人々は

探ろうとしている。(「テクスト『読み』の時代」)

古典はいつの時代にもよみがえる、というよりも、どの時代にも新しくよみがえり得るものこそ、「古典」と呼ぶにふさわしいと井筒は考えている。それは読まれることによって、時空のへだたりを超えて現在に新たないのちをおびるものにほかならない。

詩と哲学を架橋すること、それは井筒俊彦の原点だった。彼にはいわゆる哲学の師はいない。そもそも彼は大学で哲学を専攻していない。慶應義塾大学で彼が大きな影響を受けた人物は二人の詩人だった。一人は西脇順三郎(一八九四―一九八二)であり、もう一人は釈迢空というもう一つの名をもつ折口信夫(一八八七―一九五三)である。井筒は二人から特定の学説を継承したのではない。彼が受け継いだのは世界と対峙する姿勢、世界の深みを流れる詩的言語を聞き逃すまいとする態度だった。

司馬遼太郎(一九二三―九六)、遠藤周作、日野啓三(一九二九―二〇〇二)、安岡章太郎(一九二〇―二〇一三)、江藤淳(一九三二―九九)といった複数の文学者たちが、井筒への強い反応を告白に似た言葉で語るところにも必然があった。彼らは、同時代の文学に見出すことができなかった高次の詩学を井筒の言葉に発見していたのである。

詩はつねに「生ける」ものをとらえる。止まっているものの中にさえ、「生ける」存在のはたらきを見出そうとする。『神秘哲学』に明らかなように、井筒が関心を示したのは、「生ける」ものだった。生ける言葉、生ける叡知、生ける哲学をもとめた。

『意識と本質』で彼は、本居宣長が世界に向き合う態度にふれながら、「宣長にとって、抽象概念はすべてひとかけらの生命もない死物にすぎなかった」という。「概念」をいくら積み上げて見たところで叡知に近づくわけではない。井筒がいう「哲学」において、叡知への道が開かれるのはつねに生けるものとの交わりにおいてだった。

こうした思索の態度に河合隼雄（一九二八―二〇〇七）は強く影響を受けている。彼にとって臨床の現場は、「こころ」と「こころ」が生けるものとした「コトバ」を交え、治癒を招き入れることにほかならなかった。後期の河合において井筒との出会いは決定的に重要な意味を持つ。河合の言説のなかにも未来の井筒俊彦を予見させる言葉を見出すことができるだろう。

「レンマ学」を提唱する中沢新一は、井筒俊彦の哲学と驚きをもって邂逅しえた人物のひとりだった。ロゴスが知性によって世界を把捉しようとすることだったのに対し、「レンマ」は、直観によって「直に」世界と交わろうとする。中沢は、井筒俊彦の個々の学説を読み解くのではなく、その問題そのものを深化させ、変貌させようとする。井筒の哲学的態度を受け継ごうとする。さらに、こうした営為を通じて、これまで思想の常識というヴェールに隠されていた精神の地下水脈を浮き彫りにしようとしているのである。

今、わたしたちは、井筒の哲学を解読するだけでなく、彼によって語られなかったものを継承し展開する時期にきている。そうした営みの道程においてこそ、知られざる井筒俊彦に出会えるのではないだろうか。

# 井筒俊彦年譜

## 1914（大正3）年
5月4日、東京・四ツ谷にて、父・信太郎、母・シン子の間に生まれる。信太郎は新潟の出身、米問屋の次男。禅に親しみ、碁と書をよくし、夏目漱石を愛読した。信太郎は息子に、幼い頃から『無門関』、『臨済録』、『碧巌録』といった禅籍や『論語』などの素読と独自の瞑想、内観法を教えた。

## 1927（昭和2）年　13歳
キリスト教プロテスタント・米国メソジスト監督教会の創設になる青山学院附属の中等部に入学。毎朝行われる礼拝に馴染めず、心身症のような状態になる。ある日、礼拝中に嘔吐するが、このことが契機となって、キリスト教嫌いは急速に癒え始め、かえって興味を覚えることになる。のちに井筒はこの出来事を一神教の原経験となるものだったと回想している（遠藤周作との対談「文学と思想の深層」）。中学生の頃から西脇順三郎の作品を愛読し始める。

## 1931（昭和6）年　17歳
中等部を卒業、慶應義塾大学経済学部予科入学。ここで生涯の友となる池田彌三郎に出会う。また、この頃、東京外国語学校（当時）の夜間部で除村吉太郎からロシア語を学ぶ。

## 1934（昭和9）年　20歳
京都帝国大学文学部を受験、合格し、新聞にも発表されたが、手続きに問題があり入学できなかった（池田彌三郎『三田育ち』）。慶應義塾大学経済学部予科から、同大学文学部英吉利文学科に転ずる。このとき池田彌三郎、加藤

父・信太郎

信太郎と井筒

母・シン子

守雄と共に経済学部の教科書である簿記原論を数寄屋橋から投げ捨て、文学部への転部を祝った。指導教授に西脇順三郎を選ぶ。のちに井筒は、西脇を「生涯ただひとりの我が師」(「追憶」)と呼んでいる。西脇門下になった後も折口信夫の講義の聴講を続け、その模様を西脇に報告するなどしていた。

## 1935(昭和10)年　21歳

1月、散文詩「ぴろそぴあはいこおん」(池田彌三郎主筆同人誌『ひと』)。T・S・エリオットの詩「荒地」を翻訳し、池田彌三郎に渡すが、その草稿は紛失したという(池田弥三郎「酒、歌、タバコの青春期」奥野信太郎編『三田にひらめく三色旗』)。

## 1937(昭和12)年　23歳

慶應義塾大学文学部助手になる。この頃、のちに『神秘哲学』の基となる「ギリシア神秘思想史」を講義する。

ユダヤ学者小辻節三が主宰していた「聖書原典研究所」でヘブライ語を学ぶ。そこで関根正雄と出会い、アラビア語、ギリシア語の勉強会を始める。

アブド・ラシード・イブラーヒームを知る。イブラーヒームはパン・イスラミズムを唱導するタタール人活動家で、頭山満らとヨーロッパ支配からの脱却をめぐって討議を重ねていた。イブラーヒームは、井筒にアラビア語とイスラームについて教えた。井筒は入信することはなかったが、イブラーヒームは「おまえは、生まれつきイスラーム教徒だ。生まれたときからイスラム教徒なんだから、おれの息子だ」と語るなどして深く井筒を愛したという(司馬遼太郎との対談「二十世紀末の闇と光」)。

## 1938年(昭和13)年　24歳

慶應義塾大学文学部助手から同大学語学研究所の研究員となる。

「東京にて、アブド・ラシード・イブラーヒームより」

左端が井筒、右端が池田彌三郎。慶應義塾図書館旧館前で撮影

## 1939（昭和14）年　25歳

この年から本格的に論文や書評の執筆、発表を始める（9月、「最近のアラビア語学」、12月、「アッカド語の -ma 構文について」いずれも『言語研究』、など）。この頃、イブラーヒームの紹介で、ムーサー・ジャールッラーハと出会う。ムーサーはイスラームの大学者（ウラマー）で井筒のイスラーム神学・哲学の師となった。同じくこの頃、大川周明の知遇を得る。井筒は、大川の主宰する満鉄東亜経済調査局が海外から購入したイスラーム大叢書をはじめとするアラビア語文献の整理に携り、それらを自由に閲覧することができるようになった。このときの経験がのち41年刊行の『アラビア思想史』に結実する。

その後、同調査局附属研究所でアラビア語を教えると同時に、回教圏研究所で研究員を務めるなど学外でも旺盛な研究、教育活動を行っている。

## 1940（昭和15）年　26歳

8月、「マイモニデスの予言論」（『三田新聞』）、8・9月、「ザマフシャリーの倫理観」（『回教圏』）、10月、「アラビア文化の性格」（『新亜細亜』東亜経済調査局）。東亜経済調査局で前嶋信次を知り、交流を深める。

## 1941（昭和16）年　27歳

7月、『アラビア思想史』（回教圏研究所大久保幸次監修、興亜全書第11巻、博文館）。『アラビア語入門』の執筆を始める（50年刊行）。

## 1942（昭和17）年　28歳

9月、西脇順三郎の主唱により、慶應義塾大学語学研究所（現・同大学言語文化研究所）が開設され、研究員となる。10月、慶應義塾外国語学校創設、西脇順三郎が初代校長に就任。井筒は同校の主事に就任。この学校で井筒は

1937年、後列の右から4人目が井筒、前列の右から4人目が西脇順三郎

「なんでも好きな外国語の講座を置いて、誰でも好きな先生を連れて来る自由を与えられた」(「道程」)。井筒は同研究所で辻直四郎からサンスクリット、多田等観からチベット語を学ぶ。井筒自身はイスラーム哲学を講じた。10月、『東印度に於ける回教法制(概説)』(東亜研究所)。

## 1943(昭和18)年 29歳

7月、日本諸学振興委員会哲学特別学会にて講演「回教に於ける啓示と理性」。10月、「トルコ語」「アラビア語」「ヒンドスターニー語」「タミル語」(慶應義塾大学語学研究所編『世界の言葉』慶應出版社)。

## 1944(昭和19)年 30歳

4月、「回教に於ける啓示と理性」(『日本諸学研究報告』)発表。井筒の肩書きは「慶應義塾大学講師/同外国語学校講師/日本放送協会国際局アラビア語課嘱託」と記されている。6月、「回教神秘主義哲学者 イブヌ・ル・アラビーの存在論」(『哲学』)。11月、「マホメット」「イスラム思想史」「アラビア科学・技術」(『西亜世界史』弘文堂書房)。

8月、アブド・ラシード・イブラーヒーム死去。10月2日、父・信太郎死去、享年59歳。

## 1945(昭和20)年 31歳

3月末日をもって、慶應義塾外国語学校を西脇順三郎校長と同時に辞任。5月、慶應義塾大学語学研究所教授に就任。文学部でロシア文学を講じ、慶應義塾外国語学校でギリシア語、ヘブライ語、アラビア語、ヒンドスターニー語を担当する。

## 1947(昭和22)年 33歳

この頃、白井浩司訳でサルトルの『嘔吐』を読む。療養生活の中、『神秘哲学』の附録部分となる「ギリシアの自然神秘主義」を執筆、出版予定だったが、版元が倒産し未刊となる。

## 1948(昭和23)年 34歳

3月、「ロシアの内面的生活」(『個性』)。

この頃、光の書房の社主上田光雄を知る。上田は井筒に『神秘哲学』の執筆を強く促した。上田は出版社の経営者で、自身も哲学論考の執筆や複数の哲学、思想の翻訳書を刊行している。また、光の書房とは別に「哲学道教団・神秘道」という宗教法人やそれに附属する修道・教育機関である「哲学修道院 ロゴス自由大学」を運営していた。井筒はのちに、上田による「熱烈な支持と激励」がなければ『神秘哲学』は生まれなかったと記している(『神秘哲学』第二部序文)。

5月、「アラビヤ哲学」(『世界哲学講座』第5巻、光の書房)。

## 1949（昭和24）年　35歳

5月、慶應義塾大学文学部英文科の助手として講義「ギリシア語」と「言語学概論」を始める。「言語学概論」は、前年度まで西脇順三郎が担当していた。この講義は、複数年にわたって続けられ、山川方夫、江藤淳、村上博子らがそれぞれ詳細な講義ノートを残している（下の写真参照）。

9月、『神秘哲学――ギリシアの部』（光の書房）。病床で「血を吐きながら」書いた（『神秘哲学』新版前書き）。続編として第二巻ヘブライの部、さらに第三巻キリスト教の部が予定されていたが出版社が倒産し中止。11月、「詩と宗教的実存」（『女性線』）。

ムーサー・ジャールッラーハ死去。

8月15日、母・シン子死去。

## 1950（昭和25）年　36歳

慶應義塾大学文学部助教授に就任。

9月、『アラビア語入門』（慶應出版社）。

## 1951（昭和26）年　37歳

1・10月、『露西亜文学』（全二冊、慶應通信）、8月、「神秘主義のエロス的形態」（『哲学』三田哲学会）。後期「言語学概論」講義を始める（56年まで）。この頃から『コーラン』の翻訳を始める（58年完成）。

## 1952（昭和27）年　38歳

4月、『マホメット』（アテネ文庫、弘文堂）。7月、「トルストイに於ける意識の矛盾性について」（『三色旗』）。11月、「ヒンドスターニー語」（『世界言語概説』上巻、研究社）。

7月8日、佐々木豊子と結婚、西荻窪の家で新生活を始める。

## 1953（昭和28）年　39歳

2月、『ロシア的人間』（弘文堂）。春、国際文化会館の知的交流委員会でカトリック司祭、哲学者のM・C・ダーシ

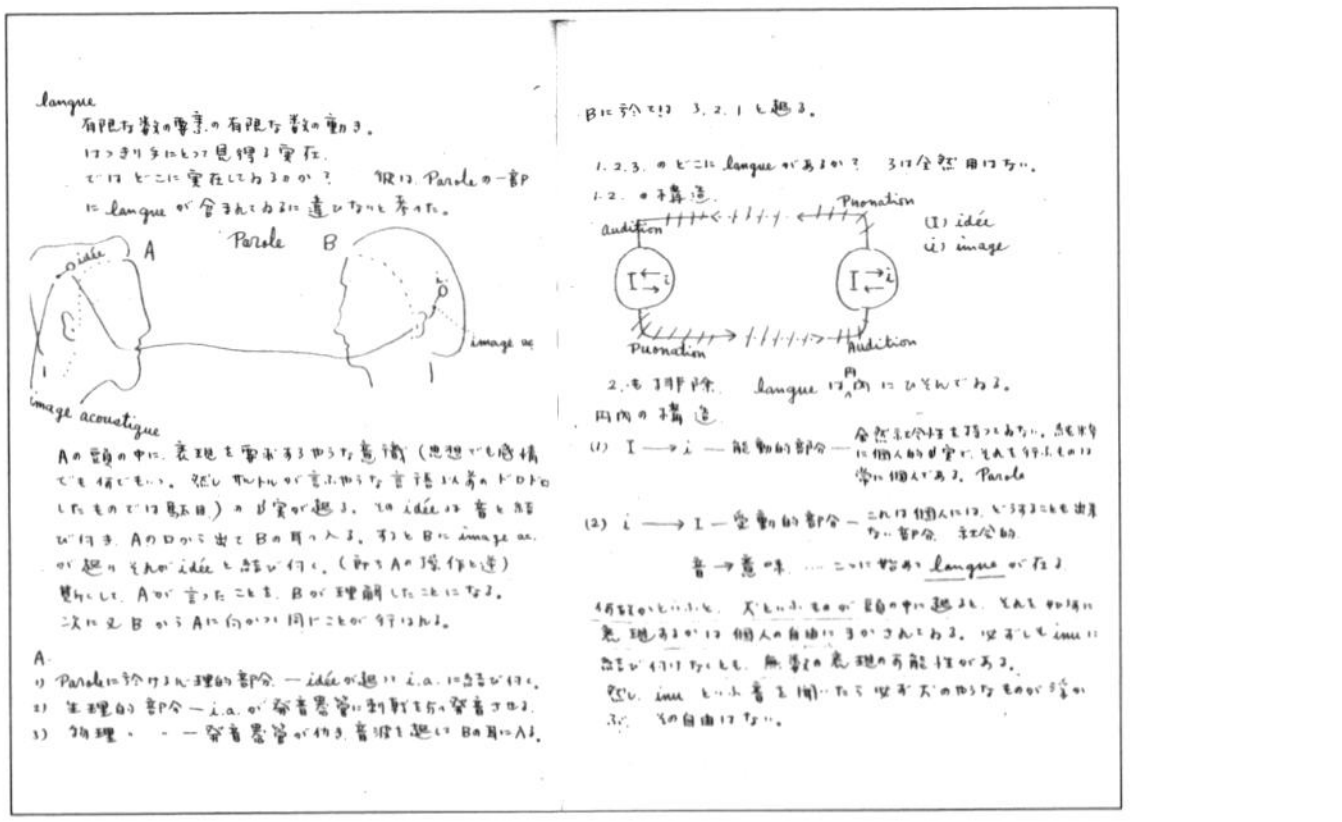


村上博子筆「言語学概論」の講義ノート
1951年10月17日付
慶應義塾大学言語文化研究所蔵

ーに会い、自ら『愛のロゴスとパトス』の翻訳を申し出る。8月、「クローデルの詩的存在論」（『三田文学』）。「詩と宗教的実存」（49年）と「神秘主義のエロス的形態」（51年）、翻訳『愛のロゴスとパトス』（57年）では、神秘主義的傾向の強いフランス・カトリックの著作家に言及している。この頃、井筒はカトリックに親近感を抱いていたという鈴木孝夫の証言もある（『井筒俊彦とイスラーム』）。

### 1954（昭和29）年　40歳

慶應義塾大学文学部教授に就任。10月、『研究社世界文学辞典』（研究社）のアラビア文学・トルコ文学・ペルシア文学の項目を寄稿。

### 1955（昭和30）年　41歳

5月、「アラビア語」（『世界言語概説』下巻、研究社）。夏、京都大学で意味論の集中講義を行う。このとき、佐竹昭広（国文学者）が聴講している。後年、井筒は佐竹の『民話の思想』（中公文庫、1990年）に解説「意味論序説」を寄せている。

### 1956（昭和31）年　44歳

11月、「コーラン」（『世界大百科事典』平凡社）。*Language and Magic*（慶應義塾大学語学研究所）。

### 1957（昭和32）年　43歳

1月、『解説世界文学史年表』（中央公論社）にペルシア・アラビア・トルコ文学に関する項目を寄稿。3月、M・C・ダーシー『愛のロゴスとパトス』（三辺文子との共訳、創文社）、11月、『コーラン』（上中下巻、岩波文庫、翌年6月完結）、12月、「マホメットとコーラン」（『文庫』）。同月、大川周明死去。

### 1958（昭和33）年　44歳

4月、「記号活動としての言語」（『三

表紙

井筒が愛用したコーラン
第17章「夜の旅」の冒頭

色旗』)、「異質的な〝東洋〟」(6月20日付『日本読書新聞』)、7月、「コーランと千夜一夜物語」(『文庫』)。

**1959(昭和34)年 45歳**

ロックフェラー財団の奨学金を受け2年間の留学、初めての海外渡航となる。レバノンに半年間滞在。10月、「レバノンから ベイルートにて」(『三田評論』)。*The Structure of the Ethical Terms in the Koran*(慶應義塾大学語学研究所)。同書を学位請求の主論文として慶應義塾大学文学部に提出、翌60年に文学博士号を授与される。5月、妻・豊子の小説集『白磁盒子』(小壺天書房)が刊行される。

**1960(昭和35)年 46歳**

前年からの留学を継続し、エジプト・カイロに滞在。2月、「レバノンの人と風土」(『朝日ジャーナル』)。8月、シリア、アレッポを訪れる。10月、ドイツで言語学者レオ・ヴァイスゲルバーに会う。その後、パリを経て、モントリオールに到着。マギル大学イスラーム研究所で研究を始める。11月から翌61年4月にかけて滞在し、同研究所で特別講義(61年12月から翌年6月まで)を依頼される。「全てが下り坂にあるヨーロッパ」ではなく、「実力のある学者を世界中から集め、文庫も立派な」この大学を井筒はのちに研究の拠点とすることになる(「カナダ・モントリオールにて」)。

**1961(昭和36)年 47歳**

3月、「カナダ・モントリオールにて」(『三田評論』)。ニューヨークでアメリカ宗教学会総会に参加。7月、「ボストンにて」(『三田評論』)。『コーラン』(岩波文庫)の改訳に着手。

**1962(昭和37)年 48歳**

この頃、言語学者泉井久之助が、井筒を京都大学へ招こうとした。このことが契機となり、6月、慶應義塾大学は、語学研究所を改組し、言語文化研究所を設立、井筒を教授に任命した。初代所長は松本信廣(東洋史・民俗学)。当初、研究所専任教授は、文学部から移籍した井筒と辻直四郎のみという小世帯の研究所だった。

マギル大学へ客員教授として赴任(68年まで)、以後半年を日本で、半年をモントリオールで送る生活になる。

**1963(昭和38)年 49歳**

9月、佐藤春夫『愛の世界』(朝日新聞社)に井筒によるアラビア古詩の翻訳が3篇収められる。

**1964(昭和39)年 50歳**

8月、改訳『コーラン』(上中下、岩波文庫、同年12月完結)、6月、*God and Man in the Koran*(慶應義塾大学言語文化研究所)。

## 1965（昭和40）年　51歳

*The Concept of Belief in Islamic Theology*（慶應義塾大学言語文化研究所）。

## 1966（昭和41）年　52歳

*A Comparative Study of the Key Philosophical Concepts in Sufism and Taoism*（上下巻、慶應義塾大学言語文化研究所。下巻は翌年刊行）。*Ethico-Religious Concepts in the Qur'ān*（McGill University Press）.

鈴木大拙死去。

## 1967（昭和42）年　53歳

6月、「哲学的意味論」（『慶應義塾大学言語文化研究所所報』）。夏、第36回エラノス会議に初めて参加。鈴木大拙に続き、日本人として2番目の正式講演者となる。宗教学者ミルチャ・エリアーデと出会い、親交を深める。エラノス会議で紹介された井筒の専門分野は「哲学的意味論」だった。以降、82年まで15年間にわたって計12回エラノス会議で講演した。

## 1969（昭和44）年　55歳

慶應義塾大学文学部教授を退任、マギル大学に正式に教授として迎えられる（75年まで）。同大学イスラーム研究所テヘラン支部の開設に伴い、テヘランへ移住。前年までは半年間をモントリオール、半年間を日本で暮らしたが、移住後は10年間本拠地をテヘランに据えた。夏、第38回エラノス会議。

6月、「コーラン翻訳後日談」（『三田評論』）、6—7月、ホノルルで行われた第5回東西哲学者会議で講演。冬、エルサレムのヘブライ大学アジア・アフリカ研究所で、カバラー研究の泰斗ゲルショム・ショーレム、マイモニデス研究の第一人者シュロモ・ピネス、原子物理学者であり、新プラトン主義的自然学、時間論を研究するサムエル・サンブルスキーらを聴衆に講演。

1967年夏、初めて参加したエラノス会議にて

1970年頃の夏、エラノス会議にて左からジルベール・デュラン、アンリ・コルバン、井筒、井筒夫人、コルバン夫人

サブザヴァーリー（サブザワーリー）の形而上学テクストおよびその註釈の校訂本（メフディー・モハッゲグとの共著 McGill University, Tehran Branch）。この年、井筒がマギル大学テヘラン支部に赴くと、その数ヶ月後にヘルマン・ランドルトも赴任してきた。2年後にランドルトはテヘランを去るが、「互いの交流が途絶えることはなかった」（ヘルマン・ランドルト「井筒俊彦を回想して」本書収録）。

**1970（昭和45）年　56歳**

夏、第39回エラノス会議。

**1971（昭和46）年　57歳**

マギル大学イスラーム研究所テヘラン支部で講演。

**1972（昭和47）年　58歳**

春、テヘラン大学でイブン・アラビー『叡智の台座』の読書会を始める。読書会は77年まで続けられ、参加者には、のちにイブン・アラビーの研究者として知られることとなるウィリアム・チティック、スーフィズム学者となるナスロッラー・プールジャヴァーディー、ゴラームレザー・アーヴァーニーがいた。

5月20日・24日、テヘラン大学で講演。夏、第41回エラノス会議。9月、マドリッドでの国際中世哲学大会に参加。学会の後、イスラーム学者モンゴメリ・ワット等とコルドバを旅行。11月、*The Structure of the Ethical Terms in the Koran* の翻訳『意味の構造』（井筒俊彦著、牧野信也訳、新泉社）。レイモンド・クリバンスキーが会長を務める国際哲学会 Institut International de Philosophie に加わる。

**1973（昭和48）年　59歳**

2月、「東西文化の交流」（『三田評論』）。夏、第42回エラノス会議。この

70年頃、夫人とテヘランの知人の家で

1974年頃、カナダ・マギル大学のレイモンド・クリバンスキーの研究室で、講演に招いた中村元とともに

頃、サイイド・ホセイン・ナスルと共に『老子道徳経』を英訳する（同氏による本書収録エッセイ参照）。

**1974（昭和49）年　60歳**

2月、「回教哲学所感――コルバン著「イスラーム哲学史」邦訳出版の機会に」（『図書』）。夏、第43回エラノス会議。テヘラン大学より博士号を授与される。

**1975（昭和50）年　61歳**

2月、「禅における言語的意味の問題」（『理想』）。夏、第44回エラノス会議。前年サイイド・ホセイン・ナスルによって設立されたイラン王立哲学アカデミーに教授として迎えられる（79年2月、イラン革命勃発まで）。10月30日―11月6日、ニューヨークで開催されたユング生誕百年記念祭で講演、11月、『イスラーム思想史』（岩波書店）。

**1976（昭和51）年　62歳**

4月―8月、ロンドンで開催されたワールド・オヴ・イスラーム・フェスティヴァルで華厳哲学について講演（"Mutual Interpenetration of All Things"）。夏、第45回エラノス会議。同じく夏、東大寺を訪れる。

**1977（昭和52）年　63歳**

10月、テヘランでの国際シンポジウムにて講演。イラン人建築家のナダール・アルダランと共に、東大寺を再訪。サブザヴァーリーの形而上学テクストの英語訳を、メフディー・モハッゲグとの共著で出版（Caravan Books）。*Toward a Philosophy of Zen Buddhism*（Imperial Iranian Academy of Philosophy）。

**1978（昭和53）年　64歳**

1月、「東西の哲学」（今道友信との対談、『思想』）。井筒監修の「イスラーム古典叢書」（岩波書店）が発刊、3月、

イランのファラ・パフラヴィ王妃に挨拶する井筒と井筒夫人。1974年、同妃の後援でイラン王立哲学アカデミーが設立された

北鎌倉の井筒宅・書斎にて。左から今道友信、松本正夫、井筒、クリバンスキー

翻訳モッラー・サドラー『存在認識の道』、5月、翻訳『ルーミー語録』。

夏、第47回エラノス会議。

10月、『ロシア的人間』（北洋社）。「後記」に再刊の理由を「江藤淳氏の勧誘による」と書いている。帯には「『ロシア的人間』の衝撃」として、江藤淳による次の推薦文が印刷されていた。「井筒俊彦氏の『ロシア的人間』にはじめて接したときの衝撃を、何に譬えたらよいのか私は知らない。慶応義塾文学部で私が親しく教えを受けたこの世界的言語学者は、言語と文学への深い理解を通じてロシア的混沌の奥底を探り、前人未踏の鋭い洞察力でロシア的人間の謎を解き明かしてくれたからである」。

12月、『神秘哲学』（上下巻、人文書院）。

## 1979（昭和54）年　65歳

1月、「対話と非対話」（『思想』）、「追憶」（『回想の厨川文夫』）。

2月、イラン革命勃発のため日航の救出機でテヘランを後にし、アテネ経由で日本に帰国する。このときを境に、井筒は自身の生涯が第三期に入ったという（「道程」）。

5月22日と29日、岩波市民講座で「イスラーム哲学の原点」を講演。6月、「イスラーム世界とは何か」（岩村忍との対談、『中央公論』）。夏、第48回エラノス会議。10月、『イスラーム生誕』（人文書院）。

10月1日―5日、コルドバで開催されたフランス・キュルチュール主催の国際シンポジウム「科学と意識」で講演。10月、アンリ・コルバン死去。

12月、「本質直観」（『理想』）を発表。同月、慶應義塾大学主催国際シンポジウム「地球社会への展望」で講演。同月、『中央公論』の「シリーズ日本人」にエッセイを寄稿。

アンリ・コルバンと。1968年夏、エラノス会議にて

## 1980（昭和55）年　66歳

1月―6月、『三田評論』に連載（「国際会議・学際会議」「道程」「慶應国際シンポジウム所感」「武者修行」「正師を求めて」「師と朋友」）。4月23日、日本文化会議で講演「イスラームとは何か」。5月、『イスラーム哲学の原像』（岩波書店）。6月、「意識と本質」の連載始まる（『思想』、82年2月まで）。同月、「神秘主義の根本構造」（上田閑照・大沼忠弘との鼎談、『理想』）、7月、「イスラームの二つの顔」（『中央公論』）。8月、「転変を重ねて」（『中央公論』）、「東洋哲学の今後」（『21世紀フォーラム部会記録』）、9月、『鈴木大拙全集』内容見本に推薦文「第一級の国際人」（岩波書店）。

夏、第49回エラノス会議。慶應義塾大学言語文化研究所の客員所員であった井筒は、3月末日をもって退任し、同年5月6日、同研究所顧問に就任した。

## 1981（昭和56）年　67歳

1月、「イスラーム文明の現代的意義」（伊東俊太郎との対談、『エコノミスト』）。3月―4月、国際文化教育交流財団主催「石坂記念講演シリーズ」第4回目として3つの講演を行い、同年12月に『イスラーム文化』（岩波書店）として刊行。11月27日―30日、ラバットで開催されたモロッコ王国学士院主催の国際シンポジウム「現代世界における知的、精神的危機」に参加。*The Theory of Beauty in the Classical Aesthetics of Japan*（井筒豊子との共著 Martinus Nijhoff）。慶應義塾大学から名誉教授の称号を授与される。

## 1982（昭和57）年　68歳

1月18日―3月29日、岩波市民セミナー第1回として計10回、「コーランを読む」を講義。

6月5日、慶應義塾大学の恩師西脇順三郎死去、7月5日、同大学経済学部予科時代以来の親友池田彌三郎死去。

夏、第51回エラノス会議。ミルチャ・エリアーデと再会、最後の面会となる。この年が井筒にとって最後のエラノス会議となった。

10月、「追憶――西脇順三郎に学ぶ」（『英語青年』）、「イラン・イスラムの黙示録」（『朝日新聞』10月5日付夕刊）。同月、『イスラーム文化』で第36回毎日出版文化賞受賞。12月、日本学士院会員に選ばれる。柳瀬睦男の依頼を受け上智大学アジア文化研究所で講演。

## 1983（昭和58）年　69歳

1月、「デリダ現象」（『新刊の目』）、『意識と本質』（岩波書店）。同月、「イスラム思想・文化の研究と比較思想史の研究」により朝日賞（朝日新聞社）を受賞。司馬遼太郎と同時受賞、二人の出会いとなる。2月、「幻影の人――池田彌三郎を憶う」（『中央公論』）、

3月、「行脚漂泊の師　ムーサー」（『読売新聞』3月7日付夕刊）、5月、「『読む』と『書く』」（『理想』）、6月、『コーランを読む』（岩波書店）、「ユング心理学と東洋思想」（ジェイムズ・ヒルマンと河合隼雄との鼎談、『思想』）。

6月、パリでジャック・デリダに会う。7月、『西脇順三郎全集』（筑摩書房）別巻月報に「西脇先生と言語学と私」。9月、「デリダのなかの「ユダヤ人」」（『思想』）。12月、日本学士院で研究報告「スーフィズムと哲学」、同月23日、日本工業倶楽部・素修会で「シーア派イスラーム」を講演。バンコクで開催されたユネスコのシンポジウムで講演。*Sufism and Taoism*（岩波書店）。

## 1984（昭和59）年　70歳

1月、上智大学アジア文化研究所で「スーフィズムと言語哲学」を講演。2月、『意識と本質』が第35回読売文学賞を受賞。3月、「語学開眼」（『道』第7巻）、「シーア派イスラーム」（『世界』）、「文化と言語アラヤ識」（『現代文明の危機と時代の精神』岩波書店）。4月、「書く」——デリダのエクリチュール論に因んで」（『思想』）、「単数・複数意識」（『文学』）。

早春、ロンドンのイスマーイール研究所に招かれ、イスラーム哲学における古代インド哲学の受容について3ヶ月間講義を行う。6月、「スーフィズムと言語哲学」、前年に行ったヘルマン・ランドルトとの対談「スーフィズムとミスティシズム」（いずれも『思想』）。

10月26日、第17回日本密教学大会で特別講演「言語哲学としての真言」。同月、「渾沌」（『国語通信』）を発表。

## 1985（昭和60）年　71歳

1月、「文学と思想の深層」（遠藤周作との対談、『世界』）、2月、「『中央公論』と私」（『中央公論』）、「意味分節理論と空海」（『思想』）、3月、「言語哲学としての真言」（『密教学研究』）、7・9月、「東洋哲学のために（1と2）事事無礙・理理無礙」（上下、『思想』）、11月、「三田時代」（『三田文学』）、12月、『意味の深みへ』（岩波書店）。この頃、河合隼雄、新田義弘、上田閑照らと西田幾多郎の勉強会を開催する。

## 1986（昭和61）年　72歳

1月、対談集『叡知の台座』（岩波書店）。3・4月、「東洋哲学のために3創造不断」（上下、『思想』）。4月、ミルチャ・エリアーデ死去。5月12日、日本学士院の例会で講演、7・8月、「イスマイル派「暗殺団」」（『思想』）として発表。9月「エリアーデ哀悼」（『ユリイカ』）、『西谷啓治著作集』への推薦文（第一期、内容見本、創文社）、11月、「「開かれた精神」の思想家」（『プロティノス全集』内容見本、中央公論社)。
12月13日―17日まで、天理大学で行われた天理国際シンポジウム'86「コスモス・生命・宗教」に参加、「コスモスとアンティ・コスモス」を講演。

**1987(昭和62)年 73歳**

1月、「「気づく」――詩と哲学の起点」(『思想』)、3月、「東洋哲学のために 5 コスモスとアンティ・コスモス」(『思想』)、4月、「風景」(『月刊 かながわ』)、9月、「いま、なぜ、「西田哲学」か」(『西田幾多郎全集』第四次、内容見本、岩波書店)。12月、編纂委員として「編纂の立場から」を『岩波講座 東洋思想』内容見本(岩波書店)に寄稿。

**1988(昭和63)年 74歳**

1月、「中世ユダヤ哲学史」(『岩波講座 東洋思想』第2巻)、2月、「下村先生の「主著」」(『下村寅太郎著作集』内容見本、みすず書房)、8月、「東洋哲学のために 6 禅的意識のフィールド構造」(『思想』)、10月、「言語現象としての「啓示」」、「アヴィセンナ・ガザーリー・アヴェロエス「崩落」論争」(『岩波講座 東洋思想』第4巻)、「テクスト「読み」の時代」(『新日本古典文学大系』内容見本、岩波書店)、11月、「思想と芸術」(安岡章太郎との対談、『三田文学』)。

**1989(昭和64/平成元)年 75歳**

4月、「東洋思想」(『コンサイス20世紀思想事典』三省堂)。6月、「東洋的主体性の諸相 1 TAT TVAM ASI(汝はそれなり)」(『思想』)。7月、『コスモスとアンチコスモス』(岩波書店)。

**1990(平成2)年 76歳**

1月、「東洋的主体性の諸相 2 マーヤー的世界認識」(『思想』)。8月、中公文庫版『イスラーム生誕』(中央公

撮影 渋川豊子

書斎には日本語・中国語に加え、主にアラビア語・ペルシア語文献1万5千冊余が所蔵されていた。

論社)。平凡社『エラノス叢書』監修者として「エラノス精神の新しい発露に向けて」(内容見本)、10月、「「エラノス叢書」の発刊に際して」(第1巻『時の現象学 Ⅰ』)。

## 1991(平成3)年 77歳

3月、中公文庫『イスラーム思想史』(中央公論社)。10月、『井筒俊彦著作集』(全12巻、中央公論社)の刊行が始まる(完結は没後の93年8月)。

## 1992(平成4)年 78歳

5月、『中央公論』で連載「東洋哲学覚書 その一 意識の形而上学——『大乗起信論』の哲学」を開始したが第3回が絶筆となる。妻豊子によれば、第1回「存在論的視座」、第2回「存在論から意識論へ」、第3回「実存意識機能の内的メカニズム」と続いて、さらに数篇の執筆が予定されていたという(全集第10巻595頁)。

晩秋、司馬遼太郎との対談「二十世紀末の闇と光」を行う(発表は翌年1月『中央公論』)。

## 1993(平成5)年

1月7日、朝、執筆を終え、寝室へ向かう途中、絨緞につまずき転倒。何ごともないかのように立ち上がり、妻豊子に「お休み」と声をかけたがこれが最後の言葉となる。午前9時頃、寝室で脳出血を起こす。同日、午後4時45分鎌倉市の病院にて死去。享年78歳。葬儀は本人の遺志で行われなかった(墓所は鎌倉円覚寺雲頂庵)。

没後1月、司馬遼太郎との対談「二十世紀末の闇と光」(『中央公論』)、3月、『東洋哲学覚書 意識の形而上学——『大乗起信論』の哲学』(中央公論社)。9月、丸山圭三郎死去。

*若松英輔作成「井筒俊彦年譜」にもとづく(『井筒俊彦全集』別巻)

『井筒俊彦著作集』内容見本

92年、司馬遼太郎との対談時に撮影した写真

# I——原点と回想

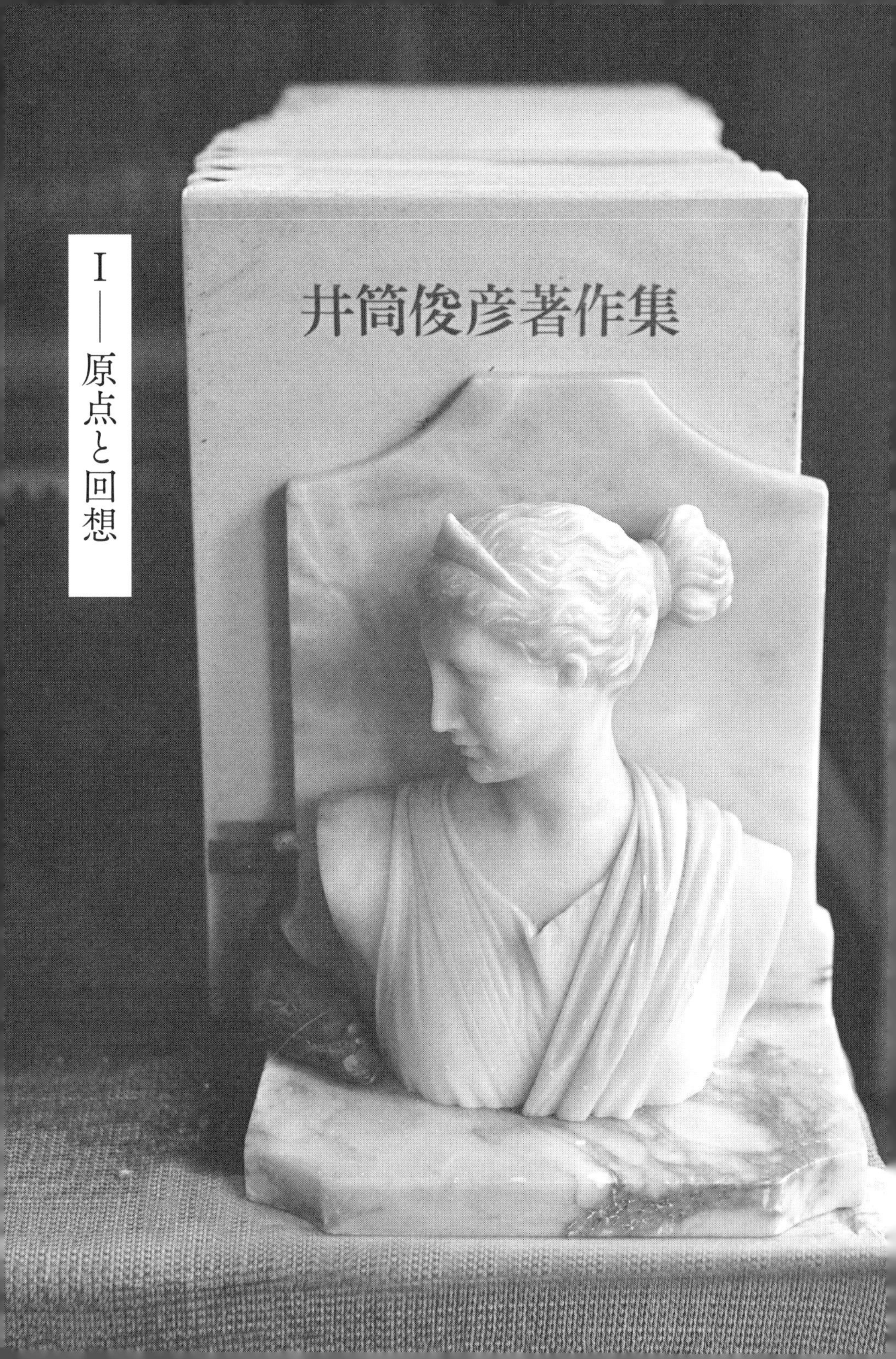

扉写真
居間に置かれたブックエンド
撮影　渋川豊子

# 時代への批判者

白井浩司

井筒俊彦さんは私にとって、昨年芸術院会員になられた戸板康二さん、十年前に忽然と逝かれた池田彌三郎さんと並んで仰ぎ見る先輩という感じである。少し年下である私の場合は、予科の三ヵ年は日吉、学部の三ヵ年は三田という制度になっていて、昭和十三年四月から同十六年三月までが三田だったが、学校での勉強には身が入らなかった。国家総動員法の施行、日独伊三国軍事同盟の締結、大陸での事変の勃発など急激な歴史の進行は未来への展望を奪うものだった。その上ヨーロッパで第二次大戦が起きフランスが緒戦で敗れたために、フランスの評価は下がる一方で、フランスよりはドイツ、文科よりは理科が重んじられる風潮となった。

旧制の暁星中学にいたころ、永井荷風と三田文学、それにフランス文学に心惹かれていたので慶應の仏文学科に入ったのだが、もともと志の低い人間だった私は、大学を卒業したら仏語を活用できる会社に入り、仕事の傍ら好きな小説が読めればいいと考えていた。だが卒業後の徴兵検査で第三乙種合格となり、召集は必至の状況となった。ぶらぶらしているうちに十二月八日がきて、職のない者は軍事工場に徴用されるという噂が飛び、周章てて職を探し日本放送協会（NHK）の海外放送の仏語班に勤務することになった。大本営発表などを仏訳するのである。

井筒さんはそのころ英文学科の助手だったと思うが、アラビア語放送の手伝いをしておられたようで、局内や新橋第一ホテル地下一階のレストランでときたまお見かけした。遅番は午後からの出勤なので、夕食を内幸町界隈でとることができるのである。昭和十七年六月、ミッドウェイの海戦で海軍が、大本営発表とは反対に潰滅的打撃を受けたことを、仏語を話すベイルート出身のアラビア人から聞いて、戦いが終るのも時間の問題かと思ったが、収拾策など持ち合せていなかった軍部が敗戦を認め降伏するには、二発の新型爆弾（原子爆弾のこと）と御聖断とが必要だった。

　戦時中私がついに召集されなかったのは、戦後になって聞いた話だが、要員として召集免除の措置がとられていたせいらしい。ともかく私は昭和二十二年四月から母校で教鞭をとることになったが、専門課程ではなく、法学部や工学部の第二語学の仏語を受持ったのである。ただ、突如としてサルトルが持て囃されるようになり、塾生のときに翻訳した『嘔吐』が友人の出版社（青磁社）から急遽、刊行されることになった。戦後のどさくさにまぎれてなので、翻訳権も取らず、誤訳、誤釈も数知れずだったろう。のちに、西脇順三郎先生に私淑していた英文学科出身の故鍵谷幸信君が、井筒さんが『嘔吐』の翻訳を貶していると私に教えてくれたが、さもありなんと思った。『存在と無』を入手し理解できたような気になったのは随分あとのことだったし、哲学的素養の点でも生半可な知識しか持っていなかったのだから、きびしい批判を受けても当然だった。

　井筒さんがロシア文学についてすばらしい講義をしている、文学の話ではあるけれども、ソ連に対する批判になっている、と受講者の誰かが言っているのを聞いたのも同じころである。その講義が本になったのを早速買って読んでみると、つぎのような個所があった。

　「この国では、〈父なるツアーリ（皇帝）〉を戴く専制政治や、さもなければ唯物論が、堂々と神の王座にすわることができるのだ。ここでマルクスが、救世主の姿で熱狂的に迎え入れられたのも無理はない。しかもそれがたちまちロシアの黙示録と結びついた。」

　これはロシア人が、「いつでも必ず何かを信じないではいられない人間」だからである。ロシア革命が勃発すると、「地主と資本家と軍人ども」が見境もなく殺害された。革命家たちが、革命の窮極目的である正義の実現を信じ切って、その目的のためならばなにをしても差支えないと考えたのである。狂気にも似たこの政治を動かしていたものについて井筒さんはこう語る。

　「人を惨殺することそれ自体に善悪があるのではなく、ただ何のために殺すかという目的の如何によって殺人の善悪が決まる。（中略）ドストイェフスキー的に言えば〈いっさいが許されている〉のであって、（中略）革命的社会主義は、常識の認める善悪の彼岸においてのみ完成される。」（傍点は執筆者）

敗戦直後のあの時代に、このようなことを言った人が他にいただろうか。ソ連を神聖視し、コミュニズムを金科玉条とするのが知識人の条件であるかの如き趨勢だったにも拘わらず、である。

サルトルは、戦後すぐには第三の道を唱えていたもののほどなく共産党の同伴者となり、死の数年前までソ連の友人であり続けた。彼の左傾は、ソ連の負の部分をまったく見まいとしたことによって生じた。第二次大戦中、ソ連はバルト三国やわが国の北方領土を奪い、東欧諸国を属国化しているが、サルトルは革命後のソ連が領土拡張を行ったことはないと嘯き、スターリンの独裁を、社会主義に到達するための余儀ない廻り道と称した。ソルジェニーツィンの告発を知って漸く収容所の存在を認めはしたが、ソルジェニーツィンの思想は十九世紀流の古風なものだと一笑に付した。

これと対照的だったのがカミュで、ロシアの革命党員を主人公にした戯曲『正義の人々』や評論『反抗的人間』を書いて、目的のためには手段を選ばぬ革命思想を攻撃し、サルトルと論争をした。その結果、サルトルを崇拝し、カミュを無視、あるいは否定する知識人がわが国でも輩出したが、井筒さんは『ロシア的人間』のなかで、すでにこう書いておられる。「カミュが提示するヒューマニズムの諸問題が、ほとん

どそっくりそのままドストイェフスキー的主題の無神論的変奏曲であることを、人はたんなる偶然の一致として片づけることはできない。」驚くべき炯眼と言う他はない。

（しらい　こうじ・フランス文学）

（『井筒俊彦著作集』第3巻付録、中央公論社、一九九二年六月）

# 遠い日の井筒先生

柏木英彦

新学期で賑わう三田の校庭を歩む先生はなかなかのダンディであった。美術史専攻の友人が「あれだけ学問に没頭していると普通あまりかまわないものだけれど、先生は別だなあ、余裕があるよ」と蝶ネクタイ姿に感心していたのを三十数年経った今も覚えている。

大学院に入学した私は、あの迫力にみちた『マホメット』の著者の謦咳に接したいと思っていたが、周囲から「やめた方がいいよ、〈そんなこと知らないの、もう出てこなくてもいいよ〉と軽くあしらわれるのがおち、結局学生を一人にしてしまうんだ」と忠告される。一夏で一言語を完全にものにするとか、数十の言語に精通しているとかいう噂は耳にしていたが、授業については初耳、怖れをなして受講を諦めた。

数年後、先生と辻直四郎先生を教授に戴く言語文化研究所に入る運命にあるとは知るはずもない。あの頃、先生はどういう講義をされていたろう。たまたま博士課程のときの講義題目（昭和三十四年度）が手許に残っているので、それを見ると、博士課程で東洋史特殊研究、修士課程で比較言語学とプラトン『パイドン』講読とあり、なんと哲史文の三専攻にわたっている。

研究所に入った年、ちょうど英文の『イスラーム神学における信仰の概念』が刊行されたところで、井筒教授はアンリ・コルバンとともに斯学の最先端に立っていた。井筒イスラーム学の神髄を示すこの名著の武器は、云うまでもなく意味論的分析、エラノス学会が教授を招くにあたって提示した〈哲学的意味論〉という呼称を、自分の意図を的確に表わすものと、いたく気に入っているようであった。当時は毎年マッギル大学イスラーム研究所に半年間出講、四年後には専任として赴任されたので、親しくお話する機会はなかった。私が個人的に接するのは、もう少し先のことである。

思いがけないことに、コルバンの本を同僚の黒田壽郎氏と共訳することになった。氏が用意した訳稿を検討するのだが、コルバンが得意とする十二イマームの章はとりわけ難解で、図を描いて、こういうことを云おうとしているのではないか、と二人とも考え込んでしまう。一服しているとき「地中海の観光船でフランスの学生が寝ころんでこの本を読んでいるのを見たよ」と氏から聞いて愕然とした。井筒先生のいわば内弟子として徹底的に叩き込まれたアラビア語の実力と独自の発想からいっても、多方面にわたる先生の作品にたいする理解の深さからみても、氏はただ一人の真正の弟子と判ってはいたが、この訳業を通じてその力量にあらためて舌を巻いた。

その頃、夏を日本で過される先生から、一度家にくるようにとの伝言があった。イスラーム学に引き入れられるのではないかと怖れて躊躇していたが、意を決して新築まもない鎌倉のお宅に伺う。美味な和食をいただいた後、四方の壁が天井まで書物で埋まった広い部屋で香り高いブランデーをすすめられると、おのずと緊張も弛んでくるというもの。先生は悠然とパイプをくゆらせ、御自分から一方的に話すようなことはなさらない。談たまたまマッギル大学教授レイモンド・クリバンスキーのことにおよんだ。研究所所報に「スペインの真紅のリキュールをすすりながらアイスキュロスを読んでいる彼を見出した」と書かれているこの高名な学者と、東西両世界の相互理解を哲学的次元で行なうため哲学的共通言語をつくらねばならないという点で、意気相投じたようであった。私は慶応大学で講演を聴いたさいの印象もあって、生意気にも「彼はサロン哲学者ではないでしょうか」と云ってしまった。先生は面白いことを云う奴と思われたのか、それとも一面当っているところがあったのか、後々までこのことを持ち出されて愉しげであった。

ある日、鎌倉山の旗亭に招かれた。このときは東大の今道友信教授も御一緒だったので、二人の天才がどういう対話をするか期待していたところ、これといってまとまった話題は出ず、いささか残念な気がした。後に、先生の〈東方哲学〉をめぐるお二人の対談が計画され、『思想』誌上に掲載された。

とかくするうち、私の怖れていたことが現実になる。イラン王立アカデミーの専任になり、夏休みで帰国された先生「イランに来て比較思想をやってほしいんだ」と。こういうとき、相手の意向をきいているのではなく、先生の頭の中で事はすでに決っているのである。「ペルシア語は僕が教えてあげるから。」困ったことになった、頑健な黒田氏でさえ内弟子時代に健康を害したほどの厳しさ、そもそも研究者が懐に飛び込むようなかたちで近づくと大火傷をする危険が大きい、それにイランの政情はきわめて不安定に思えた。逃げ腰で一日延ばしにしているうちに夏が終り、先生は帰任されたが、いつまでも返事をしないわけにもゆかず、それまでの御厚誼を思うと心苦しかったが、思い切ってテヘランの黒田氏宛断りの手紙を出した。氏はすでに研究所を辞めて、王立アカデミーの専任になっていた。程なく私も研究所を去る。

かつて先生に二つお願いをした。一つは『アラビア思想史』の復刊。これはすぐに聞き容れられ、加筆の上『イスラーム思想史』と題を変えて公刊された。もう一つは古詩を材に〈アラビア精神史〉を日本語で、それも『マホメット』の手法で書いていただくこと。だが、こちらの方は先生の関心が〈東方哲学〉への傾斜を深めるにつれて忘れられてしまったのか、ついに実現されないまま、千古の人となってしまった。

（かしわぎ　ひでひこ・言語学）

（『井筒俊彦著作集』第10巻付録、中央公論社、一九九三年四月）

# つかずはなれず四十年

松原秀一

既にこの月報で数人が多くの学生を魅了した井筒先生の『言語学概論』の授業について語られているが、当時経済学部の学生だった私もこの講義に魅惑され、遂に文学部の大学院に進学したのであった。小林英夫氏の『言語学通論』、大久保忠利氏の多くの啓蒙書が教える言語学と泉井久之助氏の『言語の構造』、小林英夫氏の訳された実証主義批判のフォスラーの『言語美学』などの間で右往左往していた学生に取って、人間の外界認識の手段として言葉を捉えようとする講義は、およそ『概論』として対象を整理する言語学ではなかったが、言語そのものの重層性を如実に感じさせ、学びかけていながら中々に摑み得ないでいたフランス語のなかにも芯があることをおぼろげながらも感じさせて呉れた。フンボルトのエルゴンとエネルゲイアの区別もここで知り、ウナムノ、クローチェの名も覚え、アウエルバッハの『ミメーシス』、フォスラーの『神曲研究』からマラルメまで読まなくてはならぬものが目の前に積まれる感じで、興奮とともにめまいと、取り掛からぬうちからの挫折感もあじわった。

コーツブスキーの *Science and Sanity* を講義で知って図書館で取り掛かり、中途で投げ出して Irving J. Lee の *Language Habits in Human Affairs* をやっと読んだり、授業で言及されたばかりに Porzig の『言語の驚異』を碌に読めもしないのにドイツ語で買ったりした。井筒さんが言語の核心を見つめておられることがその核心は見えないでいるこちらにも如実に感じられた。「見えない物を見る」「本物を見分ける」ということは小学生であった我々に慶應義塾幼稚舎の川村博通先生が繰り返して説かれたことであったが、正に井筒先生の講義は「本物」を感じさせるものであり、見えないものを見せてくれる講義であった。

暁星学園の出身者でフランス語やドイツ語の手ほどきもして下さった川村先生は奇しくも井筒さんと同期の哲学科の出身であられたが、私が傾倒していた井筒氏の名を挙げると「なに。青山学院の青瓢簞か」と言われたことがあった。ムッとした私の反応に驚かれその後こうした言を吐かれることはなかったが、同じく同期で井筒先生と極めて親しかった池田弥三郎氏や長く慶應義塾図書館におられた石川氏にも大変お世話になった。こうした方々がみな同期であることに人生の出会いの不思議を感じる。後にフランスに留学したおり半年前から留学しておられた恩師佐藤朔先生と、同じ時期にパリでお目に掛かったのが縁で多大の影響を受けた蘆原英了氏、井筒先生の数年先輩に当たる厨川文夫先生がやはり慶應義塾での同級生で、それぞれ異なった性格間の友情に取り合わせの妙を感じさせられたものである。

大学院に入ると井筒先生の比較言語学の授業があった。その年は独仏比較文体論をシュトロマイヤァの『フランス語の文体』を批判的に使って教えて頂いた。「文体論」といえばレオ・シュピッツァーの *Stilstudien* を知らなくてはとウィーンのメフィストテレスとシュピッツァーのことも話されたが、こちらは井筒さんこそメフィストテレスだなどと想いながら聴いていたのであった。翌年はサンスクリット語を教えられこの授業には鈴木孝夫氏も列席されていたし、今、成城大学の英文科の教授をしている池上忠弘君も居たのを覚えている。私が仏文科の副手に残った頃は英文と仏文の研究室は共同で井筒先生は英文科の助教授で西脇順三郎、厨川文夫の両教授に岩崎良三先生がおられ鈴木孝夫さんが助手であった。井筒先生は我々のためにアラビア語、クワインの記号論理学など学習会を開いて相手をして下さり、一時は生粋のバスク人であるラバルト神父に毎週来て頂きバスク語の研究会まで開いて下さったが、どのグループでも劣等生であった私はフランス語位しか出来ないと言語学もアラビア語も諦めることとなり、井筒先生からフランス語学をやるならと「Tobler の *Vermischte Beiträge* があったから買っておいて上げました」と未だに使いこなせずに居る五冊本を届けて頂いたりした。当時は中世仏語をやる気はなかったし昭和三十年の七千五百円は大金で代金の工面に苦労したのを思い出す。そのうち井筒先生と鈴木孝夫さんはカナダのマックギル大学に去られ、私はフランスに留学した。

留学中ドイツから手紙を頂きパリで、同じく留学中だった高山鉄男君が空港までお迎えに行き数年振りでお目に掛かったりもした。先生の流暢なフランス語にこちらが恥ずかしい思いをしたりしたものであった。丁度アフリカに駐在していた両親が公館長会議で東京に戻りパリが寄航地で立ち寄った時で、新婚早々だった私の狭いアパートに井筒御夫妻と両親を夕食に招き、アラビアで砂漠を初めて体験された感激を伺ったりした。父が好きで持ってきた京都の漬物を「君、ほら京都のすぐきですよ」と夫人に勧めておられた先生を思い出す。父との会話から後藤末雄さんが交詢社で開いていたパスカル研究会に学生時代の井筒先生も参加しておられたことを知った。

テヘランから井筒先生が五十嵐一君と最後の日航機で脱出されてこられたのは丁度、慶應義塾で第一回国際シンポジアムを開く準備中で井筒先生にパネラーを引き受けて頂く役を仰せつかった。危惧とは逆に気軽に引き受けて頂けた折りに拙著を献呈したが、一読されて「松原君も大分色々なことを覚えたじゃない」と言われてへどもどしたのを思い出す。このシンポジアムが日本生産性本部から「地球社会への展望」の題で出版されることとなったとき先生に英文の発表原稿を和文にして頂きたいとお願いしたら「いやだよ。訳す人があったら直して上げる」と断られた。誰も敢えて手を出すひとが居ない儘に時間は迫ってくるのでやむなく私が訳して手を入れて頂くことができたが、本になると北鎌倉のお宅に招んで下さり御馳走して下さった。とても独りでは伺えず、鋭鋒を避けるのに同僚の並木博君に付き合って貰ったが、食卓で西脇順三郎先生の話になり、西脇さんが三田の「山食」と通称される職員食堂でカレーライスを食べられては「山を降りて食事に行った人達は皆、死んでしまった」と奥野信太郎、今宮新などの美食家（？）を挙げて粗食の賛を述べられたことに言及したら、即座に「僕はいやですね。食事は文化ですからね」と応えられた。以来、お宅に伺うこともなく慶應病院にご入院中、数度お見舞いに伺ったままになっているが、懼れなく近づけないのは学生時代と変わらない。しかし著作は買わずにはいられない。海王星程の距離で周辺を廻っている。

（まつばら　ひでいち・中世フランス文学）

（『井筒俊彦著作集』第9巻付録、中央公論社、一九九二年八月）

# 師としての井筒俊彦先生

牧野信也

思えばすでに四十年も前の昭和二十五年頃、当時、慶応の医学部進学過程の二年生であった私は、自己のアイデンティティーの探求などというほど大仰《おおぎょう》なものではなかったが、家が代々医者であることから、ごく自然に、そして単純な気持で医学部コースに入ったけれども、果してこの道は本当に自分に向いているのか、或いは他により良い道があるのではないか、真に主体的に考えた場合、自分はどの方向に進むべきか、といったことについて私なりに真剣に取組んで考えた末、結局、文学部に移った。何のためらいもなく、私がこの決断をしたのは、井筒先生が文学部に居られたからであった。こんなことを申すと、先生はきっと「そんな大げさなこと……」と苦笑されるであろうが、先生の存在そのものが私の進む方向をはっきりと決めたのである。

かねてから、私は旧約学の関根正雄先生の教えを受け、その御友人に当る井筒先生のことを伺っているうちに、自分の非力をも顧みず、理科系の応用的な学問ではなく、文科系の純粋乃至は基礎的学問としての言語学およびそれに基く思想の研究をしたいという気持が大きくなっていった。そしてより具体的には、広い東洋の中でも、これまで日本人によっては殆んど開拓されなかったセム系の言語とその宗教および思想の研究を目ざすようになった。しかし、そのための学科は勿論のこと、講座も全くなかったので、一応、形式上は東洋史学科に籍を置いたが、実質上は全面的に井筒先生のご指導を仰がなければならなかった。

先生と初めてお会いしたときのことを今なお昨日のことのようにはっきりと憶えている。今でも三田の山の上の中央にあり、当時「新館」とよばれていた建物の二階のがらんとした部屋が仕切られて文学部の共同研究室になっており、その一角に先生は、その頃まだ殆んど見られなかった、アメリカ風でなくヨーロッパ・スタイルのシックということばが一番ぴったりする服装で座っておられた。恐る恐る私が自分の勉強の計画らしきものをお話しすると、先生はじっと聞いておられた後、「ヘブライ語でも、アラビア語でも、寝転がって読めるぐらいでなければ研究は始まらない。まあ、ともかく勉強しなさい」と言われた。私は自分の勉強したい気持をお話し出来たのと、必死になってやれば教えて戴けるのだ、ということを知り、行く手は険しい道ながら、喜びと希望に胸をふくらませて勉強を始めた。

思いつくままに、その頃、先生がなさっていた講義のことを書いてみたい。私にとって今日に至るまで圧倒的な影響力をもち、またすばらしかったのは、何と言っても「言語学概論」という講義であった。この科目は、英文、仏文、独文、中文、国文といった文学科の必須ということになっており、かなり大勢の学生が履修するためか、午前の二時間目に行われていたが、平素、先生は夜中から明方まで勉強をされていた上、この頃は御病気後間もない時期でもあったので、無理を押してなさっていることを後に知って驚いた。それにもかかわらず、水曜日の二時限になると、先生は颯爽と「新館」一階の教室に姿を現わされる。と言っても、先生と聴講する学生達の間には一種の暗黙の諒解のようなものがあり、必ず十五分か二十分遅れて講義が始まる。当初、私は不覚にも、そのことの意味が解らず、少しでも長い時間、先生のお話を聞ければ、などと思ったものであったが、後になって、これは、講義そのものが言い表わせないほど密度が高く、そして高揚したものとなるためにかえってよいことであったのだ、と気づいた。また、とりわけ学問の世界で、量より質の大切であることについて深く考えさせられた。

この講義は「言語学概論」という題目であったが、その内容たるや全く型破りであった。そこでは、およそ概論という題目から想像されるような言語学一般についての大まかな解説などは一切なく、そもそも、何よりも独創性を重んじ、事の本質を深く追求してやまない先生にとって、そのような表面的で月並な話しなど、するに耐えられなかった、と思われる。むしろ、ここで講じられたのは、言語の本質に関して、先生自身、日夜全力を傾けて取組んでおられた問題そのものについてであり、しかも、その探求の過程が言語学の専攻ではない学生にも十分理解できるような明快な形で示されたのである。広大なユーラシア大陸のどの文化を対象とする場合でも、先生の研究の基底に通奏低音として常に鳴り響いている「哲学的思惟の根源に伏在する神秘主義的体験」というライト・モチーフとも同調するかのように、この頃の先生の言語学講義も、人間の精神の深層と深くかかわる「意味」の問題であった。

ところが、今日でもそうなのだが、普通の言語学では意味というものを、辞書に載っているような、社会的慣習としてシステム化されている次元、つまりコトバの表層にのみ限って見て行こうとするし、またその方が容易なのである。これに対して、先生は、人間のコトバというものは本質上、そのような表層だけではなく、その奥に底知れない深層をもっていること、そしてまさに意味に関してこそ、この深層の領域を問題にすべきであることを主張された。しかし、この講義で先生はこのようなことを単に理論として抽象的に述べたのではなく、世界の数十もの民族の言語と同時に思想をカヴァーする驚くべき該博な知識に基き、ヨーロッパ思想は勿論のこと、例えば古代中国の老荘思想、インド哲学、はたまた、アラビアやペルシアのイスラーム神秘思想、さらにはマラルメやボードレールの象徴詩といった具合に、様々な例を、その時々に自由自在に駆使しつつ話しをすすめられた。

今にして思えば、この講義は「言語学概論」ではなく、むしろ「哲学的深層意味論序説」とでもいえるすばらしい内容のものであった。この時間に出席した人は誰でもそれを実感することができたのであるが、私もこの講義の内容に完全に圧倒され、その度毎に強く深い感動を受けて三田の山を下り、また次の水曜日が待遠しくてならなかった。それ以後、私は日本でも外国でもこれ以上の講義を聴いたことは一度もない。その頃、先生はまだ三十歳代であった。六十を過ぎた今、私は人を感動させるこのような講義を一度でもできれば、といつも心から願っている。ともあれ、厳しい学の道に分け入るに当って、あのような講義を聴けたことは、私の先ず第一の幸運であった、と感謝している。

ところで、この「言語学概論」について、最近、先生から大変嬉しいニュースを伺った。それは極めて奇特なことなのだが、現在、詩人として活躍されている或る女史が、慶応の学生時代に「言語学概論」の時間に四年間も続けて出席し、しかもこの講義を、先生の喋ったままの口調まですっかり正確に筆記したノートを大切に保管されていた、というのである。先生の手元にさえ当時の講義案は残っていないにもかかわらず、こうした完全な記録が保存されていたことに先生は驚き且大変喜ばれ、この著作集とは別にいずれ出版の予定と伺っている。四十年以上も経た今日まで、このようなノートが現に残っているという事実からも、この講義が当時の学生にどれほど深い感銘を与えたかが読みとれるであろう。

大学院に進む頃より、私は先生から直接御指導を受けられるようになって行った。学校での授業はいずれも小人数のものであったが、その頃は、アラブやイスラームのことを本格的に勉強しようとする学生は殆んど居なかったので、大学院の授業の或る時間では先生から一対一で教えて戴けるという、今からは考えられないほど全くもったいない限りであった。またその上、授業のないときは先生のお宅でレッスンを受けることも屢々であった。中央線のまだ木造であった西荻窪駅を降り、身も心もひきしまる思いで、足早に商店街を通り抜け、お宅へ通った日々のことが懐しく思い出される。

研究の面で、先生は何よりも独創性を重んじられるように、教師としての指導の仕方でもまた独特であった。私がレッスンを受けていた頃、例えば、或るテクストを読んでいるとき、何かわからない点にぶつかったとすると、先生はただ黙ってじっと聞いておられ、その答は勿論のこと、解決の方向すら直接は示して戴けない。それで仕方なく、四苦八苦して自分でいろいろに工夫して持っていくのだが、その度毎にやり直しを命じられ、長い試行錯誤の末、やっとのことで解決の糸口を見出すことになる。このように、先生はあくまでも生徒が自主的、主体的に問題と取組み、自分で解決に達するように仕向けられるのである。

また、先生の厳しさには独特なものがあった。先生は学生に対しても極めて紳士的で、相手の立場を重んじ、むやみに叱ったりせず、いつもにこやかで穏やかに語りかけて下さるのだが、その存在があまりにも大きく底知れず深いため、私達はどうしても尻込みし、恐れをなしてしまう。ところが先生は非常に敏感に私達の考えている心の内を察知し、また現に行っていることを見て、穏やかな調子ではあるが、まさに思っている通り、そのままずばりの全く忌憚のない批評や忠告をされるのである。例えば、「そういう中途半端な計画では全然問題にならない」とか、「そのような君のやり方では全くだめだ」といった風に。よく考えてみると、確かに先生のおっしゃる通りであったけれども、自分では力一杯やっていると思っていた私達にとって、これは大変なショックで、実際、骨身にしみる一撃であった。そのためだけではないが、私達と一緒に勉強していたうちで、将来、言語学の新機軸を打出すのだ、と熱っぽく夢を語っていた一人の優秀な友は勉強のコースをやめて、会社に就職してしまった。私はとり残されてしまったように感じ、言いようのない淋しさに襲われた。しかし、先にも書いたように、私はせっかく入った医学部を自分からやめてこの道に入った以上、何があろうと、もう絶対に後へは退けなかった。大げさな言い方をすれば、これは私にとって背水の陣であった。才能があろうと、なかろうと、頭が悪かろうと、もう必死でやるよりなかった。このような状況に否応《いやおう》なしに追いつめられて、いわば捨て身の構えをとったとき、ふと我にかえると、それまでの心のざわめきは嘘のようにぴたりと止んで、平静そのものとなり、ささやかな器《うつわ》ながら、自分の中に力が漲ってくるのを感じた。この小さな出来事は、私にとって、学の道の厳しさを知った最初であり、また一つの転機ともなった。

師としての井筒先生から私が学んだのは、ただ単に学問上の知識や方法だけではない。勿論、それらも重要ではあるが、むしろ、それ以上に、知識や方法といった個々の事柄を超え、より根源的なこととして、そもそもどのような姿勢で学問にのぞむべきか、またさらには人生の生き方そのものについて、はるかに多くのことを学んだのである。しかしその場合、先生からその都度言葉によって示されたとは限らない。いや、むしろ、何も言われなくとも、ふつつかで至らぬ私でも、四十年間も教えを受けるうちに、いわば以心伝心に感得できるようになったのかもしれない。今でも私は先生の前に出ると四十年前の学生の頃のように小さくなっている。そういう私を見て、先生は「いつまでも君が学生に思えてならない」と言われ、また或るときは、無口の私に「何も言わなくても、君の考えていることはよく解る」とおっしゃって下さったことは何よりの喜びであった。

学問に対する態度や生き方について、先生から示された多くのことのうち、今日に至るまで私の心の底にはっきりと刻み込まれている言葉がある。それは、学問においても、人生でも、何が自分にとって一番大事であるかを深く考え見極めた上で、それ以外のものは投げうって、目的に向いひたすら突き進むこと。そして全力を尽くして成し遂げた以上、決して後を振返らず、次の新しい第一歩を踏み出すこと。また、学問のための学問などというものではなく、その対象と主体的に取組み、それによって自分を厳しく見つめ、追求すべきだ、ということである。実際、先生にとって、学問とは、単に対象を理論的に研究することではなく、それを通して同時に自己自身をこの上なく厳しく凝視し、且徹底的に追求する「道」にほかならないのである。

（まきの　しんや・イスラーム学）

（『井筒俊彦著作集』第4巻付録、中央公論社、一九九二年四月）

# 〈読む〉ということ

丸山圭三郎

二十世紀も余すところ十年足らずとなった。第二の〈世紀末〉の思想は、西欧形而上学の二元論的思考や、科学技術偏重のパラダイムの破綻によって特徴づけられるが、さりとてこれに代わる新しい思想も登場していない。はっきりしていることは、数年前まで猫も杓子も唱えていた〈等身大の科学〉だとか、〈AT〉(これまでのものに代わるテクノロジー)、〈生ける自然の回復〉、〈コンピューターと人間のインターフェア〉といった単純な発想では、問題が何一つ解決できないところに来てしまっているということだけだ。

こうした過渡期の混沌の下で二十一世紀の新しいパラダイムの可能性を探るためには、かつてのルネサンス期においてギリシア思想が読み直されたように、過去の人間文化を形成したもう一つの大きなテクストである東洋思想の読み直しが必要となるだろう。事実、人文、社会、自然科学の別を問わずこの〈読み〉を通して相対化されつつある洋の東西の思想と学問は、一種の融合と共観(シノプシス)運動を見せ始めているのだ。

西欧における〈世紀末〉から〈世紀末〉へのパラダイム変換は、実に多様かつ複雑な様相を呈しているが、私たちはその底に二つの大きな流れを読みとることができるように思われる。その第一は、E・マッハやF・ド・ソシュールに代表される〈実体論から関係論へ〉という視座の転換であり、その第二は、S・フロイト、C・G・ユングらによる〈無意識〉の復権に触発された、意識の表層から深層に移行するヴァーチカルな視点の誕生である。そしてこの二つの〈知〉こそ、実はすでに二千年近くも以前から、大乗仏教の二大系統とみなされる〈中観派〉(ナーガールジュナたちの空観)と〈唯識派〉(ヴァスバンドゥたちのマナ識・アラヤ識)の哲学の底に見出されるものであった。しかもそのいずれの思索も、存在喚起力としての〈コトバ〉と人間存在をめぐる問題から出発していることに注目したい。

まことに二十世紀は、〈原子〉と〈宇宙開発〉の世紀であるとともに、あるいはそれ以上に、〈コトバ〉の世紀である。M・フーコーの言を借りれば「私たちの思索が向ける一切の関心は、コトバとは何か、という問いのなかに宿っている」(『言葉と物』)と言えるであろう。

＊

今年の十月に刊行を開始した『井筒俊彦著作集』は東西思想の対話を通して前人未踏の世界を拓く思索の結晶であるが、その無限とも思われる多層的時空を渉猟する井筒哲学の底に、一貫して鳴り響く通奏底音こそが、人間存在の根柢たる〈コトバ〉なのだ。もちろんこの〈コトバ〉とは、事物や観念のレッテルに堕した表層言語のことではなく、存在を生み出す源としての意味分節化能力とその諸活動をさす。井筒先生は、万人の深層意識にひそむコトバの生成の場を、唯識の第八階梯と同定して〈言語アラヤ識〉と名づけられる。

先生のコトバへの深い洞察は、中学二年生当時のある日の体験にその淵源をもつとうかがう。英語の授業で an apple と apples を区別せずにリンゴと訳して教師から叱られた思い出を綴った珠玉のエッセイによれば、「単数と複数。英語では、物があれば、必ずそれが一つなのか、一つ以上なのかを先《ま》ず意識しなくては喋れない。我々日本人とは、微妙に、しかし根本的に変わった仕方で彼らは世界を経験し、違う形でものを考えているのに相違ない」(『道——昭和一人一話集』第七巻、「語学開眼」)という強い実感をもたれたそうだ。

井筒少年のこの体験は、その後、「個別文化が言語的意味体系の制度である」という認識にとどまらず、「一切の現実はコトバが織り出していく記号空間としてのテクスト」であり、こうした現実は客観的実在ではないこと、ひいては「存在自体がコトバによって作られる」ことにまで拡がっていったに違いない。だからこそ、先生の大学時代には、英・独・仏・露・中国語・ギリシア語・ラテン語はいうまでもなく、ヘブライ語・アラビア語・ペルシア語・トルコ語そしてサンスクリットやパーリ語まで自家薬籠中のものにされるのだが、これは決していわゆる語学屋の実用的目的のためではなかった。

「言語はコミュニケーションの手段であることのほかに、あるいは、それ以前に、意味論的には、一つの〈現実〉分節のシステムである。生《なま》の存在カオスの上に投げ掛けられた言語記号の枠組み。〈世界〉は言語記号の介入によって、有意味的に構造化された〈自然〉の変様であり、有意味的に分節された事物・事象の全体である。」
（『意味の深みへ』）

こうした思想は、古典ギリシアや聖書以来の言語名称目録観を根柢からくつがえす。コトバは物の名ではなく、コトバが物のカテゴリーを生み出す。西欧の言語哲学者たちが考察の対象として来たのは、すでに分節済み・登録済みの社会的コードという、コトバの表層領域に過ぎなかった。

井筒先生の言語＝意識の重層理論を要約すれば、「意識の表層と深層とに同時に関わるコトバの意味分節作用が、知覚の末端的事物認知機能のなかにまで本質的に組みこまれていて、我々の内面外面に広がる全存在世界そのものは、コトバの存在喚起力の産物にほかならぬ」ということになろう。それ故にこそ、私たちは人間の下意識的領域にまで垂直に降りていって、そこに働く意味生成のエネルギーの現場を捉えねばならない。そこはおそらく〈外部〉からの呼びかけの戦慄の場、ルドルフ・オットーなら〈ヌミノーゼ的なもの〉とでも呼んだであろう身の毛もよだつばかりに恐ろしく、しかも抗《あらが》い難い力で人を魅惑する「意味体験の限りなき深み」なのだ。この〈言語アラヤ識〉は、「人間の心的・身体的行為のすべてのカルマ痕跡を、意味のイマージュ化した〈種子《ビージャ》〉の形で蓄積する下意識的領域」にほかならない。

*

右のようなダイナミックな言語哲学は、従来の静態的〈読み〉の理論を次々と解体する。

まず第一に、十九世紀以降の文芸批評の主流となっていた客観的・実証的発見モデルとしての読み。この考え方によれば、いかなる作品も、その背後にある神の如き作者の意図の〈指標〉である。したがって、読むという営みは、この唯一絶対の意図を正しく探りあてるパズル解き以外の何ものでもない。しかし、コトバが表層言語内で物化した一義的信号でないとしたら、そのコトバで織りなされる作品を、一義的な指標とみなすこともできないだろう。

これを批判した一九六〇年代の構造主義者たちも、同じ表層領域の他方の極に立つだけで、その静態的〈読み〉から一歩もぬけ出ることはなかった。彼らによれば、作品とは自立・自足する総体なのだから、作者や時代を無視してその構造分析を行なうことが可能であり、そこから超個人的物語素を抽出することが〈読み〉の目的とされる。しかしながら、いかなる言語体系においても他から完全に独立したシーニュがあり得ないのと同様に、それ自体において独立し、自己完結する作品を想定することは、彼らが金科玉条として立てた構造概念自体と矛盾してしまうだろう。

閉じられた作品の構造分析は、いわば屍体解剖によって人間の生命を解する愚挙にも似ている。読み手は、表層テクスト（フェノ・テクスト）を生産する深層テクスト（ジェノ・テクスト）にまで降りていって、相互の運動と構造化のプロセスに光をあてねばならない。「テクストとは生産物ではなく、生産性なのだ。」（J・クリステヴァ）

新しい〈読み〉の理論は、テクストを自存的な事物とも、自らに外在する指向対象を指さす記号とも考えない。それがコトバと無関係に存在する事物であれば、読み手はいかなる解釈を加えようとも勝手であろうし、またそれが記号であれば、唯一無二の解釈しか許されないだろう。たとえば、六百ヘルツの物理音は、聴き手にとってさまざまな解釈を可能にするし、赤信号は「停止せよ」というメッセージ以外の解釈を成立させない。しかしテクストとは、コトバが重層的に織り成す関係態なのである。

関係態としてのテクストの意味を問うためには、これを一旦は〈場〉としてのコンテクストに戻す必要がある。そしてこのコンテクストは、単なる言語的文脈や歴史・社会状況(situation)だけではなく、それが発生した生《なま》の発話情況(circonstance)でもあることを忘れてはなるまい。

『著作集』第二回配本の『コーランを読む』はエクリチュールとして与えられている『コーラン』のテクストを、まずは神が預言者に親しく語りかけるという具体的な発話行為《パロール》の場に引き戻して読む営みである。「そのような原初的テクスト了解の上で、さらにもう一歩進んでその奥にあるものを探ってみたい。神が語り、ムハンマドがそれを了解する、その第一次的言語コミュニケーションの底に伏在し、それを下から支えている根源的世界了解、存在感覚、気分的世界像、とでも呼ぶべきものを探り出してみよう」と井筒先生は語られる。

先生にとっての〈読み〉は重層的な運動である。書かれたコトバを話されたコトバの濃密な状況性のなかに引き戻すことは『コーラン』解釈の第一段階に過ぎない。次いでこれをパロールの底に働いている下意識的意味連関まで掘り下げていく第二のステップに至って、はじめてその〈読み〉から『コーラン』特有の世界観が浮かび上ってくるであろう。その〈読み〉を読む私たち読者は、わずか七行の「開扉」の章が、いかに深く厚みをもったコトバであるか、その一語一語に『コーラン』自体のエッセンスがいかに残りなく含まれているかに気づき、まことに戦慄とも言うべき〈読み〉の〈悦楽〉《ヴォリュプテ》を覚えさせられるのだ。

＊

『コーランを読む』は井筒先生のもう一つの作品『超越のことば』（岩波書店）を想起させる。イスラームとユダヤ宗教思想に通底する唯一絶対神信仰とは何か。この人格的創造神の自己顕現である〈超越のことば〉とは何か。神が人に語りかけ、人がそれを暗号として受けとめ、どのように解釈し世界観を作って来たか。こうした問いかけに始まるイスラーム思想形成の歴史を、外部から眺めて批判するのではなく、ひとまずはイスラームの内部に立って考えてみようというのが、この世界的碩学の意図である。

ノストラダムス的予言者などと混同してはならない預言者とは、神のコトバを聞き、これを人々に伝える仲介者である。それを文字化したものが『クルアーン』（俗に『コーラン』と呼ばれるものの原典）なのだ。全巻息もつがせぬ緊迫感に満ち、深い内容が達意の文で語られるが、わけてもイスラーム神秘主義と古代ギリシア思想の融合一体化の歴史をたどる第Ⅲ章「存在と意識の深層――イスラーム哲学の原像――」、イスラームとユダヤ思想の関連に光をあてる第Ⅳ章「中世ユダヤ哲学史における啓示と理性」は圧巻である。

第Ⅴ章の「マーヤー的世界認識」では、「イスラーム・ユダヤの一神教的思想にたいする正反対の立場」としての古代インドのコスモロジーが描かれ、読者は目からうろこが落ちる思いをさせられるだろう。ぜひとも『コーランを読む』（著作集第8巻）、『イスラーム文化』（第2巻）、『イスラーム哲学』（第5巻）と併せ読まれることをすすめたい。

＊

井筒先生は『コーラン』（第7巻）思想の読みの大切なポイントとして、人間という生物のみが自意識をもつ〈対自《プル・ソワ》〉存在である点を挙げておられる。他のすべての存在は〈即自《アン・ソワ》〉だ。たとえば木や草、犬や猫には存在論的に内部の空白がない。彼らは天使たちと同じように実存的亀裂をもたず自意識もない。しかし人間の内部には亀裂が走り「自分と自分の間に隔たりがあって、そこに空白ができている。空虚があるために意識というものが出てくる。」（『コーランを読む』）

いや、意識が空虚を作り内面の亀裂を生んだのかも知れない。そしてその意識はコトバと共起的である。コトバをもつ人間は、絶えず自らが生み出したカオスを対自的に読み続けねばならないだろう。

古代日本語の「読む」は「呼ぶ」に通じ、声を立てて「数える」こと、つまりは連続的生のエネルギーを〈対自《プル・ソワ》〉なものとして数え、差異化することであった。（「白栲《しろたへ》の袖解き更へて、還り来る月日を数《よ》みて、往きて来ましを」万葉集）。「読む」ことはまた「創る」ことでもあり（「和歌を詠《よ》む」）、「呼ぶ」とは「名づける」こと（彼《か》の山を不二と呼ぶ）であるとすれば、「名づけられてはじめて存在する」一切の文化現象はコトバによる〈読み〉の産物なのかも知れない。

（まるやま　けいざぶろう・言語哲学）

（『井筒俊彦著作集』第8巻付録、中央公論社、一九九一年一二月）

# 井筒俊彦先生の思い出

河合隼雄

井筒先生の訃報は、新聞社からのＦＡＸによるものであった。まだまだお元気で活躍されると思いこんでいたので、茫然としてしまった。何かしないとたまらないような気持になって、上田閑照さんに電話をした。上田さんも絶句され、その後、どんなことを話したのか今は覚えていない。おそらく言葉にならないようなことをお互いに言い合ったと思う。

目の前にある山が一瞬にして消え失せる。井筒先生が亡くなられたのは、それと同じことだと感じる。あれだけの該博な知識、しかも、それが生き生きとして平明な言葉で表現されてくる仕組み。それが一瞬にしてなくなってしまうなどということが、あってよいのだろうか、と思う。惜しんでもあまりあることだ。上田さんと言葉にならぬ会話を交しているとき、二人共、事実として認め難い事実を心におさめるために、苦しんでいたのだと思う。そして、今になっても未だ認められない気持である。

井筒先生のことはエラノス会議（スイスのアスコナで年一回開かれる国際的・学際的な集り）の常連として知っていた。日本にもこんな方が居られるのだ、というわけで雲の上の人と感じていた。井筒先生の書かれたものを、ぼつぼつと読み出して感心してしまった。特に東洋の思想について書かれているものは、ほんとうに一字一句にうなるような感じで読んだ。英文で書かれたものなどを読むと、これまで極めてあいまいであったり、矛盾だらけと感じさせられるような東洋の考えが、外国人にも通じる明晰さと平明さと、そして、不思議な迫力とを感じさせる文で表現されているのに感嘆させられる。感嘆すると共に、ますます自分には手のとどかないこと、という感じも強くなった。

ところが、まったく思いがけず先生の推薦によって私がエラノス会議に参加することになった。私は語学はまったく駄目で、何語を習っても関西弁になるし、本はほとんど読まない、という人間なので、先生の推薦を光栄に思ったものの不可解な気持が強かった。今から思うと、人間は誰しも自分と反対の存在には魅力を感じるときがあるので、そんな点があったのかも知れない。

エラノスのこともあって、先生にお招きを受けて鎌倉のお宅に伺ったことがある。そのときに、タクシーの運転手にどのように説明するとお宅の場所がわかりやすいか、ということが詳しく書かれていて、そのお心遣いに心を打たれた。その後も何度かお手紙をいただいたが、長からず短かからず、しかも配慮に満ちた文であり、まさに「礼節」という感じのするものであった。それと、これは井筒先生にお会いした人は必ず感じたと思われる、あの端正さ。ともかく、以上のようなことはすべて私には無縁のもので、はじめてお会いしたときは、私は「恐懼」という文字が人間になったような姿でちぢこまっていた。

人間は「恐懼」すると、だいたいとてつもない間違いとか、思ってもいない馬鹿なことを言ったりするものだ。上田閑照さんにお聞きすると、上田さんは「さすが井筒先生は偉大な方」と、酒を「大きい盃」に注いで飲んでいたが、ふと気がつくと、盃が傍にあり、彼はまちがって湯飲み茶碗についで飲んでいたとのこと（井筒邸では、各人が手酌でお酒を飲むシステムになっている）。これはわが意を得たりと思った。それぞれが恐懼するにしろ、その在り方にはその人のパーソナリティが関係するようだ。私の場合は、いろいろと馬鹿なことを言って、その度に先生の例の笑い、サラサラとした花吹雪のような、を引き出し、酔がまわるにつれてますます馬鹿話を言ったように思う。

エラノスの常連で、ユング派の分析家であるジェームス・ヒルマンさんが来日したとき、岩波の「思想」で、私も入れていただいて鼎談したことがある。二人の偉大な人にはさまれ、しかも英語なのでしどろもどろになった。ところが訳文を見て驚いてしまった。私も一応は形のつくことを言ったことになっており、胸をなぜおろしたが、実はこれは豊子夫人の訳文のせいなのである。その名訳によって私の欠点がカバーされていて、感謝した次第であった。先生もこのような夫人をもたれて、御幸福だろう、とも思った。

先生の御業績については、おそらく他の方々がお書きになろうと思い、ここには敢て個人的な思い出を書かせていただいた。先生の国際的な仕事の偉大さが、国内では認められるのが少なく不満に感じていたが、先生御自身はそんなことは、まったく気にかけておられなかったであろう。

今もあのスマイルを浮かべながら透徹した目でわれわれを

見ておられるかと思うと、何とか先生に対して恥かしくない
仕事をしていかなくてはならないと思う。

（かわい　はやお・臨床心理学）

（『三田文学』一九九三年春号）

# あの頃の井筒先生

安岡章太郎

私は、慶大の文学部を昭和二十三年に卒業したはずだが、三田の教室には殆ど出たことがなく、卒業式にも行かず、後から卒業証明書とかいうものを貰っただけなので、学歴を問われるたびに落ち着かぬ気分になる。だが、当時の三田の構内の様子を憶いだすと、私と似たり寄ったりの〝復員学生〟と称する、学生ともルンペンともつかぬ連中が大勢いた。そんな私達は、空襲で焼けて外壁の一部と石段だけが残った図書館のまわりに腰を下ろし、漫然と時を過ごしながら仲間や顔見知りを見つけると、誘い合せて近くの麻雀屋なぞにシケこむのである。しかし何時間待っても誰一人、知った顔を見掛けないこともある。そういう時は仕方なく教室に入る。ところで私が、教室に入ると、なぜか必ず井筒先生がおられて、ロシア文学の講義が行われているのである。

勿論、ロシア語やロシア文学は井筒先生の専攻ではない。「要するに（それは）私にとって、自己形成途上に通過した一時期に過ぎなかった」（『ロシア的人間』）と言っておられるように、先生のおさめられた幅広い研究や学問のなかでは寧ろ片隅に置かれたものかもしれない。だが、とにかく私は先生からロシア文学の授業をうけた。まず先生は、黒板に大きく、

無用人

と書かれ、「これは『無用ひと』と呼びます。ロシア語では『リーシニー・チェロヴェーク』といいますが、諸君はどうせロシア語まで勉強する時間はないでしょうから、ここでは日本語でやりましょう」と言われた。

その日の講義では、他にどんなお話があったのか、まるで

覚えがない。その後も私は、何という偶然か、井筒先生の授業日だけは度たび出席したが、講義の内容は全く忘れてしまった。ただ、最初の日にうかがった「無用人」なるもの、それが帝政時代のロシアやスラヴ民族を理解する上で、不可欠の重要な要素だという意味のことを、静かな口調で少し赤らんだような顔に微笑をたたえながら話されたのを、妙にハッキリと覚えている。——一体、この先生は「無用人」のことを何故こうも熱心に教えられるのか、と不思議に思った。先生ご自身は、当時の心境を次のように語っておられる。

《終戦。熱に浮かされたようなあの解放感、興奮。ただ、もう、有頂点だった。まわりの現実が、まるで夢幻の濃霧のなかに揺曳する存在の影のように頼りなげに見えていた。霧の垂れ幕の向こう側には、懐かしいヨーロッパがあるはずだった。(略)》

《戦争の終結してしばらくたった頃、妙な噂が、誰いうとなく拡まった。私たちが何もしらないでいた間に、パリで、サルトルとかいう耳慣れぬ名の天才が現われ、彼をめぐってヨーロッパの文学や哲学の世界が騒然となっている、という。その男が最近、『存在と虚無《レートル・エ・ル・ネアン》』というすこぶる深淵で難解な哲学書を著わした。その本がただ一冊だけ、もう日本に持ちこまれていて、森有正氏の手もとにある。現在、森氏が、ひそかにそれと取りくんでいる。誰にも見せてくれない。見せてやっても、あんまりむつかしすぎて、普通の日本人には理解できまい、と森氏が誰かに洩らした、とかなんとか、嘘か本当か、とにかくそんな話だった。》(「三田文学」一九八五年秋季号)

読みながら、当時の解放感と焦燥の念が一緒くたにやってきた不安な気分が手に取るように伝わってくるようだ。実際、あの頃、サルトルや実存哲学は、実物より先きに呼び名が鳴り物入りで這入ってきて、その名称をきいただけで私達は何やら呪縛にかけられる心地がした。井筒先生は洋書の輸入が始まると早速『存在と虚無』を注文されたが、なかなか本は届かない。そんなとき大学から帰る途中の本屋で白井浩司訳の『嘔吐』を見掛け、ふだんは翻訳小説など見向きもしないはずだが、このときばかりは直ぐに買って二日二晩かかって読み上げた、とある。

じつは、その訳本は、白井さんが日吉の慶大予科生の時代に手がけたもので、井筒先生の眼からは当然、誤訳や誤解が多々認められるはずだが、そうした点には一言も言及しておられない。興味深いのはそんなことより、先生があの作品を無神論的に解釈して、小説の最後――公園の樹木が地下に醜怪な根を張っているのに主人公が嘔吐する場面――に、従来の天上を志向するカトリック的神秘主義とは逆の地底を志向する呪われた神秘主義があることを認め、その情景の描写に《サルトルが実存主義的渾沌のヴィジョンとして描き出す並々ならぬ手腕に、私はいたく感心した》と素直に頭を下げておられることだ。

正直に言って私には、無神論も実存哲学もよく分らない。したがってサルトルの『嘔吐』も一種の心象風景小説ぐらいにしか私には理解出来ない。しかし、サルトルがあの小説で自分の哲学を《ヴィジョンとして描き出》したこと、そしてその《並々ならぬ手腕》に井筒先生がいたく感心したと述べておられることに、私はあの渾沌とした時代を振り返って、深い感銘を覚えるのである。

《サルトルの哲学は、今日という時代、あるいは来るべく時代に語りかける力を失ってしまったのだろうか。私はそうは思わない。おそらく私はこの先きも、長くサルトルとつき合って行くだろう。》

いま井筒先生が、そのように述べられるのはサルトルの政治的傾向についてではなく、その奥にある無神論や実存哲学についてであろう。繰り返していうが、私には無神論は分らない。ただ、神の存在を否定したヨーロッパ人の心の底を覗いたら何が見えるかという点には興味がある。そして井筒先生が、この先きも長くサルトルとつき合って行くと言われるのも、サルトルのなかに現代ヨーロッパ人や社会主義を棄て去ったロシア人の心に通じるものを認められるからではないか。いや、戦後の私たち〝復員学生〟に、十九世紀ロシアの「無用人」のことを熱心に説明して下さったのも、契機としては、そこに現代の不安と同様のものを見透しておられたからではあるまいか。

（やすおか　しょうたろう・作家）

（『井筒俊彦著作集』第8巻付録、中央公論社、一九九一年一二月）

# 言い難く豊かな砂漠の人

日野啓三

昨年夏、私は腎臓の悪性腫瘍の手術をした。昔と違っていまは鎮痛剤をかなり使ってくれて、身体の痛みはほとんど感じなかったのだが、そのかわり、幻覚を幾日も続けてみる羽目になった。

日頃気軽に〝現実〟と呼んでいる世界が、いかに頼りなく解体し錯乱するか、ということを恐しいほど体験した。とくに夜間、病室の窓越しに数々の異形のものを見た。とくに魔性のものではなかったが、そういう幻覚が現れるとき、必ずのように意識の最も深い部分（身体の最も深い部分といっても同じことだ）で、ひくっと何か微細なものが震えるのを感じた。

私が考えるのでも想像するのでもない。むしろ意識の奥で勝手に、何か小さな粒々のようなものが弾けると同時に、人間や動物や物体のイメージが隣の病棟の屋上や夜空に出現するのだった。始めはその現象自体が何とも無気味で、ひたすら驚き恐れていたのだが、そのうちあるとき、ふっとこれが井筒俊彦が度々書いている「アラヤ識」の「種子」なのではあるまいか、とはっきり思いついたのである。

私は井筒氏の著書の熱心な読者とはいえない。三十年ほど前だったか、アテネ文庫という薄い文庫本の一冊で、確かマホメットの黙示録的ビジョンについて実に陰影深い文章を書かれているのを偶然に読み、井筒俊彦と言う名前を深く記憶に刻みこんだ。だがその後、氏の著書を読んだのは、一九八三年刊の『意識と本質』だった。三度は繰り返して読んだだろう。

氏の学識の広さと深さについては広く知られているが、私には氏の文章が何かとても親しいのだ。すぐれた学者の論文、というより言葉の最も本来の意味で、詩人の文章と私にはかんじられる、と言えば非礼であろうか。

私はそう思わない。リルケやマラルメや芭蕉について、氏がしばしば透徹した理解を示すからではない。氏の文章が、思考そのものが詩的なのだ。その点、私は『意味の深みへ』という氏の著書が最も好きだが、たとえばその中の「文化と言語アラヤ識」という文章の一節――「縺れ合い、絡み合う無数の〝意味可能体〟が、表層的〝意味〟の明るみに出ようとして、言語意識の薄暮のなかに相鬩《せめ》ぎ、相戯《たわむ》れる。〝無名〟が、いままさに〝有名〟に転じようとする微妙な中間地帯。無と有のあいだ、無分節と有分節との狭間《はざま》に、何かさだかならぬものの面影が仄かに揺らぐ」

これはいわゆる学者の文章ではない。推理と論証の文章ではない。氏は通常の意味で論証できぬことを予感し思考し表現しようとしているのだ。それはレトリックでもない。氏の発想そのもの、問題意識そのものが詩的なのである。

現今、詩的であるということは不当に貶められ、詩は文学の売れない一部門にされているが、詩人こそ言葉がゆらめき出る意識と身体の最も深い場所に身をおきつつ、人間と世界と宇宙の全体を根源的に生きる人のことである。その意味で科学でさえ詩の一部門だ。いわゆる学問も。

だから氏の文章、氏の思考は、全身麻酔と鎮痛剤によって、表層意識が弛緩し解体しかけた手術直後の私の意識の深層に、親しく現れて語りかけたのだと思われる。退院して本が読めるようになって最初に読み直したのが、『意味の深みへ』でもあったのだ。そのような深みに否応なく突き落されたことによって、私は氏の思考をより身近に感ずることができた。

また予め氏の書物を読んでいなかったら、錯乱一歩手前まで行った私自身の意識を、どうにか持ちこたえて形を取り戻すことができなかっただろう。単に理論でしかない言葉なら、あの時の私の「言語アラヤ識」的な深部まで光さすことはできなかったろう。

だがやはり井筒氏は学問のひとであり、その仕事の全貌はユーラシア大陸の文化圏全域にわたる大学者のそれに他ならないことは当然である。ただこの間の微妙な事情は、『意味の深みへ』の中で、デリダの「ユダヤ人」性について書かれた文章が示唆的である。

この文章はユダヤ共同体からみずからはみ出たデリダこそ真にユダヤ人的だ、という趣旨だが、ユダヤ文化の外とは、たとえばギリシャ文化なのではなく、砂漠なのである。「砂漠の声を、彼は哲学する。いやむしろ、砂漠の声が彼の中で哲学する」。

井筒氏の仕事は学問的である。実証的で論理的である。書かれている文章に神秘的なあいまいさはない。だがその思索の領域、学的関心の視野が余りに広く大きいために、いわゆる講壇的学者の次元を、おのずからはみ出てゆく。非論理ではなく超論理の次元に。言い難いものが連なり運動する砂漠へ。

この点、氏を東洋哲学者と称揚する多くの人たちの見方も浅薄である。実際、禅について、仏教について、何十年来幾つもの本をひとり読みながら判然としなかったことが、井筒氏の書物に接して初めてわかった（ような気になった）。また氏自身も『意識と本質』の「あとがき」で、年齢を加えるにつれて東洋に帰ってきた、と述べているが、実はデリダのユダヤ人性について書かれた文章は、井筒氏自身の東洋人性あるいは日本人性について語ったのではないか。デリダとともに、この間亡くなった、砂漠をうたい続けたユダヤ人詩人ジャベスについて、熱っぽく語ったこの文章は、氏が最も自分について語った文章のひとつのように思われる。氏の多くの文章を読んだわけではないが、この文章には切々と心に迫るもの、血が吹き出す逆説、諦念と紙一重の意志が息づいている。

東西文化の「相互理解」などという安易な流行的概念に、氏が本質的に否定的なのも、形となった東洋、西洋のような次元に、氏はいないからだ。東洋哲学あるいは日本文化に対する氏の目には、いささかの感傷もない。言い難いものに無限に論理的に迫ろうとする醒めて乾いた意志がある。

信じ難いほどの学識を頭に収めながら、砂漠をひとり歩み続ける氏の孤独で自由な後姿が私には見える。砂漠は都市と文化の外にあるのではない。普通解されているように不毛の極限でもない。砂粒という「種子」が永遠に戯れる、意識の内なる最も豊饒の地なのだから。

（ひの　けいぞう・作家）

（『井筒俊彦著作集』第8巻付録、中央公論社、一九九一年一二月）

# 求む、井筒俊彦伝――ポリグロットの素顔

佐伯彰一

「ポリグロット」('polyglot') という種族には、かねてからつよく関心をそそられてきた。数ヶ国語、いや十数ヶ国語を苦もなく操る人々となると――こちらは久しく外国文学の研究を生業としながら、どうもさっぱり成果もあがらない。くやしまぎれ、いや半ばやけっぱちの心情から、当方には及びもつかない特異種族に、関心をかき立てられたに違いなかった。

そうした一人とは、もう十数年前のカナダで、かなり親しくつき合う機会を得た。彼はユダヤ系アメリカ人の仏教学者で、ぼくなどとほぼ同年輩の「戦中派」、そこで日米開戦と同時に、語学の才能でスカウトされて、海軍の語学校に入れられた。始めて日本語をやらされることとなったが、秀才ぞろいのその学校でも、彼はたちまち頭角をあらわした。何しろ、数ヶ月にして、知らぬ漢字なし、漢和辞典を丸ごと暗記してしまった(?!) という噂が立ち、「漢字ハカセ」というあだ名がついた。縁あって、この人物のアパートを又借りすることになった次第だが、「サエキさん、留守中ぼくの本は、何でもご自由に!」と有難い (?) 許可をもらいながら、いざ書棚を眺めまわすと、サンスクリット、パーリ語、チベット語、いやロシヤ語、ギリシャ、ラテン語等々、タイトルさえ読めないものが、大半を占めていたものだ。

いや、仲間内では 'photographic memory' の持ち主とよばれていた――つまり漢字を見つめているだけで覚えてしまうというこの人物のエピソード、語り出すと切りがないけれど、その「ポリグロット」ぶりにかけては、わが井筒俊彦氏も、おさおさひけを取るものではなかったらしい。

戦前、アラビヤ語の文法の勉強をご一緒に始められたという関根正雄氏の思い出によると、もう一ヶ月後には、井筒氏

は『コーラン』を読み上げておられた由。桁外れというもおろかの卓抜ぶりで、そのマスターされた言語の数は、ご自分で確かめられたこともないくらいで「たしか三十幾つくらい」とかいうのは、あの『カーマ・スートラ』、『アラビヤン・ナイト』の英訳者として高名なリチャード・バートンの場合と、ほぼ相並ぶ。

バートンは、現地とけこみ派というか、いわゆる未開の僻地に入りこみ、まぎれこんで、現場でいくつもの方言まで同時にマスターし、身につけてしまうという方式だったらしい。わが井筒氏のやり方は、それに比べると、ずっと正統的で、**bookish**、きちんと文法書から始めて、その言語の大古典を読破なさるというものだったようだが、それにしても天才業という他なく、その学習、習得のプロセスさえ、ぼくら凡人の推測を遥かに立ち超えている。

だから、井筒さんにかかわる身近な逸話には、かねて抑え難い好奇心をもやしてきた。是非一度はじかにお話をうかがいたいものと念じながら、ついにその機を得ないでしまった。しかし、井筒俊彦という名前をきき覚えたのは、かなり早いのだ。三田とはかかわりのない人間としては、もしかしたら、最も早い方の一人とさえ言えるかも知れない。というのは、一九五〇年夏の話だから、もう四十数年も前、井筒さんはまだ著書も出しておられなかった時期ではあるまいか。

その頃、ぼくはガリオア留学生というもので、いわゆるオリエンテーションのコースをイリノイ大学で受けていた。そのお仲間の一人に、慶応の鈴木孝夫氏がおられて、これ又外国語にかけては一種異能の持ち主らしい気配をただよわせていた。古風な英語語彙にめっぽう強く、こちらに初耳の単語など、するする口をついて出てくる始末で、口惜しまぎれに、君のは‘**Johnsonian English**’つまり、あの十八世紀の辞書編纂者のジョンソン大博士ばりの、現代離れのした英語などと、からかったりしたものだった。ところが、このタカオちゃんこと鈴木氏が、当時口を極めて賞讃、尊敬おく能わざる対象というのが、「イヅツさん」であった。もっとも「ポリグロット」としての一面については、ご自分でも自信があったせいか、それ程の讃辞は捧げられなかったものの、井筒さんの学殖、とくにその神秘主義論のすばらしさについては、何度聞かされたか判らない。当時のこちらは、戦争中の反動というせいもあって、哲学一般に対してすこぶる冷淡、無関心、とくに「神秘主義」ときては、名前だけでもおぞけをふるいかねなかった。

もっとも、ぼくは戦時下の英文科で、オルダス・ハックスリーの小説やエッセイを愛読していて、カリフォルニアに移り住んだ彼が、近来とみに「神秘主義」への関心、いや傾倒を深めているといったニュースは、小耳にはさんでいて、アメリカに着いて間もなく、いそいで買い求めた本の一つが、彼の“*Perennial Philosophy*”というタイトルの「神秘主義アンソロジー」だったりもした。

今からふり返ってみると、これ又有縁、因縁の一つという気さえしてくる次第で、一九五〇年夏、あの中西部のだだっ広い麦畑のただ中ともいいたい田舎町の、かんかん照りの下宿の一室で、折あるごとに井筒さんへのオマージュをこちらの耳に注ぎこみつづけた鈴木氏の熱っぽさは、いつとなくわが脳裡に沁みこんでいたに違いない。というのは、著作家井筒俊彦との初の出会いは、忘れもしない弘文堂版の『ロシア的人間』であった。当時のぼくは、もっぱらアメリカ小説に熱中していたし、身近い知人でソ連抑留の憂き目に会い、辛酸なめさせられたのが幾人もいて、ロシヤときくだけで、おぞけふるうような反撥・嫌厭のさ中にあった。井筒さんという名前を聞き覚えていなかったら、この本、本屋で見かけても、手もふれなかったに違いない。鈴木氏による洗脳のおかげで、「ロシヤ神秘主義」礼讃の書かと、読み始めは、いく分の身構え、警戒心がはたらかなかったと認めなければ、ウソになる。少々思い入れが、強すぎはしないか、これは又思いのほかに、文学的、いやほとんど文学青年的なパトスとエロカンスなどと、半畳は入れながらも、熱っぽくも余裕とふくらみを失わない。井筒的な語りの大波のなかに、おのずと引きこまれてゆくのに手間はかからなかった。

こうした因縁をふり返るにつけても、何よりも知りたく、ふれたいのは、ポリグロットの素顔、日常性であり、何よりも読みたいのは、井筒俊彦伝と呟かずにいられない。

（さえき　しょういち・文芸評論家）

（『井筒俊彦著作集』第10巻付録、中央公論社、一九九三年四月）

# 豪華な学者夫妻

## 瀬戸内寂聴

その頃、一九五六年頃、私は西荻窪の駅の北口から歩いて数分の小俣家の離れに下宿していた。家主のきん女は七十過ぎの裕福な老隠居で、男が通ってきてもいいが子供は産まないという条件付で、私を受け入れてくれた。

月の半分くらい通ってくる男は、前衛的な小説「觸手」が出たものの芥川賞の候補になっても賞は取れない不遇な作家小田仁二郎だった。私たちは丹羽文雄氏発刊の同人雑誌「文学者」で知りあったが、突然丹羽氏が「文学者」の発刊を中止されたので、小田仁二郎主宰の同人誌「Z」を出すことになった。「文学者」の仲間だった吉村昭、津村節子夫妻たちを誘った。「Z」が二号くらい出た頃だっただろうか、私の下宿に突然未知の女性が訪れた。上品な物静かな人は井筒豊子と名乗り、「Z」の同人になりたいと言う。華奢で消え入りそうな風情なのに、言葉はきはきして、相手の目を真直見て、

「主人の井筒俊彦が、小田さんの『觸手』を拝見して、私に小説の御指導をしていただけと申します」

と言葉をつづける。めったにものに動じない無表情な小田仁二郎が驚愕したように背筋を正し、

「井筒俊彦さん……あの言語学の天才の……」

豊子さんはそれを承認した微笑をたたえて、わずかに顎をひいた。

その時から私たちと井筒夫妻との有縁の時間が始った。豊子さんは食料品の買出しのついでなどに私の部屋へ寄るようになった。豊子さんの話では、井筒先生は人嫌いで、家に客が来るのを極端に嫌い、親類づきあいも友だちづきあいもほとんどしない。豊子さんも友人はほとんどいないという。井筒先生に大学で教えを受けた縁で、先生から求婚されたとか。井

井筒家のあたりは、西荻窪でも最も閑静な場所で大邸宅が並び昼間でも森閑としていた。豊子さんも先生に負けない人嫌いで、食料を買いに行っても必要以上の言葉を店の人と交すのも苦痛だと言う。それでも私や小田仁二郎には学生のように親しげな口吻になっていた。小説以外のことにはおよそ無智だった私も、井筒先生が三十カ国の言語を自在に駆使して、東洋哲学と西洋哲学を極めた稀代の碩学だということも知らされてきた。

ある日、豊子さんが、私を夕食に招いて下さった。掃除をする人だけが通っているようだが、台所は豊子さんひとりでまかなっていた。井筒家に元からあった大正時代の古い料理の本を虎の巻に、豊子さんの造る料理は一流の西洋料理のようなコースが並び、手入れの届いた豪華な皿や銀の食器が揃っていた。台所で働く時も豊子さんの指にはダイヤの指輪が光っていた。「このままぬか漬けをかきまわすのよ」と笑い、これは一番小さいもので、亡くなった姑さんの大きなダイヤがいくつもあるし、着物は総しぼりの同じものが色ちがいで二十枚も揃っていると事もなげに話す。たまに豊子さんが着物姿になる時があるが、それはすべてお姑さんの残されたものだという。人間国宝の紬に龍村の帯をさりげなく合せ、豊子さんはそれを普段着のように着こなす度胸と気韻の備った人だった。小説はZの三号に「白磁盒子」という題で書かれ

1957年4月9日佐藤春夫誕生祝い「春の日の会」に豊子夫人と招かれて。築地・金田中。

たが、その後すぐ「新潮」に新作の短篇が載り、本も一冊中央公論から刊行されている。

豊子さんには、小田仁二郎の指導など必要としない文才が、すでに熟していた。

一緒の食卓につかれた井筒先生はまるい顔が柔和で、親しみ易く、黒い髪はぴったりとなでつけられていた。人嫌いと何度も聞かされているので堅くなっていると、温顔にふさわしいおだやかな口調で話しかけてくださる。

小田仁二郎の「觸手」を、言語学の立場から読んでも面白い小説で、文学史に残していいシュールな小説だとほめてくれる。私の「花芯」が子宮小説だなど悪評高かったのも御存じで、

「あれはいい小説ですよ。ぼくは好きですね。悪くいう批評家がおかしい」

と言って下さる。私は仕事着の皮ジャンパー姿でこの直前まで書きつづけられていたという気迫があふれている先生の圧倒的迫力にもやや馴れた頃、

「先生の頭の中はどうなってるんですか、三十もの外国語がどうしてこんがらずに口に出るんですか?」

と訊いてしまった。

「この頭の中にね、三十の引だしがつまってるんだな、ギリシャ語の時はギリシャ語の引き出しだけがさっと出てくる。アラビヤ語の時はアラビヤ語のつまった引きだしだけが飛出す」

と言われ、びっくりして、ぽかんとしている私の顔を、さもおかしそうに笑っていられた。

そのお宅に小田仁二郎も一緒にと招かれたことがあった。たまたま今のパソコンの原型のような新しい機械が製造元から届いたところで、先生に試用をお願いに来たのだった。先生はその場で小田仁二郎と機械の上に頭を寄せあって、指でキイを押えながら試していた。人嫌いの二人の男が体を寄せて、子供が新しい玩具に熱中しているような風情を見て、豊子さんがす早くカメラに収めてくれた。

そんなある夏に突然招かれて、小田仁二郎と二人で北軽井沢千が滝の井筒先生の別荘へ二日泊りで参上したことがあった。

先生は毎年夏はそこに籠ってお仕事なさるそうで、コーランの訳書が、愈々仕上りかけているということだった。そこでも食事は豊子さんがひとりで造られ、先生はお食事の時だけ階下に降りてこられるのだった。簡素な別荘は小ぢんまりとして清潔で、いかにも学者の仕事場らしく隅々まで気韻に満ちていた。

先生と豊子さんは、やがてイスラムの大学から招かれたとかで日本を離れられた。

イスラムから豊子さんのお便りを時折頂いていたが、いつとはなしに疎遠になり、帰られたと伺いながら気後れしているうちに井筒先生の訃報が伝えられた。

先に中央公論から出版された井筒俊彦著作集が私の書棚に並んでいるのを見て、びっくりした編集者が幾人もいたことであった。今度、生誕百年記念の井筒先生の新しい全集が慶應義塾大学出版会から発刊されるのはおめでたい。その全集が私の書棚に並びきるまで、私の命があるだろうか。

（せとうち　じゃくちょう・作家・僧侶）

（『全集』第4巻付録）

# 職業選択を誤らなかった話

立花 隆

井筒さんとの最初の出会い（といっても、著書を通してのことだが）は、いつのことになるのだろうか。「コーラン」（岩波文庫）か、「アラビア語入門」（慶応出版社）か、「神秘哲学」（光の書房）かのいずれかであるが、順序は覚えていない。いずれにしても、二〇代後半のわりと近接した時期に出会ったのである。そして、井筒さんという人間に圧倒されたのである。

そのころぼくは、勤めていた会社をやめ、東大の哲学科に再入学して、毎日朝から晩まで、哲学と語学の勉強に明け暮れていた。いま思い返しても、あの時期ほど真面目に勉強したことはない。その前の数年間が週刊誌記者として事件を追ってとびまわるという日々であったため、猛烈な知的飢餓感に襲われ、欲張っていろんな講義を取っていた。ギリシア語のプラトン講読もあったし、ラテン語のトマス・アキナス講読もあった。フランス語のベルグソン講読があり、ドイツ語のヴィトゲンシュタイン講読があり、記号論理学の講義もあった。中国語の注釈書で荘子の原典を読むという講義も取っていた。その他、聖書学講義など宗教学科の講義も取っていたし、イランの社会構造など文化人類学科の講義も取っていた。語学がまた盛り沢山だった。アラビア語をやっていたし、ペルシア語もやっていた。ヘブライ語をやり、イタリア語もやっていた。それだけやっていると、毎日次の日の予習をするだけで真夜中までかかってしまうのである。とりわけ時間をくったのは、アラビア語、ペルシア語、ヘブライ語である。

この三つの言語は、文字表記は子音だけでなされる。母音は読むときに頭の中で補って読んでいく。同じ表記でも母音のあて方で読みがちがってくるから、ヨーロッパ語のように、意味はわからなくても読むだけなら読めるということにはならない。その単語を知り、文法を知っていないと、読むことすらできないのである。予習なしでは脂汗を流すことになる。文法がとりわけ複雑だったのは、アラビア語である。「アラビア語入門」の序文で、井筒さんは、アラビア語の難しさを次のように書いている。

「餘りに繊細で複雑すぎるのである。それは譬へて見れば、丁度、精巧を極めた、そして無限に複雑な機械を持つ時計のやうなものである。そのこまかい歯車の一つ一つを人は次々に順序正しく覚えて行かなければならない。（中略）近代ヨーロッパ語の一つを学習するつもりで此の言葉に向つたなら、挫折することは初めからわかり切つてゐる。辞書を引きながら、児童向きのお伽噺しを読むといふ程度のことすら、何年かかつても仲々出来ないので、大抵の人は途中で辞めてしまふのである」

私などは正にこの挫折者の典型である。ところが、この著作集第1巻の月報に関根正雄さんが記しているところによると、井筒さんは、この難しいアラビア語を、ドイツから文法書を取り寄せて読むという形で独学によってものにされ、文法書を読み終えると、次の一ヵ月で「コーラン」を全部読み終えてしまったという。しかも、それから数年を経ずして、この「アラビア語入門」を書いている。アラビア語だけでなく、この頃までに、ヨーロッパ近代語をほとんど総なめにし、ギリシア、ラテン、ヘブライ、サンスクリットの古典語ももものにされている。まことに語学の天才という他はない。この本を書いたとき、井筒さんは二七歳。くしくも私がこの本を読んだのも二七歳である。しかし、井筒さんの経歴、学歴を知って、これはもう全くかなわないと思った。

不思議に、井筒さんとそのころの私の関心領域は相当部分重なりあっていた。語学においては、私も相当のディレッタントで、井筒さんがおやりになった言語は、トルコ語、サンスクリットなど変ったところも含めて、たいてい一度は手を出している。しかし、井筒さんはそれを全部ものにされたのに対し、私はほとんどものにできなかったというところが大きなちがいである。私はもともと語学の才があまりない上、根が浮気性なので、新しくはじめた言葉の構造がだいたいわかり、辞書を引けばちょっとした文章が読めるというレベルまで行くと、根気がつづかず、むしろ別のものをはじめたくなってしまうのである。

もちろん、はじめからそのつもりなのではない。はじめはこの言葉を使いこなせるようになるまでものにしてやろうと思ってはじめるのである。たいていは個々の言葉について、はっきりした目的がある。ヘブライ語についていえば、旧約聖書を読みたいと思ったからだし、ロシア語はベルジャーエフとドストエフスキーを原書で読んでみたいと思ったからだ。

アラビア語とペルシア語は何のためかというと、ここがまた、井筒さんの関心領域と一致するのだが、神秘主義哲学、神秘主義文学への関心からである。

私はかなり早い時期から神秘主義に興味を抱いていた。それがいつどのようにしてはじまったのか、はっきりした記憶はないが、多分、キリスト教の宗教思想の流れをたどっていくうちに、マイスター・エックハルト、ニコラウス・クザヌス、ヤーコブ・ベーメ、クレルヴォーの聖ベルナール、十字架の聖ヨハネ、アヴィラの聖テレジアといった一連のヨーロッパ中世の神秘家たちに出会ったのがはじまりではないかと思う。私の両親がクリスチャンであったため、私の初期の精神形成にキリスト教は強い影響力を及ぼしていた。しかし、大学に入って、マルクス主義から実存主義まで、当時流行のさまざまの思想にふれあう中で、私は自分の世界観を見失っていった。そして、それを再構築するために哲学史、宗教思想史を読みあさり、自分にいちばんピンとくる思想家を見つけて、その人の思想をよりどころにしようと思ったのである。

私の重要な問題意識は、神と世界とこの私という三者の存在の本質は何であり、この三者がいかに連関しているのかということにあった。

さまざまな書物を読みあさるうちに、私が心ひかれていったのは、ベルジャーエフ、キルケゴールなどのキリスト教的実存主義者と、先に名前をあげたような神秘主義者たちだった。

私が最初の学生時代（仏文科）に、卒論のテーマとして選んだのは、十八世紀末から十九世紀末にかけて生きたフランスの哲学者、メーヌ・ド・ビランだった。メーヌ・ド・ビランは、一般にはベルグソンの生の哲学の源流ともいうべき評価を受けているが、晩年は宗教的神秘思想に転じる。私は、「ヨハネ伝注解に見るメーヌ・ド・ビランの後期神秘思想」というようなタイトルで、彼の最晩年の思想的展開を論じた。そんなものを書いたくらいだから、このときすでに、かなり強く神秘思想への方向づけができていたのだと思う。

その後、キリスト教神秘思想からさらにその源流をたどるという形で、ディオニシウス・アレオパギタ、プロティノス、プラトンと逆行し、神秘思想は、宗教の流れとはまた別に、連綿として一つの流れを形成していることを知り、その源流をさらにたどると、インドのバガヴァッド・ギーターなどにも結びつくことを知った。また別の流れとして、イスラムの神秘思想の流れがあり、これが、西洋中世の神秘思想に優るとも劣らぬ深みを持つことなどを知った。神秘思想の解説書を通じて、アラービーなどの哲学者、ルーミー、ジャーミーなどの神秘主義詩人の名前を知っていた。そして、ちょうどこの頃だったと思うが、筑摩の世界文学大系で、「アラビア・ペルシア集」というのが出て、はじめて、そういうイスラム哲学者、ペルシア神秘主義詩人たちの作品を日本語で読むことができるようになった。それを読んで、私はますます、アラビア、ペルシアの世界に魅せられ、それを原語で読んでみたいと思ったのが、アラビア語、ペルシア語を習いはじめたきっかけなのである。

しかし、実際に学んでみると、そのような著作を自在に読みこなすというのは、遠い夢であるということがわかってきた。語学の天才の井筒さんでさえ、アラビア語をものにするために、「朝起きるときから、明け方近く床につくまで、アラビア語を読み、アラビア語を書き、アラビア語を話し、アラビア語を教へといふ、今憶へば嘘のやうなアラビア語の明け暮れであつた」という努力の日々を送っている。この努力があってはじめて、山のようなアラビア語文献、ペルシア語文献を自在に読みこなし、イスラム思想にかけては世界一の碩学が生まれたのである。

私は才がない上に、そこまでの努力はとてもできない人間であるという自覚があったので、早々と、アラビア語、ペルシア語を読みこなすという野望は捨てた。

そのころ私が秘かに考えていたことは、時代や文化を越えた神秘思想の系譜を描いてみたいということだった。表にあらわれた思想史の流れの裏に、神秘思想の大きなうねりが時代と地域をこえてつづいているのが見えていた。そして、個々の神秘思想は、その生まれた時代、文化、宗教、哲学などの背景によって、その表現はさまざまの形をとるが、本質的にはかなり共通している部分が多い。さまざまの神秘思想を比較対照して、その共通部分をあぶり出し、それが、先行思想の継承あるいは影響によって生まれたものなのか、それとも、人間性の本源的な共通部分が生み出したものであるが故に、影響関係全く抜きに、共通なものが生み出されたのか、その辺のところを明らかにしてみたいと思ったのである。

そのころ日本では、神秘主義関係の文献の翻訳などは皆無に等しかったから（最近はプロティノスの全集が出る、ドイツ神秘主義の基礎文献がシリーズで出るなど、昔と大ちがいである）、それをするとなったら、各国の膨大な神秘主義関係の文献を独力でオリジナルに当って次々と読みこなしていかなければならない。アラビア語、ペルシア語の初歩的段階で簡単に挫折してしまう私には、そんなことが現実にできるわけはないのだが、それでも、夢としては、そんなことを考えていたのである。

ところがある日、古本屋で井筒さんの「神秘哲学」を手にとり、愕然とした。ここに、私がいつかやってみたいと夢見ていたことをすでにやってしまった人がいるではないか、と思ったのである。手にとった「神秘哲学」は「ギリシアの部」で、このあと、「ヘブライ神秘思想の部」と「キリスト教神秘思想の部」が続刊予定とある。中をのぞいてみると、私がいずれ読んでみなくてはと思っていた文献をみな読んでいる。特にプロティノスが読みこなされていることは驚きだった。これがあの「アラビア語入門」を書いた井筒さんで、しかも、両書はほぼ同じ時期に書かれているのである。これはもうとてもこの人にはかなわないと思った。「かなわない」のダブルパンチである。

そのころ私はぼんやりと自分の将来について、まあ、哲学関係の学者になってもいいなぐらいに思っていた。しかし、井筒さんを知ってから、きっぱりとその考えを捨てた。学者というのは、こういう資質をもっている人がなるのであって、私のようにずぼらで浮気性の人間がなるものではないということがよくわかったのである。結局、私は井筒さんに出会うことで、職業選択の誤りを犯さないですんだのである。しかしそれでも私は、神秘主義への関心はその後も持ちつづけた。宇宙体験について本を書いたのも、臨死体験についていま書いているのも、そのモチーフの根源は、多分そこにあるのだろうと思っている。

（たちばな　たかし・ノンフィクション作家）

（『井筒俊彦著作集』第7巻付録、中央公論社、一九九二年二月）

# 井筒俊彦先生のこと

伊東俊太郎

一九七一年から七二年まで、私はプリンストンの高等研究所に客員研究員として滞在していました。そのとき同じ客員研究員にシェロモ・ゴイテインという偉い学者がいたのですが、彼は当時『地中海社会』という三巻の大著をあらわして、地中海周辺のイスラムやユダヤ教徒の歴史について画期的な業績をあげていました。そのゴイテイン氏があるときコモン・ルームでお茶を飲んでいるとき、突然「イヅツを知っているか」と話しかけてきました。私が「知っている」と答えると、彼は井筒先生が英文で発表された論文を、絶賛しはじめました。井筒先生のお仕事が日本国内と同じように、いやそれ以上に外国で高く評価されているのを知らされた私の最初の経験です。その後も外国滞在中にこうした経験をしばしば持つこととなりました。つい三年前にもケンブリッジ大学のクレアホールのフェローとしてイギリスにいたときも、この大学の中世文化史の泰斗ピーター・ドロンケと昼食を共にした際、やはり井筒先生のことが話題となり、ドロンケ教授も井筒先生を大変尊敬しているようでした。

このように海外の優れた研究者の間において高い評価を得ている我が国の学者として、もう一人、中村元先生がおられますが、井筒先生と中村先生とは現代の日本が世界に誇りうる学界の至宝であると思います。

私自身も井筒先生のご著作から多くを教えられました。中世科学史を専攻し、十二世紀のラテン語の古文書と格闘しているうちに、そこに滲み込んでいるアラビアの匂いにひかれて、いつしかイスラムの世界にも足を踏み入れることになった私にとって、井筒先生の『イスラーム思想史』はきわめて信頼できる導きの書として繰返し愛読させて頂きました。これはたしか先生のお若いときの作品ときいていますが、これに匹敵するようなイスラム思想の通史がいまだに邦人の手によって書かれていないことを思うとき、後学のものにとって旱天に慈雨ともいうべき書物です。お若いときの作品といえば、『神秘哲学』上下二巻もそうでしょうが、当時バーネット流儀のギリシア思想の合理主義的解釈が幅をきかせていたと思われるときに、これとは対極的な独創的解釈を敢行して人々を驚かせましたが、今日読み返してみると、その炯眼は正鵠を射ていたことが分ります。『意味の構造』も懐の深い著作で、言語の分析を通して文化の比較にいたるという私が今目指している方向に大きなヒントを与えて下さいました。『イスラーム文化』は石坂記念講演の記録ですが、たまたま私が司会を務めるという栄に浴したので、じっくりと拝聴しましたが、「イスラームとは何か」ということについて、これほどまでに深く明晰で分り易いお話はないと思いました。その他先生がテヘランからお帰りになって著わされた『イスラーム哲学の原像』から『意識と本質』『意味の深みへ』『コスモスとアンチコスモス』を経て『超越のことば』にいたるまで、イスラーム思想を中心として、東洋哲学の新たな地平を創り上げげられようとする知的営為は、我々日本人がもち得た今世紀の貴重な思想的遺産として、長く歴史にとどまり、我々を叱咤し続けるでしょう。

先生の大きな学問的労作の基礎をなしているのは、まず第一に、誰しも認めるその天才的な語学力であり、第二には東西に亙る思想についての驚くべき博識であり、第三に――これが重要なことと思いますが――その深い思索と体験です。この三つを併せもった井筒哲学の巨峰に登攀を試みることは、それ自体巨大なエネルギーを要することは言うまでもありません。しかしそれが登るに価する峻嶮であり、その頂きには世界に向って光を放つ大きな宝石がかくされていることを信ずるのは、私一人ではないでしょう。

私は井筒先生の直接のお教えをうける機会には恵まれませんでしたが、先生の著作にはいつも魅せられていましたから、イランの動乱からお帰りになって間もなく、先生と対談のお相手をさせていただいたときのことは忘れられません。その内容は後に先生の対談集『叡知の台座』に収められていますが、その前後の雑談の時間に伺った、若き日に日本にやってきていた現地の人からアラビア語を学んだやり方や先生の思想の根柢にある原体験についてお話し下さったことが、今でも昨日のようにはっきりと脳裡に浮かんできます。別れぎわに「またいつかお話ししましょう」と云って下さいましたが、それは本当に実現して、今はなき五十嵐一君に案内されて、鎌倉のご自宅にお招きを頂き、奥様のおいしい手料理で楽しいひとときを過ごさせて頂いたことは、私の一生の想い出です。お話をした部屋の周りは、古今東西の、アラビア語、ペルシア語、サンスクリット語、ギリシア語などの原典によってとり囲まれ、まさに学問の宝庫のなかの語らいでした。

奥様はといえば、物静かな優しいお人柄で、しかも大変学識豊かな方です。この方が先生の学問を内から支えているのは、むべなるかなと思われました。奥様は先生と共著で、日本文化を外国に紹介する書物をものされていることを、昨年チュービンゲンの書店で知りました。それは能や俳句や茶道の代表的な著述を独文に訳し、それに適確な解説文を付したもので、もとは英文のもののようでした。小冊子ではありますが、外国人が日本文化の重要な諸側面について、原典の翻訳を通して知ることに大きく貢献していることは明かです。こんな地味な努力を日本文化の理解のために、お二方がなさって下さっているということを知って、あらためて頭が下がりました。

このように優れたお仕事をなさってきた井筒先生と奥様が最近やゝ健康を害されているということを仄聞した私は、いま神を恨まざるを得ない気持ちで一杯です。どうか一日も早く恢復されて、これまでと同じように、世界に貢献する日本の学問の輝ける星として、我々を導いていって下さいますようにに祈るばかりです。

（いとう　しゅんたろう・科学史）

（『井筒俊彦著作集』第3巻付録、中央公論社、一九九二年六月）

# Ⅱ——東西の出会い

扉写真
1979 年、エラノス会議が開催されていた
スイス・アスコナにて（本書 218 頁の写真も参照）

# 井筒俊彦先生とわたくし

福永光司

わたくしが井筒俊彦先生に初めてお目にかかることのできたのは、一九八三（昭和五十八）年、先生の画期的な名著『意識と本質―精神的東洋を索めて』が刊行された頃のことであった。

「イスラーム哲学の本質論を手がかりとして、大乗仏教・禅仏教・道教・易経などの伝統的思惟、さらにはマンダラ（仏教）やカッバーラー（ユダヤ教）の根本構造を探り、東洋思想における精神的生の躍動を鮮やかに記述する」と刊行者によって内容紹介されている本書の標題＝「意識と本質」は、この書を手にしたわたくしに道教の古典『荘子』（『南華真経』）の「無心」もしくは「遊心」、さらには「道」もしくは「渾沌」を容易に想起させた。そして本書の副題＝「精神的東洋を索めて」もまた、「東洋はもし宗教的でなければ何も無い。東洋の最大の成果は宗教的な発見にあり、その人類に対する貢献の主なものは宗教の創成である」と述べ（平凡社版『岡倉天心全集』2「東アジア美術における宗教」）、さらには、その主著『東洋の理想』の開巻冒頭で「アジアは一つである」と喝破して、当時の学者たちの激しい賛否の論議を巻き起した岡倉天心の〝宗教的アジアへの回帰〟の主張を同じく想起させた。

井筒先生の『意識と本質―精神的東洋を索めて』は、学界に新鮮で重厚な反響を呼び、一九八四年度読売文学賞をも受賞されるに至ったが、この名著の出版社である岩波書店でこの頃、井筒先生を主軸として『講座・東洋思想』の編集刊行が新しく企画され、私もその編集委員の末席に加えて頂くことになった。わたくしが井筒先生に初めてお目にかかることのできたのは、その第一回の編集委員会議が京都で開かれた時である。

会議のあと食事となり、わたくしは光栄にも井筒先生の隣の席で食膳に向うこととなった。そして食事をしながら井筒先生からいろいろとお話をうけたまわるという幸運にめぐまれたが、そのときの話題は主として次のようなものではなかったかと記憶される。すなわち最近の井筒先生が、西洋のほうはあまり関心がなくて、東洋のほうばかりがおもしろくなってきたということ。なかでもユダヤ教・キリスト教やイスラム教のような人格神の信仰を入れないで、純粋に形而上学的「一者」を追求する禅仏教が一番身近に感ぜられるということ。また、深層心理学者として日本の学界でも広く知られているユングは、その生涯の後半期になってから、とみに東洋の思想に注目しはじめ、易とか老荘とかの中国哲学についても数々の興味深い見解を発表しているということなどである。

深層心理学者・ユングの易や老荘の中国哲学についてのユニークな見解などが話題となったので、そのことと関連してわたくしが、わたくしの同郷（大分県中津市）の大先輩・西洋学の開拓者であり、井筒先生の出身母校・慶應義塾大学の創設者でもある福沢諭吉先生が、欧米の学術とともに中国の老荘思想にも精しかったこと、たとえば『文明論之概略』の冒頭の文章「軽重長短善悪是非等の字は、相対したる考より生じたるものなり、軽あらざれば重ある可らず、善あらざれば悪ある可らず。……此と彼と相対せざれば、軽重善悪を論ず可らず」は、『老子』第二章の「天下、皆、美の美たるを知るも、斯《こ》れ悪のみ。皆、善の善たるを知るも、斯れ不善のみ。故に有と無と相生《あい》じ、難と易と相成し、長と短と相較《かたど》り、高と下と相傾く云々」に基づき、また『福翁自伝』に載せる「新しき歩みはものにならず、故《ふる》き歩みは失ってしまい、匍匐《はらば》って帰った」という「壽陵の余子《よし》」の話は、同じく『荘子』秋水篇がその典拠であることなどを申しあげると、井筒先生は頰笑みながら静かに頷《うなず》いておられたそのご様子なども、今はなつかしく想い出される。

中国の老荘思想といえば、一九八五（昭和六十）年の春の頃、井筒先生からわざわざ郵送して頂いた筑摩書房『国語通信』掲載の『渾沌―無と有のあいだ―』と題する先生の哲学エッセーの以下の記述は、当時のわたくしをアッと驚かせるに充分であった。

〈（『旧約聖書』における）神の天地創造に関して、人はよく「無からの創造」（creatio ex nihilo）を云々するが、実はここでも「無」はカオス（「渾沌」）という意味に解されなければならない。「無」を虚無と同定するのは、後世の神学的思想であって、『旧約』の原テクストに表われている考え方とは根本的に異なる。『旧約』の語る天地創造は、なんにもないところに、突然、天と地が創り出されたというのではなくて、原初のカオスが、神の存在形成力によって克服され、次第にコスモスに転成していくプロセスを描くのである。〉

井筒先生が『旧約聖書』の記述する「無からの創造」の「無」を、いわゆる「虚無」の「無」ではなく、『荘子』に説く「渾沌」すなわちカオスの意味に解さなければならないといわれる論拠に関しては、同じくこの哲学エッセーの中でさらに次のように説明されている。

〈(古ウパニシャド的コンテクストにおける)「非有《アサト》」とは、たんに何かがないとか、なんにもないとか、我々が普通「無」という言葉で理解するような単純な存在否定の意味ではなくて、何ものも明確な輪郭で截然と他から区別されていない存在状態を意味する。全てのものが混融する存在昏迷。いずれがいずれとも識別されず、どこにも分割線の引かれていない、渾然として捉えどころのないようなあり方、つまりカオスということだ。……カオスは古代中国思想の「渾沌」に当る。〉

『老子』の説く「無」が、仏教伝来以後の一部の老荘古典学者の解釈するような「虚無」の「無」とは根本的に異なり、「物有り混成して」(『老子』第二十五章)、「見ることも無く」、「聞くことも無し」の「無」、つまり「寂たり、寥たる」(同上)「無名」のカオスの意味に解しなければならないと強調されたのは、戦前の京都帝国大学の「中国哲学史」講座の担当教授・小島祐馬先生であったが、ここでは小島先生と同一の見解が、井筒先生の卓越したイスラム学を踏まえて、より明確に、より詳細に、より精緻に展開されている。

(ふくなが　みつじ・中国哲学)

(『井筒俊彦著作集』別巻付録、中央公論社、一九九三年八月)

# 乾坤は經籍の箱

高木訷元

井筒俊彦先生の急逝のことを知ったのは、そのとき高野に不在であったこともあって、ご逝去ののち、かなりの時日を経てからのことであった。深山幽谷に孤居の身には、先生の寝膳乖和《しんぜんかいわ》のことも届きがたく、いまもって、私には先生のご他界が信じきれないでいる。

いま、井筒先生から寄せられた幾通かの書簡を篋底に見出し得て、先生との奇しき出会いが、まるで昨日のことのように、ありありと私には想い起こされる。

それは一九八四年の季秋、弘法大師空海の一一五〇年遠忌を記念して、高野山で開催された日本密教学会での特別講演を依頼したときのことであった。もっとも、その数年前に高野山同学会へのご出講を打診したことがあったのだが、そのときはすでにヨーロッパでの講義が予定されていて、高野への登山は実現しなかった。だが、このとき先生は、帰国ののち、なんとしても高野山に登りたいとの強い希望を披瀝されたのであった。

そのころ、私にとって、井筒俊彦先生はまったく一面識もない高嶺の存在であった。しかし、「たとえ生年相謁えずとはいえ、古人は面談を貴ばず、貴ぶところはただ道を同じくするにある」との思いを述べた私の手紙に、先生は実に鄭重な返書を寄せられ、日本密教学会における特別講演の依頼を、心よくご快諾くださった。

同僚の多くは、万が一にも承諾が得られるとは思っていなかったようである。それだけに私は、かつて空海が入唐留学のとき、越州の節度使に書状を送り、内外の経書の恵与を求め得たことを想起した。その空海の遠忌に際しての学術大会に、井筒俊彦先生をお迎えできることの法幸を、いささか因縁じみたものとして、私はしみじみと痛感したものである。

井筒俊彦先生の、あの端正なお姿にはじめて接したのは、その年の十月二十五日の夕刻、晩秋のやや底冷えのする高野山の宿坊での一室であった。そのとき豊子奥さまもご一緒の登嶺であった。高野山のこと、空海のことなど、相手が世界に名だたる大家であることも忘れて、私は臆面もなく話しつづけた。傍で静かに聞いておられた奥さまが、先生と同じ領域の学問をおやりになっていることを知ったのは、それから数年ののち、奥さまからの論文抜刷を頂戴してからのことで、いまにして思えば、冷汗三斗の想いである。

日本密教学会での井筒先生の特別講演は、「言語哲学としての真言」であった。その講録は翌年に岩波の『思想』二月号に掲載され、学会誌『密教研究』にも採録された。それが後に「意味分節理論と空海」として、『意味の深みへ——東洋哲学の水位——』(岩波書店)に再録されていることは、周知のことである。

高野山での井筒俊彦先生の特別講演は、とくに先生の名声とその多忙ぶりを知る人びとにとっては、一種の驚きであったようである。しかし考えてみれば、道元は知らず、かつて法然も親鸞も、さらに日蓮すらも、一度は高野に登っているのだ。

講演ののち、鎌倉からの井筒先生の書状には、「先日は高野から実にすがすがしい気分で下山いたし、その気分、今もなお続いております。さすが高野山の霊気は素晴しいものと、家内と共に感激いたしております。本当に有難うございました。今回のこと、私にとりましては生涯忘れ得ぬ貴重な思い出になりましょう」としたためられている。

爾来、私は井筒先生からいくたの教示と深い示唆をいただいた。なかんずく空海の言語哲学、法身説法についての深層意識的な論考は、いまの私にとって空海思想研究の唯一の指南となり得ている。

ただ残念なことは、かつて大学院の学生時代に、いささか読み進めたことのある『ヨーガ・スートラ』のシャブダ論について、いわゆるインド学者でない先生の深遠な解釈を聞こうとして聴き得なかったことである。

いま一つの心残りのことがらは、数年前に私がデリダのエクリチュール論に関連して、空海の詩文の一節を示し、コトバ論とのかかわりで、デリダとの対比を求めたことについての見解を、遂に聴き得なかったことである。

空海は五百三十言からなる長篇の「遊山慕仙詩」(『性霊集』巻一)のなかで、「乾坤《けんこん》は經籍《けいせき》の箱なり、万象《まんぞう》一点に含み、六塵縑緗《ろくじんけんしょう》に閲《す》ぶ」と詠じている。「一点」とは、井筒先生の表現をかりて言えば、宇宙的存在喚起エネルギーとしての絶対的根源語ということになろうか。意識と存在の究極的リアリティとしての法身大日如来が最初に発したコトバ「阿」

を指す。「六塵」とは、いわば全存在世界を意味する。空海は別の著作で、「六塵悉く文字なり」とも言う。

「乾坤は經籍の箱なり」というのが、この宇宙なり世界は、ぎっしりと書き込まれた經籍、すなわちテクストの空間であるということであるとすれば、それはまさしくジャック・デリダのエクリチュール論と、きわめて類似した表現と言わざるを得ない。

このことについての私の質問に対して、井筒先生は空海のマンダラ思想を含めての考究の意志あることを書き送られた。その後、高野山を訪れた記号学者ウンベルト・エーコに対して、私はこの空海のいわばエクリチュール論を提示し、あわせて井筒先生の言語哲学を紹介して、かれの意見を求めたものである。エーコは真言密教の三密思想、とくに語密に深い関心を示して、山を降りていった。

いま私は、机上に井筒先生から贈与された多くの先生の著書を重ねて、永遠の別れをなし得なかった非礼を詫び、あらためて井筒俊彦先生の偉大な遺徳と真摯なお人柄をしのびつつ、哀惜の想いに耽っている。

（たかぎ　しんげん・仏教学）

（『井筒俊彦著作集』第10巻付録、中央公論社、一九九三年四月）

# 井筒さんの『起信論』哲学

長尾雅人

井筒さんが突然逝去されたのは、今年の一月七日のこと。彼はほんとうの意味で博学多才、かつ深く哲学を愛した学人だった。まことに惜しい人を失ったものだ。

ところがその死を追うようにして三月には『意識の形而上学』が出版された。いわば遺稿であるが、これはまた目を見張るばかりの明快さを以て、その副題にある『大乗起信論』を取り扱い分析したものであって、われわれを無性に喜ばせることとなった。亡くなる直前までこのような著述に精を出しておられたことを知って、改めて畏敬の念を禁じ得ない。

井筒という巨匠の名は、早くから西谷啓治先生を通じて知ってはいたものの、親しくおつきあいするようになったのは、比較的近年のこと。岩波講座の東洋思想をいっしょに編集することになった頃からである。彼はこの講座の発案者でもあり、原動力でもあった。最近の二年ほどは、病気とのことで、全くお会いもできなかった。人づてにその病気もよほどよいらしいと聞いて安心していたが、それだけに今回のご逝去は私にとっては全く突然のことであった。

井筒さんがイスラームの哲学思想の第一人者であることは、余りにも有名である。それとともに、多数の言語に通暁した達人であったことも、人のよく知るところである。しかしもちろん彼は、単に言語をもてあそぶ学者ではなく、文献学的であるとともに、深く哲学的であることに徹した人であった。むしろある思想の核心に肉迫するために、その思想を産みだした言語、すなわち原語に取り組んだのであり、あるいはその思考類型を産み出した文献群を博捜したのである。

同様のことは、イスラーム以外の東洋の諸思想や哲学にも当てはまる。井筒さんの考え方、その哲学的立場は、『意識と本質』などの著書に端的に窺い得ると思うが、そこには多彩な博識とそれに基づく深い思索とが背景となっている。従来のわが国で最も手薄であったと思われるイスラームの世界に深く分け行っただけではなく、彼の探求はユダヤ教・キリスト教の思想を初めとしてインドの諸宗教・諸学派に及び、さらに中国の諸思想、特に老荘などの宗教哲学に及ぶ。殊に仏教については、インドのそれはもちろん、中国文化との溶融に花咲かせた華厳の哲学や禅思想やわが国の密教などに関しても、彼の論究の手はあまねく差し伸べられた。仏教の研究に携わる筆者などに取っても、彼の示唆によって教えられることが少なくはなかった。

今ここにあげたユダヤ教以下の諸思想を、彼は一括して東洋思想と呼ぶ。そこには種々違った様相の諸体系が見られ、殆ど矛盾対立するような立場も多くある。にもかかわらず一括して東洋思想というのには、恐らくギリシア思想が中心となって、キリスト教的宗教思想と結びついて発展してきた現在の西欧の哲学に対して、東洋の特質がそこに見られるからなのかもしれない。右に触れた岩波の東洋思想講座にユダヤ教やイスラーム思想が組み込まれたのも、今までには考えられなかったことで、井筒さんの発案によるものであった。彼はこのような意味における「東洋哲学者」なのである。

ただし今年一月号の『中央公論』に載った司馬遼太郎氏との対談を読むと、その東方とは「インドから東でしょうか」との問いに対して、井筒さんは、いいえ、ギリシアも含めての「ギリシア以東」だと答えている。そしてその様な「東洋哲学全般を見渡すような哲学をつくりたい」、さらにそのためには「東洋的なメタ・ランゲージの世界をつくりたい」とも言っている。ギリシアまでも含まれるとすれば、我々にはまるで全世界の哲学というに等しいように見えるが、「西洋も入れたらいいが、あんまり大き過ぎて……」とも仰るから、やはり東洋なのであろう。しかし彼の学は文字通り洋の東西に亙っていて、スーフィーの神秘哲学者ルーミーの思想を解説するために、仏教の往相と還相や向上と向下、還源と起動などの術語を用いるほどの人である。

サンスクリット語に **nāma** 名と **artha** 義という、その間が密接な関連で結ばれた言葉がある。前者は「名」であり、概念であり、従って言語であるのに対して、後者は「意味」を意味し、同時にその意味を担った「物」そのものでもある。人々は勝手に、恣意的に、物に名を与え、それによって物の意味を限定している。と同時に名を通して考え、名を知ることによって物を知り得たかのように信じ込む。そして名を通して捉えた思想を、あたかも真理の確乎とした代表者であるかのように思いがちである。

しかし名と意味、言葉と物との関係はそのように簡単ではあり得ない。仏教に「一水四見」の喩えがある。同一の水を見ながら、魚はそれを自分の住み家と考えるであろうし、餓鬼はそれを膿や血の流れと思い、神々は種々の宝で飾られた地と見るでもあろうが、人間はその中で沐浴すべきもの、また清涼な飲物としてそれを水と名付けた。このように見る立場に応じて、同一の物が種々異なった様相で現れ、違った名前ができあがる。だからもし名に執着し、言葉に即して物を理解したり意味を考えたりするだけならば、それは「もの」の真相からは程遠いものとなるであろうことを仏教は警しめている。

このインド仏教的な考え方の nāma と artha とを思い出したのは、言語とその意味、そしてそれを形而上学的存在論的な領域に関係させて解明することに井筒さんの一つの特色を見ることができるとすれば、そこには必ずや右のような考え方も含まれているに違いないと思われたからである。

遺稿である上記の『意識の形而上学』は、中国から日本へかけての仏教に、たいへんに大きな影響を与えた『大乗起信論』を今日的に読み直してその体系化を狙ったものである。それは従来の諸註釈類とは違って、新しい角度から、誰にでも分かりやすく説いた『起信論』に外ならない。分かりやすいとはいったものの、中には井筒特有の「分節」や「分割」という語があったり（それを著者は『起信論』の「分別」にほぼ等しいという）、また「意味カルマ」とか「言語アラヤ」など、耳馴れない言葉もあるにはあるが、著者の解説を丁寧に読んで行けば誰にもその意味が理解されるであろう。

私事にわたって恐縮であるが、筆者にはこの『起信論』については、苦い思い出がある。つまり大学の卒業論文をこれを材料にして書こうとしたのであるが、余りに難解で、とうとう断念せざるを得なかったという思い出である。その冒頭からして「衆生心」つまり普通の凡人の心が問題の中心におかれ、それが「摩訶衍」すなわち大乗なのだというが、大乗とはそんなものなのかと反問したくなる。その心には真如の相と生滅の相とがある。真如と生滅といえば、全く反対の逆の矛盾したあり方なのだが、それがどの様な形で衆生心に結びついているのであろうか。その衆生の心はまた、「如来蔵」であるといって、「仏の母胎」という高貴な存在に持ち上げられ、逆に如来蔵に依るからこそ心の生滅があるともいわれる。さらにその如来蔵はまたアーラヤ識とも呼ばれる。ここでも不生不滅と生滅とが和合し、しかも一でもなく異でもない、それがアーラヤ識なのだという。これらの術語の一つ一つの理解が困難なだけではなく、反対概念の一致とか、逆方向のパラドックスの積み重なりを考えれば考えるほどに、段々収拾がつかなくなるのである。

ところが井筒さんでは、私が躓いた石ころの一つ一つが、そのままであたかも宝石の塊ででもあるかのように光を放ってくるのが感ぜられる。この書を読み進むにつれ、やがて、反対矛盾の対立が、そのまま『起信論』の最も深い原理であることが実感されてくるからである。これは不思議な、かつ巧妙な解説である。

井筒さんによれば、この書の形而上学的思惟は、「至るところで双面的・背反的、二岐分離的、に展開する」のであり、「強靱で柔軟な蛇行性をもって」右往し左往して流れているのである。決して一直線に動くような論理ではなく、その論理は殆どすべての場合に背反的・矛盾的である。そのことが若い学生を悩まし躓かせた所以でもあろう。

本書の最初の方で、この双面性を井筒さんは真如について、またアーラヤ識について、分析し明かにする。真如は絶対的存在として法界や空性と同視せられ、その意味でそれは非現象的である。それと同時にあらゆる現象は、真如を離れては存在しえない、真如の動きそのもの、真如の自己分節に外ならない。このようにして真如の双面性は、一方では空的に非顕現・非現象的であり、無分割であると共に、他方では自己顕現的にあらゆる現象を包んで有的である。この存在論的な非現象態と現象態とは、宗教的・道徳論的の側では、プラスの符号とマイナスの符号とが付けられて鋭く対立する。すなわち真如のプラスの符号を帯びた「覚」そのものすらもが、われわれの日常に経験する現象的世界では、あらゆる点でマイナスの「妄念」の所産に外ならぬという。このような双面性が、同一の真如において成り立つのである。

同じような双面性が、アーラヤ識についても考えられる。井筒さんによれば、右の真如の非現象態から有的な現象態が展開するとき、その中間地帯としての境位を形成するのがアーラヤ識と呼ばれるものである。つまり絶対無分割の真如が自己分割する基盤がアーラヤ識なのであって、従って当然そこにも双面性が見られる。あらゆる妄念の根源としてのアーラヤ識にはマイナスの符号が与えられるが、真如の自己顕現の基体としてのアーラヤ識はプラスである。これがアーラヤ識が「真妄和合識」といわれる意味である。

このような双面性は、『起信論』では至るところでお目にかかるわけで、衆生の一心に「心真如」と「心生滅」の両面のあることは最初に述べた通り。その真如について、「如実に空」と「如実に空ならず」の双面が説かれたり、「離言真如」（言葉を超えた真如）と「依言真如」（言語を媒介にした真如）とが見られたりする。殊にアーラヤ識については、上に述べたこととの関連において、「覚」と「不覚」の二面性が考えられ、その「覚」はまた「本覚」と「始覚」とに分けられる。「本覚」とは簡単に云えば、根本的な覚、あるいは本来的に存在する覚を意味するであろう。そのような覚が本来、人間の「妄心」の中に隠れた形で無自覚的に内在するが、それが改めて覚せられてゆくプロセスが「始覚」に外ならないといってよいであろう。これによって、アーラヤ識を中心にした覚と不覚との動きの様相がこの論で詳細に論ぜられるが、このことは個々人の意識にとって、重要な意味を持つ。救済論的・実存的に、あるいは解脱論的・実践論的な意味においてそれは甚だ重要である。

井筒さんはこれらの論点を一々詳細に吟味し、それを真如の形而上学として考え、またアーラヤ識の意識論として論じた後、さらに仏教の実践論・解脱論にまで説き及ぶ。そこではいわゆる「浄法の熏習」と「染法からの熏習」とが論ぜられるが、これはやはりアーラヤ識における出来事で、それを覚から不覚へまた不覚から覚への人間の実存的円環行程、すなわち輪廻転生の姿として把え、その円環運動が究極的に絶対の覚に到達したとき、覚者・仏陀の誕生がある、といって全篇を結んでいる。

いうまでもなく井筒さんは、これを仏教学の立場から論じているわけではない。むしろより広く東洋哲学者としての立場から、『起信論』を一つの優れた哲学体系として取りあげ、それを現代風に読み換えたのであるが、そこには『起信論』と他の哲学体系としての唯識哲学との差違も述べられている。

例えば熏習に関して、『起信論』では真如と無明との間の相互の熏習があるが、唯識哲学では熏習するものは無明だけであって、真如の熏習と云うことは考えられていない。またアーラヤ識については、『起信論』では上述のように真と妄との「和合識」がそれであるのに対して、唯識哲学ではアーラヤ識は妄の世界、生々流転の世界に関係するのみで、従って深層意識として考えられるのではあるが、絶対無分節の真如には関係しえない、という。これらによっても、筆者は教えられ考えさせられた点が頗る多かった。

しかしこの書で井筒さんは『起信論』に没入し切って、それと一体になっているからであろうか、この論に対する批判らしい言葉は殆ど全く見られない。それが筆者にとっては些か不満に感じられた。直前に述べた相違点にしても、必ずしもそのままで全面的に肯うわけにはいかない点もあるが、それよりも『起信論』の思想傾向や構造そのものがある意味で問題視されていて、それについても井筒さんには何ほどかの意見があった筈だと考えられる。

というのは、アーラヤ識なる概念は長い数世紀の歴史を以て漸次整備され、最後に無著や世親などの唯識学派に於てそれの厳密な性格づけが完成されたと一般には考えられている。多分そのアーラヤ識を『起信論』は踏襲しながら、それに「如来蔵」という性格を付け加えたものらしい。しかしこのことは果して妥当だったのか、また如何にして可能だったのか。またこうすることによって『起信論』は、いわゆる「本覚思想」の淵源ともなり、いわば性善説的な、悪い意味での楽観論、あるいはインド的なアートマン論に陥る危険があるが、これらの点についても井筒さんには色々な意見があったに違いない。熏習についても、「所熏」（熏習されるもの）は、善でも悪でもない中性的なもの、すなわち「無記」でなければならないと唯識学派は規定する。いわば無色の布に花模様を染めることはできても、真っ黒な布にはそれが困難なようなものである。従って深層のアーラヤ識だけが唯一の熏習を受け得る場所で、それ以外に「所熏」はあり得ないという。この考え方と『起信論』が絶対無分割の真如と絶対迷妄の無明との相互熏習を説く考え方とは、真っ向から対立するが、その対立を我々はどう処置すべきであろうか。

これらの問題点はなお多く残っており、本書を読みながらそれらの疑問について、もっと多くのことを井筒さんからゆっくり聞きたいものだとの思いに打たれること、しきりである。意見の違う所では、それが論争めいたものに発展したかも知れないが、（若しそうなればそれこそ願ってもない良き学習なのだが）、今となってはすべてかなわぬ望みである。まことに淋しく残念である。

（ながお　がじん・仏教学）

（『井筒俊彦著作集』別巻付録、中央公論社、一九九三年八月）

# 井筒先生を東大寺にお迎えして

森本公誠

まだ大仏殿が昭和大修理中の、確か昭和五十一年の夏だったと思う。岩波書店からの連絡があって、井筒先生が御夫妻で東大寺を訪れたいと申されている由。当時岩波書店では、井筒先生の監修になるイスラーム古典叢書の刊行が計画され、私には、十四世紀のアラブの歴史哲学者イブン＝ハルドゥーンの『歴史序説』を翻訳するようにとのことであった。そこで、恐らく責任上私に一度会っておきたいとのお考えがあったのであろう。私はそれまで先生にお目にかかったことはなかった。私もすでに何年かイスラーム研究に従事してきたが、高名な先生はもっぱら海外で活躍され、日本におけるイスラーム関係の学会に姿を見せられることはなかったからである。

私が井筒先生のことを知ったのは、先生の翻訳された『コーラン』を通じてである。岩波文庫の初版本の上巻が出た昭和三十二年は、私が京都大学を卒業し、大学院に進学したときであった。その年の暮近く本を手にして一気に読んだ。翌年さらに中・下巻が出版されるにつれ、その躍動的な素晴らしい訳文に、マホメットの心臓の鼓動が聞こえてくるような思いをしたものである。

その後、その井筒先生がすでに戦前に著書を出されていたことを知り、一層驚きを禁じえなかったが、当時私はイスラームでも、社会経済史、特に初期のイスラーム教団がどのようにして国家を築きその国家がどのように変容していくか、集団としてのイスラーム教徒が辿る歴史的現実に興味を持っていたので、直接先生の研究に触れる機会はほとんどなかった。ありていに言えば、私には哲学的思考を要するテーマは苦手だったからである。

しかしながら、東大寺という華厳経を根本経典とする寺院に身を置く以上、いつまでも思想の分野を避けてもいられない。仏教思想とは何か、華厳思想とは何か、中国人が「光明遍照」と訳した「毘盧舎那仏」とはどのような存在か、「一即一切、一切即一」という華厳哲学の一面は、他の思想にも見出すことのできる普遍的なものか、等々について、すこしはなじみもし、仏陀が六年の苦行のあげく禅定に入って得た突然の宗教体験、観想で得た意識内容を華厳的視座で理解するとすればどのようなことになるのか、そんなことを自らの修行のなかで、意識するしないにかかわらず、把握しようとしている自分を見出すこともあった。そしてその一方では、イブン＝ハルドゥーンの大著の訳業を続けながら、この偉大な人物が、現実の政治世界の渦中にあって深い苦悩に陥入り、やがてその苦悩を通じて、人間社会とは何かについての体系的把握の一瞬を経験したであろうことを、彼の『自伝』のなかに読み取ったりもした。それでも、以前のほどではないにしても、思想とか哲学とか難解なテーマに近づこうという気にはあまりなれなかった。

昭和五十一年に井筒先生をお迎えしたころの私は、大体そんなところだったのではなかろうか。それは真夏も猛烈に暑い日であった。岩波書店の方の案内で大仏殿に来られた先生は、そんな暑さにもかかわらず、白いスーツをきちんと身につけ、奥様と一緒にいかにもダンディーな姿で立っておられた。そのころ、大仏殿は大きな須屋根に覆われていて、工事用エレベーターで第一層と第二層の、それぞれの屋根のきわまで昇れるようになっていて、第一層目の中央、唐破風の観想窓のところから、目の当りに盧舎那大仏のお顔を拝観できるようになっていた。

そのお顔は下から仰ぎ見るのと違って実にきびしく、おごそかなものだった。先生にそのお顔を拝んでいただいた。ついで下へ降りて殿内に入り、一般参拝客より一段上の基壇に上がって、大仏さんの坐っておられる蓮台のまわりを一周した。周囲の各蓮弁には「蓮華蔵世界図」という、いわば華厳経の思想を絵で表現した一種の世界観が描かれているが、先生にそれをご覧いただいたところ、非常な関心を示された。

それにしても、この間すこし私が説明しただけで、先生が華厳についても並々ならぬ知識をお持ちだ、ということがすぐにわかった。先生から返ってくる言葉でである。私が「華厳を一応学ばねばならないわれわれ東大寺の僧は、伝統的に華厳宗の第三祖法蔵の華厳教学を繙くことになっているのですが、どうも私には、彼の学問体系への方法論といったものに中国的な匂いが感じられないのですが、如何なんでしょう」と尋ねると、先生はすぐに「そうかもしれません。法蔵の祖父はサマルカンドの人ですからね」と。私も日本におけるイスラーム研究者をかなり知っているが、こんなことをすぐ答えられる人は、井筒先生をおいてほかにはいない。私はその年に先生がヨーロッパで華厳哲学に関する講演をなさることなど、すこしも知らなかったから妙な感心の仕方をしたものだった。

大仏殿を出て、すぐ西わきの私の坊舎にご案内してくつろいでいただいた。自家製の梅酒入りジュースをお出しすると、御夫妻ともに大変喜んでおられた。

それから翌年の昭和五十二年に井筒先生は再び東大寺を訪ねられた。今度はハーバード大学で講義をしているというイラン人の建築研究家N・アルダラン氏を伴って来られた。その時私はアルダラン氏から著書 *"The Sense of Unity——The Sufi Tradition in Persian Architecture"* を贈られたが、氏はイランの建築設計のなかに伝統的な「光」の思想を見出そうとされているようであった。

井筒先生一行を大仏殿にご案内した。東大寺の歴史的な話はともかく、盧舎那大仏については先生が直接アルダラン氏にご説明下さいとお願いした。昭和五十一年と昭和五十五年の二回の海外での華厳哲学についての講演を基にしてお書きになったという論攷「事事無礙・理理無礙」(『井筒俊彦著作集9東洋哲学』所収)には次のように説明されている。

> 先ず第一に『華厳経』自体。このお経に関する存在ヴィジョンが、隅から隅まで「光」のメタファの限りない連鎖、限りない交錯、限りない重層の作りなす盛観であることは、ちょっとでも『華厳経』を開いたことのある人なら、誰でも知っているはずですが、この「光」の世界全体の中心点が、眩いばかりに光輝く毘盧舎那仏であることに、特に注目したいと思います。「毘盧舎那」、原語はヴァイローチャナ Vairocana(語根 RUC「燦然と輝く」)、万物を遍照する太陽、「光明遍照」、「光」の仏、を意味します。華厳的世界の原点、『華厳経』の教主が、このように根源的「光」の人格化としての太陽仏であるという事実に、私はなんとなくイラン的なものを感じます。ゾロアスター教の「光」の神、アフラ・マズダの揺曳する面影を、どうしてもそこに見てしまうのです。

井筒先生の説明によって、アルダラン氏は無限の「光」の具現としての巨大な東大寺のビルシャナ仏に共感を覚え、みずからの思想の広がりを感じたはずである。前回のご来訪のさいと同様、私の坊舎でくつろいでいただきながら、私も六年前にイランを訪れ、ちょうどペルシャ帝国建国二千五百年式典の準備中であったことなどを話した。井筒先生はジュネーブでの学会で、マンダラについて発表する予定だと話された。

先生の学問領域は益々広がるようであった。

のちの日本での先生のご活躍、次々と業績を世に出されたことなど、今にして思えば、奈良を訪ねられたころの井筒先生は、次々と湧き起こる構想や学問的展開に充実した日々を過ごされておられたのであろう。私には先生が輝いておられるように見えたものである。その後私は先生にお約束したイブン＝ハルドゥーンの翻訳を昭和五十四年から五十五年にかけて二巻出したものの、三巻目は昭和六十二年にやっと出せるという長い年月をかけてしまった。三巻目が出せたら一度お訪ねするなどして、先生の深層意識に関する思想には、恐らくご自身がお持ちの神秘的体験がその根底におありなのだろうから、その体験のお話をうかがいたいと思ったが、それも果たせないまま訃報に接した。ご冥福をお祈りする次第である。

（もりもと　こうせい・初期イスラーム史）

（『井筒俊彦著作集』別巻付録、中央公論社、一九九三年八月）

# 井筒先生の風貌と思想の源泉

門脇佳吉

一九七二年九月国際中世哲学大会がマドリッドで催されたことがあった。当時私はドイツのレーゲンスブルグ大学で一年間中世の神秘思想家マイスター・エックハルトを研究していたので、この国際大会に参加することができた。この大会で私は多くの学問的刺激を受けた。なかでもイスラム思想が中世ヨーロッパ思想に及ぼした絶大な影響を歴史的事実に即して詳細に知ることができた。それは、私にとって大きな知的衝撃であった。

この知的収穫にもまして、私にとって忘れることのできない出来事に出会った。昼休みの時だった。慶応大の松本正夫先生御夫妻に誘われて、あるレストランに行った。そこにはすでに日本人の一団が先着していた。若い気鋭の学者たちに囲まれて、一人の温厚で気品のある紳士が夫人と共に物静かに坐っておられた。これが多くの人から噂に聞いていた世界的な碩学井筒俊彦先生であると知ったとき、私の驚きは大きかった。その姿は私と同年輩の慶応大の先生方から聞いていた人物像とは全く違っていたからである。耳にしていた噂から私が想像していた井筒像は理知的な眼鼻立ちをした白皙の、容易に人を寄せつけない峻厳な思想家だった。慶応の友人たちは、井筒先生の前に出ると、自分の学識の浅薄さと才能の無力さを痛感させられ、先生とは碌に口も利けないとこぼしていた。私のはじめて接した先生の風貌は、その噂と全く正反対だった。私は驚きと共に、先生に対する深い敬愛の念を禁じえなかった。

当時私はまだ四十代だった。少し茶目っ気を出して、スペイン人のウェイトレスとブロークンなスペイン語で手振りを交えながら交渉し、首尾よく食事の注文を取ることができた。実は私はスペイン語は読めてもしゃべれなかった。しかし、二年間イタリアに留学していたお陰で、何とかイタリア語で日常会話に不自由することはなかった。無茶な話で、私はイタリア語を変形させてスペイン語らしくし、何とか通じさせることに成功した。傍で私の交渉ぶりをご覧になっておられた井筒先生は、いたく面白がってくださった。私は面映ゆさを感ずるとともに、ユーモアを解する先生の人間味に感動した。このような先生とならこれから長くお付き合いでき、学問上でご指導を頂けるかもしれないと期待した。私の期待は裏切られなかった。それ以降二十年間にわたって種々な形でご指導を仰ぐことができた。そして、マドリッドで私が受けた先生の第一印象は変わることはなかった。

私は先生から多くを学んだ。それをここで列挙すれば与えられた紙面がたちまち尽きてしまうので断念しよう。それより井筒哲学の隠れた一面で、余り人には知られていないが、井筒哲学を理解する上で重要不可欠な点を書くことにしよう。私は常日頃から井筒哲学がどこから生まれたのかという問いを抱き続けていた。この問いに多くの人は次のように答えるに違いない。先生は卓抜な語学力を駆使して東西思想を古今にわたって広く深く研究され、現代の日本の思想家はもちろんのこと、欧米の学者の中でも比肩する者なきほどの学識と思索力を獲得された。これが井筒思想の源泉だ。この答えは間違ってはいない。しかし、いかに膨大な知識の集積があろうとも、百科全書ならいざ知らず、そこから新しい思想など生まれはしない。また強靱な思索力があったとしても独創的な思想がそこから生まれるとは限らない。まして井筒哲学のもっている次のような諸特質はただ単なる知識の集積や思索力だけからは生まれて来ない。

井筒哲学の第一の特質はその関心の中心がイスラム・キリスト教・ヒンズー教・仏教・神道の神秘体験に置かれていたことだ。第二に、これらの宗教体験を単に総覧し総合するだけではない。現代の言語哲学から学んだ分節化理論の鋭利な知的メスを使いながら、宗教体験の暗い深層構造を摘出した手腕は井筒哲学の独壇場と言っていい。第三に古色蒼然たる宗教書を、新しい現代的視点から読み直し、そこに含まれている哲学思想的可能性を顕在化し、それをもって現代思想のよって立つ「生存地平」を突き破り、思想的未来を切り拓くこと、これこそ、井筒哲学が志向しているものなのだ。さらに、井筒哲学の第四の特質はあらゆる境界を超境するダイナミズムをもっていることだ。そのダイナミズムは東洋と西洋、宗教と日常性、言語哲学と存在論、深層心理と実在、現象学と形而上学の間に銀山鉄壁の如く横たわる境界を超えて、矛盾的自己同一性を発見する。これらの特質をもった思想の源泉は一体何なのか。これは難問だった。この二十年間この難問に立ち返って考えたが、解決のメドは立たなかった。

それが去年中央公論十月号に掲載された『意識の形而上学―「大乗起信論」の哲学Ⅲ』を読んだ時、ある閃きに恵まれた。この論文は今となっては先生の最後の論稿となった。図らずも、この論文から私は大きな光に恵まれた。弟子と呼ぶに価しない不肖な私に、大きな慰めを与えてくれた。その閃きの内容を説明し簡潔に述べることは難しいが、その核心はこうだ。

論文の主題は「アラヤ識」の機能フィールドで展開される「覚」と「不覚」の個的実存意識のドラマであった。ある実存が迷いから悟りに転換する劇的なメカニズムが見事に解明されていた。私はそれを読んだとき、ハッと思った。このようなダイナミックな解明はただ単に哲学的思索力だけから生まれるものではない。真に深い宗教体験に恵まれた者のみがなしうることである。しかも、先生は宗教体験の実存分析にとどまらず、その前提となる形而上学的構造をも解明されている。この実存分析から形而上学解明への飛躍は、ハイデッカーでさえなしえなかった現代哲学の難事業である。

先生はこの至難な哲学的営みをなし遂げられた。それを可能にしたものは、次の三つの営為を遂行されたことだと私は思う。第一に、日々研鑽されつつ宗教体験を深められたこと。第二に、その体験を反省し、ネオ・プラトン哲学から学ばれた自己帰還を遂行し、万物の根源へと遡行されたこと。第三に、この根源があらゆる種類の宗教体験の源泉であると共に、言語と存在の根源であり、あらゆる対立を止揚し、人類の未来を切り拓く原動力であることに開眼されたことである。

(かどわき　かきち・哲学)

(『井筒俊彦著作集』第2巻付録、中央公論社、一九九三年四月)

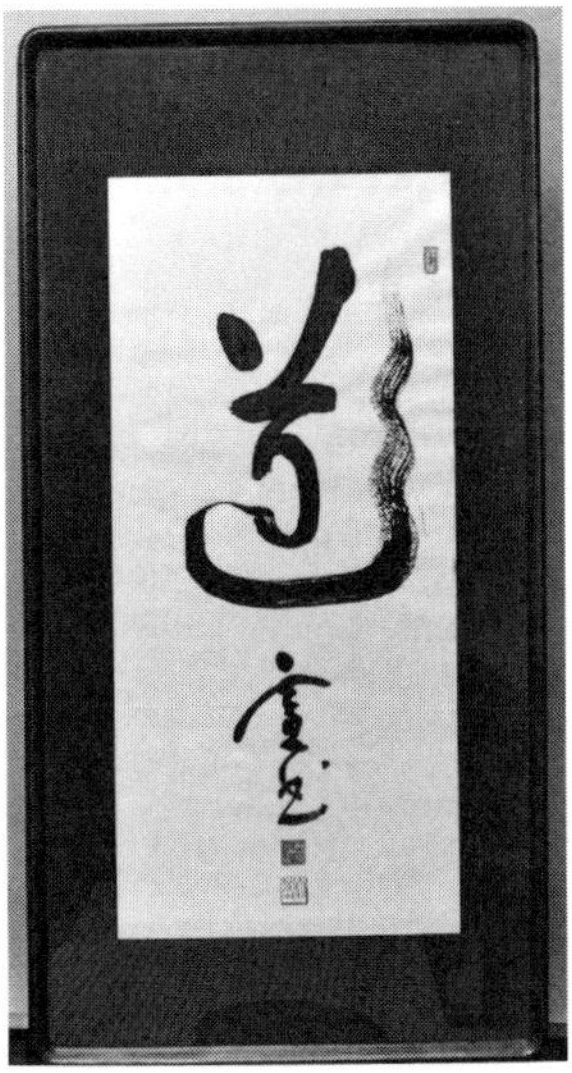

井筒邸に掛けられていた門脇佳吉の書

# 井筒氏の思い出

柳瀬睦男

井筒俊彦氏に初めてお目にかかったのは、戦争の末期、一九四五年頃であったと思う。私の旧知の松本正夫慶応大学教授が井筒俊彦氏の先輩にあたり、親友としての深い交わりを重ねておられたことから、私が井筒氏をお見受けしたのは、松本邸の正夫氏の書斎が初めてであり、以後、井筒氏との出会いの時間の大部分はこの書斎であった。

当時、井筒氏は慶応大学に籍を置き、教鞭を取っておられたと記憶するが、私が学生として教壇における井筒氏にお会いする機会は、ついに訪れなかった。しかし、松本正夫氏の書斎における会話は、まだ大学の物理学科の学生であった私にとっては、驚きと賛嘆の連続といってよいほどの新鮮な時間であった。松本正夫氏は、哲学、それも中世のトマス・アクィナスが専門であり、井筒氏は、当時既にアラビア文学、アラビア思想についての第一級の学者として知られていたので、会話はその時代として望み得る稀有の高さと深さを備えていた。井筒氏は非常に明快な言語で会話を進め、議論を闘わせておられたけれども、私はその傍らにいて、その片鱗をうかがうに過ぎなかった。とはいえ、井筒氏も、私をかなり変わり者の理科の学生として興味を抱いて下さったらしく、私が時々発する質問にも丁寧に答えて下さったことを、今も鮮やかに覚えている。

当時は戦争の末期であり、食糧をはじめ、種々の事情も逼迫していたことはもとよりであるが、しかし、何よりも戦争の行方が最大の関心事であったことは当然であった。両氏は既に兵役に出るという年齢ではなかったように思われるけれども、この戦争がどのような結末を迎えるのか、その終結と同時に予想される敗戦の後、日本はどのように再生の道を歩むことができるのかというような問題についても、真剣に考えられ、議論が行われていたように思う。それにしても、そのグランド・テーマを基調にしながら、戦争とは一見関わりをもたないような文化的な問題、言語、哲学、宗教に関する問題についても、井筒、松本両氏の間で交わされるそのような対話を通して、私は多くのことを学んだ。一つの明らかな次元は、アラビア語とアラビア文化に関してであり、また、イスラム教とキリスト教との関わり合いに関してであった。

今、そのことをここに繰り返すつもりは全くないけれども、その後、私がイエズス会の修道院に入るためにこの書斎から姿を消してからも、私にとってはそれ以後のイエズス会内におけるヒューマニティーの教育、また、哲学、神学の教育の過程にあって、井筒氏の存在と氏から教えられた数々の知識が、私の胸に絶えず響いていたことは確かである。ドイツでの勉学を終え、神学の勉強も終了して、司祭としての生活を始めた時、アメリカに留学することになり、その出発の前にも確か松本邸でお目にかかった。その折り井筒氏がどのようなことを話されたかは殆ど記憶がないけれども、プリンストンに滞在中、たびたび英語の論文の抜き刷りを送って下さることを通して、私に示して下さる好意に深く感謝せずにはいられなかった。

その後、井筒氏がカナダに行かれ、さらにイランに移られたので、しばらくお会いする機会を得なかったが、テヘランから日本に帰られ、そして日本における新しい思索と著作の活動を開始された頃から、再び井筒氏のお宅に参上したり、あるいは、私の所属する上智大学に講演をお願いするなど、氏の謦咳に接する機会を再びもつことができた。上智大学のアジア文化研究所が設立され、その設立の事情から、私が一時その研究所の運営を任された時代に、井筒氏に来ていただいて講演をお願いしたこともあったが、その時の講義の明晰さと理解し易さ、同時に、他の人々の追随を許さないその深さと鋭さ、見通しの深さを示していただいたことは、忘れられない記憶として残っている。

その後、また時折、氏のお宅に伺って個人的にお話をしたり、あるいはイエズス会のイスラムの専門学者を同行して、そのディスカッションを傍らで聞いたりしているうちに、氏の御病気になられたことを知らされ、しかしまた軽快されたということを伺っていたので、再びお宅に参上して教えを乞う日が来ることを期待していた。特に、イスラエルへの旅を志した時、かの地でのイスラム、あるいはアラブの宗教、文化、そして政治の影響力の強さをまざまざと感じとり、そのことについて根本的、世界史的な意味をぜひ井筒氏にお尋ねしたいと思っていた矢先、ローマ滞在中に氏の訃報に接し、その機会の失われたことが心から悔やまれたのであった。せめて、井筒氏の残された著書を通してこの問題についての、特に日本人としての理解、また、日本文化の風土との関わり合いを探り、同時に、キリスト教及びユダヤ教との複雑な関連の問題について、教えを乞いたいと思う。

それにしても、私をはじめ、直接お目にかかって、その深い学識と思想を学びたいと願う者たちを、かつてのように懇切な態度で迎え入れて下さる日が再び来ることのないのは、まことに哀切きわまりなく、御逝去を心から悼まずにはいられない。

井筒氏の御冥福を心からお祈りしながら筆をおく。

（やなせ　むつお・イエズス会司祭・科学基礎論）

（『井筒俊彦著作集』第11巻付録、中央公論社、一九九三年六月）

# 井筒先生との最後の会見（1）

## ナスロッラー・プールジャヴァーディー

数日まえにメフディー・モハッゲグ博士より、日本の著名なイスラーム学者井筒俊彦教授が前月のデイ月（一月七日）に身罷られとの知らせを受けた。井筒教授はイラン・イスラーム革命の前、数年間をイランで過ごされ、比較哲学と比較神秘思想を教えておられた。私は先生の講筵に列する光栄に浴した。この敬愛する碩学の訃報に接し、九年前の一三六三年ファルヴァルディーン月（一九八四年四月）のことを思い出した。その時私はロンドンで先生にお目にかかり、お話を伺って、その記録を残しておいたのである。実は、この時のお話の内容を『知識の普及』（*Nashr-i Dânish*）誌に載せる用意をしていたのだが、別の用件に忙殺され、その記録を清書し印刷に付することが許されなかった。先生の逝去の機会に、この偉大な研究者を『知識の普及』の読者諸氏に紹介するために、覚書を参照しつつ以下の一文を草したのである。

＊

テヘランからロンドンに来て一週間になっていた。この間、何度も井筒俊彦教授と連絡をとろうとしたがうまくゆかなかった。井筒先生がロンドンへいらして、イスマーイール派研究所で講義されることをテヘランで聞いていた。研究所の電話番号はテヘランにいる共通の知り合いから貰っていた。一日に三、四回その番号に電話したのだが返事がなかった。

井筒先生をもう何年も前から知っていた。先生のお名前に初めて接したのは、ハーッジ・モッラー・ハーディー・サブザヴァーリー著『哲学詩注解』（*Sharḥ-i Manẓûmeh-yi Ḥikmat-i Hâjj Mullâ Hâdî Sabzavârî*）の扉においてであった。四九年（一九七〇年）、私がテヘラン大学の哲学科の大学院にいたころ、その『哲学詩注解』を読もうと思い立った。当時、私はイスラーム哲学について何も知らなかった。この書物に寄せられた井筒先生の英語の序文がサブザヴァーリーの哲学についての私が読んだ初めての論文であった。英語を通じて哲学を学んでいた私にはこの序文は非常に有益なものであり、それ以来私はこの著者の筆の虜になってしまったのである。その後、先生がカナダのマックギル大学の教授で、毎年数カ月をテヘランで過ごしておられることを聞いた。翌年、テヘランで先生にお目にかかり、機会に恵まれて、先生の数カ月のテヘラン滞在中、少なくとも週に一度はお目にかかれるようになった。

井筒先生は毎年四、五カ月ほどテヘランにおられた。秋学期をマックギル大学で過ごし、冬の中頃テヘランに来て、春の終わりから夏の始めに日本へ行き、二カ月滞在した後モントリオールに戻られた。五一年（一九七二年）のことだったが、イブン・アラビーに関する先生の著書『スーフィズムと老荘思想』（*A Comparative Study of the Key Philosophical Concepts in Sufism and Taoism*, Pt. 1: The Ontology of Ibn 'Arabī, Tokyo, 1966.）を読んだ数名の学生が、先生に一つのお願いをした。それはイブン・アラビーの『叡知の台座』の本文を先生の下で読み、英語で翻訳と解説をしてみようというものであった。先生はこの願いを受け入れてくださった。このクラスに参加した学生は五名で、みんな英語に習熟していた。その中の三名（ゴラームレザー・アーヴァーニー博士、ウィリアム・チッティック博士、筆者）は『叡知の台座』のテクストをクラスの前にアラビア語やペルシア語の注釈を助けにして下読みしていた。そして、金曜日の午後に先生のお宅で開かれるクラスでは、本文を読んで英訳して、その内容について議論し、難しい箇所を先生に質問した。このクラスは四年にわたって先生のお宅で催された。やがて、（王立）哲学院が設立され、先生はマックギル大学との関係を断たれ、フルタイムのプロフエッサーとしてテヘランに滞在し（年間九カ月）、講義をされるようになった。哲学院に設けられたクラスの一つはこの『叡知の台座』のクラスで、五六年（一九七七年）まで続いて全巻を読み上げた。哲学研究院にクラスが設けられると他の学生たちも参加するようになり、その中でも最も熱心だったのはアメリカ人学生のジェイムズ・モリス博士であった。

五四年（一九七五年）以後、先生がテヘランに来て年間九カ月滞在されるようになると、私が先生と交際する機会は増した。五五年（一九七六年）に私とアーヴァーニー氏は先生にお願いして古典ギリシア語を教えていただくことになった。私はアメリカでの学生時代にギリシア語を一年間学んでいた。アーヴァーニー氏もこの言葉の初級程度を一時期独習していた。我々は先生に『哲学科学生のためのギリシア語』（*Philosophical Greek*）という本を読んで下さいとお願いした。先生はこの願いを承諾してくださった。週に一度先生のお宅に伺い、先生の仕事部屋でこの本を読んだ。このクラスは一年間続いた。このクラスで私は先生のギリシア語についての該博な知識と完璧な理解を知った。学生時代（アメリカで）ギリシア語を学んだ時には、教師がギリシア語の正確な発音について注意を払っているのを見たことがなかった。しかし、先生はこの点について非常に厳格で、個々の単語を正しく発音することに重きをおかれた。そして、しばしば、プラトンからプロティノスに至る間にこの言語に生じた変化及び単語の発音の変遷について説明された。このクラスではプラトンの言語と彼の美しい散文に対する指摘が繰り返しなされ、原語でプラトンの『対話編』を読むことはとても楽しいと言っておられた。時に、プラトンの散文の美しさの所以を（我々に理解できる範囲内で）解説することも試みられた。

五五年（一九七六年）以後は、週に最低四日は先生にお目にかかった。『叡知の台座』のクラスとギリシア語のクラスの他に、公開講座を一つ担当された。それはアジア諸宗教の哲学に関する講義で、仏教諸派の哲学（特に先生ご自身の宗教である禅宗）及び中国の哲学諸派、そしてイスラームの神秘思想やスーフィズムを比較検討するものであった。この講義には時に五〇名を越える参加者がいた。このクラスでの先生の授業の進め方は『叡知の台座』講読の時のそれとは異なっていた。『叡知の台座』のクラスではおおむね学生達の翻訳に耳を傾け、誤りがあれば正し、時に説明を付け加えるという風であった。しかし、この宗教哲学のクラスでは一時間の講演をされるのであった。先生は俯いて淡々と話された。時には黒板に向かい、何か書かれることもあった。講義は英語で行われた。先生の教え方や話し方には独特のスタイルがあった。静かに、ゆっくりと話された。いつも三〇分ほど前置きの話をされた。この前置きの話が終わるころには、出席者が疲れかけていることもあった。すると、突然先生の話は高潮し、五分から十分位にわたってその日の本題が説明された。まさにこの五分間が、私の疲労感を吹き飛ばしただけでなく、このクラスに列席出来たことの幸せを感じさせてくれるのであった。それが重なれば重なるほどに、先生に対する敬慕の気持ちは強くなっていったのである。

以上二つの公的授業と一つの私的授業（ギリシア語）の他に、週に一回別に一人でお宅に伺った。それはアフマド・ガザーリーの『サヴァーニフ』（*Savāniḥ-i Aḥmad Ghazālī*）の英語訳文を先生に見ていただくためであった。先生はこの本に特別の愛着を持っていたらしい。私がそれの翻訳に取り組み始めたのは全く先生のお勧めと励ましによる。私がこの本を知ったのは四七年（一九六八年）のことだった。テヘラン大学人文学部図書館の中で殆ど偶然にこの本（ヘルムート・リッター校訂のテクスト）に出会った日のことを私は決して忘れない。私は出会いの最初からこの本の美しさと思想的完成に魅了された。先生のお宅での『叡知の台座』のクラスでも幾度もこのことについてお話した。先生はこの本をよくご存知で、私が関心を持っていることを知ると、それを英訳するように提言された。最初、これは難しい仕事なので私は重荷を負うことを拒んでいた。しかし、度重なる先生の御慫慂についに負けてしまった。但し、私は先生に出来上がり次第、私の訳文に順次目を通して下さるという条件を申し出た。そして、先生のご同意を得た。五四年ファルヴァルデーン月（一九七五年三月）から訳業を開始し、同年の秋、先生がテヘランへいらした時には、この書の一部を訳し終え、数章に対する注を書き終えていた。先生は訳文を細かくご覧になり、ペルシア語原文と対照され、実に有益な多くの助言を与えて下さった。この仕事は四年にわたって続けられ、『サヴァーニフ』の半分を訳し終えた。毎日、私は訳と注づくりに数時間を費やしていた。先生は一語一語幾度も読み、独訳がでると私の訳文を独訳とも対照され、訳文の異同を教えてくださった。この期間は私にとり非常に教えられることの多かった時期であった。私は先生のご著書を読み、哲学や神秘思想の著作に対する先生流の注釈の書き方に親しんでいたので、『サヴァーニフ』の各章に対する自分の注も先生の眼鏡に適うものにしようと努めた。この訳業の期間に、私は練達の師の直接の監督の下で仕事をするという経験をした。四年にわたって几帳面に英語訳注の作業をする傍ら、『サヴァーニフ』の原文の校訂も行った。この間、先生が私の唯一の後援者であった。五七年（一九七八年）の冬、先生がテヘランを立ち去られた時、校訂作業はあらかた終わっており、英訳も半分以上が決定稿の形になっていた。

＊

六三年ファルヴァルディーン月二一日（一九八四年四月一〇日）火曜日、当時ロンドンで井筒先生が講義をされていたイスマーイール派研究所との電話連絡についに成功した。受話器をとったのは女性であった。私は、自分が井筒教授の学生だったこと、そしてイランから来た者であることを告げた。すると、先生は今は研究所にいらっしゃいません、と答えて、ある電話番号を告げて、この番号で先生と連絡がとれますと言った。それは午後六時ころだったが、私はすぐその番号に電話をかけた。すると、一人の婦人が出られ、強い日本人訛りで私と話をされた。井筒夫人だった。テヘランで私のことをご存知だし、私も存知上げていた。大体いつも先生のお宅へ伺う度にお目にかかっていた。ご挨拶をした後、自分の名を告げると、暖かく私の挨拶に応えて下さった。どうやら、私の電話を待っておられたご様子であった。後に分かったのだが、お知り合いの一人から、私がロンドンへ来るとお聞きになっていたご様子であった。夫人は、「井筒は今ちょっと用事で外出していて、五分程すれば戻ります」とおっしゃった。私は是非お目にかかりたいと申し上げた。すると、お住いの住所を教えて下さり、「私も井筒もあなたに会えたらさぞ嬉しいことでしょう」と優しく言われた。私は「今晩か明日お伺いするように致します、伺う前にもう一度お電話致します」と答えた。

私はその時五分待って電話することができなかった。数年来会いたいと思っていた一人のイラン人研究者と会う約束をしていたからである。彼に会いに行かねばならなかったのである。その人とはアフマド・ターヘリー・エラーギー博士のことで、当時まだイギリスに暮らしていたのだった。私は初めて博士と近しく話し合うことができた。一緒に夕食を食べた。夕食の前、午後八時に井筒先生のお宅へ電話した。先生ご自身が受話器を取られた。私の声を聞かれるや暖かいお返事を下さった。そして、間髪を入れず「君を待っているよ」とおっしゃった。そこで「事によると伺えるまでに一、二時間かかるかも知れません、あまり遅くなるようでしたら、明晩お伺いすることもできますが」とお答えした。すると「いや、今晩がいいよ、時間が遅いことは気にしなくていい、その位分かっているだろう」とおっしゃった。井筒先生は夜に仕事をして、昼間は寝ているという方で、私もその事は承知していたが、先生の言葉はそのことを指していたのである。先生は通常午後二時か三時に目覚められ、授業は普通五時から始まった。夜は一〇時以降読書と研究、執筆に取り掛かり、朝の七時から八時まで起きておられ、それからお休みになった。

そんなわけで、その晩に伺うことにした。九時、ターヘリー氏と歩きながら先生のお宅の方へ向かった。九時半にそこに着いた。ターヘリー氏は別れて立ち去った。先生のお宅は(ロンドン大学の)アジア・アフリカ研究学部の近くのアパートの中にあった。エレベーターを降りると、廊下で先生が私を待っていて下さった。五年以上もお目にかかっていなかったが、いつもと変わらぬ暖かい笑顔で私を迎えて下さった。先生は親しい者同士の時はたいていいつもにこやかにしておられた。夫人が我々に扉を開け、先生はニッコリされて、日本風にようこそとおっしゃった。

三〇分程、先生がなぜロンドンへ来てイスマーイール派研究所で講義をされるようになったのか、それから革命以前の日々のこと、そしてテヘランの思い出などを話し合った。先生のお話では、二カ月間ロンドンに滞在され、週に一日研究所で教えられるとのことだった。講義の題目は、イスラーム教徒がインドの哲学や神秘思想について行った研究というもので、私のために簡単に内容の説明をして、インド哲学がイスラーム思想家たちによりいかにイスラーム的色彩を帯びたかを示したいのだとおっしゃられた。この講義における先生の研究の中心はアブー・レイハーン・ビールーニーとその著書『インド誌』及び『ヨーガ・スートラ』の彼のアラビア語訳で、後者はパタンジャリの『ヨーガ・スートラ』をビールーニーがインド人の助けを借りてアラビア語に訳したのであり、彼自身はサンスクリット語は知らなかったのだとおっしゃった。先生はビールーニーの著作を彼の用いた原資料と比較対照しようとされていた。

それから先生は私の仕事について尋ねられた。そこで多少それについてご説明し、また、『知識の普及』誌のことも紹介した。そして、「当地に来る前から、先生と対談を行いそれを『知識の普及』に載せたいと思っていたのですが」と申し上げると、「何について?」とお尋ねになったので、「先生ご自身について、なぜイスラームの哲学や神秘思想に関心をお持ちになったのか、また、どうしてイランに興味を懐かれたのか等について」とお答えした。先生はご承知下さった。そして、「どこから始めようか?」とおっしゃった。そこで、「最初からお願い致します。何時、何処でお生まれになったのか、何処で、どのようにして勉強を始め、更にお続けになったのかというようなことから」と申し上げた。すると、ニッコリされて、パイプを口元から離して、口を開かれた、

「僕は一九一四年五月に東京で生まれた。一九三七年に慶応義塾大学を卒業した。この大学は日本では私立大学の中で最も良い大学のひとつだ。僕は文学部で言語学を学び、そこで博士号を得てから言語学と言語哲学とを教え始めた。最初から哲学に関心があった、特に言語哲学にね。言語哲学に加えて、古典ギリシア語も教えた。」

問:何時からイスラーム及びイスラーム研究に興味をお持ちになりましたか?

答:慶応大学で教えていた頃、ロックフェラー財団からすすめられて二年間の研究費を貰った。その時からイスラームとイスラーム研究に興味をもつようになった。

問:しばらくの間、エジプトとレバノンで勉強されたと伺っているのですが、先生のご関心はアラブ諸国へいらしてから生じたものでしょうか? アラビア語はその地で学ばれたのですか?

答:いや、僕はアラビア語を日本で独修したのだよ。二〇歳のときだった。急にアラビア語に興味がわいてきて、よしこの言葉を習得しようと決意したんだ。当時日本ではアラビア語を教える所がなかった。仕方なく独修したんだ。ところ

が、まことに不思議なのだが、ムーサー・ジャールッラー＊というタタール人の学者が来日した。僕はモスクで彼と知り合った。少し彼とアラビア語でしゃべったら、喜んでくれて、君はアラビア語を知っているただ一人の日本人だから私の弟子になりなさいというわけさ。僕は嬉しくなって、それ以来ほとんど毎日彼の家へ通った。当時僕は大学で助手をしていたんだな。まずスィーバワイヒの『文法書』をムーサー・ジャールッラーについて読んだ。彼はその本を全部暗記していた。その本を読み終えると、ムスリムの『正伝集』に取り掛かった。ムーサー・ジャールッラーの弟子時代が僕のイスラーム研究の第一段階だった。イスラームのウラマーの教授法に接した最初の体験だった。

問：その段階は何時まで続きましたか？

答：第二次世界大戦が始まり、ムーサー・ジャールッラーは日本を去った。いなくなってしまったのだ。僕は彼についてしばらくなにも聞かなかった。後になって、彼がバグダードにいて、そこで教えていると聞いた。ともかく彼は二年間日本にいて僕に教えてくれたわけだ。ずっと後のことだが、日本の外交官の一人がムーサー・ジャールッラーの言葉だといって、「私は日本人の弟子を一人もっていた。名前を井筒といった」という話を伝えてくれた。

＊ Mûsâ Jâr Allâh. 彼はロシアのドン河畔のロストフに一二九五年（一八七八年）に生まれた。アラビア語に熟達し、イスラーム諸学に造詣が深く、ペテログラードの大モスクのイマーム職の地位に至った。三年間メッカで暮らし、故国に帰ってペテログラードに印刷所を開いた。そして、アラビア語、ペルシア語、タタール語、ロシア語の本を出版した。革命後、ソ連政府の憎むところとなり、印刷所は没収され自らも捕えられた。一九三〇年には国外へ移住することを余儀なくされ、トルキスタン、中国、日本と転々とし、その後はイラン、エジプト、インド、トルコそしてアラブ諸国へと旅した。ついにカイロで病気のため一九四九年に亡くなった。

私は『コーランにおける神と人間』を読んで、先生がイスラーム初期のアラビア語やジャーヒリーヤ時代の詩にどれほど関心をお持ちか知っていた。それで、先生に尋ねてみた。

問：この分野への関心というかご興味は何時からお持ちだったのですか？

答：実は、その当時からだったのだよ。ムーサー・ジャールッラーはジャーヒリーヤ時代の詩をとても愛していた。彼がこの関心を僕の中に植え付けたのだよ。

問：ジャールッラーの去ったあとはどうされました？ 表向きには先生は大学で言語学を研究され、古典ギリシアの哲学の研究に向かわれていたようですが、アラビア語は傍らにおいておかれたのでしょうか？

答：いや、そんなことはなかった。ただ大学時代僕は随分いろんな言語を勉強したね。英語は中学校でやっていたから、その後フランス語、ドイツ語、ラテン語、イタリア語、スペイン語、ロシア語を大学で学んだ。ヘブライ語もアラビア語をやった後で勉強した。

この時、井筒夫人が口をはさまれた：井筒は一七の言葉ができます。今話に出たのに加えて、漢文、現代中国語、サンスクリットも知っています。トルコ語やペルシア語はもう長い間使っています。

問：しばらくロシア文学を教えておられたと聞いていますが。

答：そう、若いころはそんなこともしていたな。日本語で本も書いたよ、『ロシア的人間』というのだがね。

問：それが先生の最初のご著書ですか？

答：いや、僕の初めての本は二六歳の時に書いた。それは日本語で書いた『アラビア思想史』という本だ。それから、神秘主義的側面を持つ哲学に関する本を書いた。この本では新プラトン派の哲学と古典ギリシアの神秘哲学に力点をおいた。あれを書いたのは三四歳の時だったな。イスラーム研究に関する僕の最初の本は日本語の小さな本で『マホメット』というものだね。

問：『コーラン』の翻訳はいつお始めになりましたか？そもそもどうして『コーラン』に取り組むことになられたのですか？

答：『コーラン』の訳はロシア文学の後で始めた。その理由は、日本で最も良い出版社の一つがその提案をしてきて、僕に『コーラン』をアラビア語から日本語に訳せというんだ。僕は始めはためらっていた。というのも、この仕事はとても難しいと思ったからだ。しかし相手はねばるし、とうとう僕も降参したよ。この仕事は八年位かかった。一九五一年に始めて一九五八年に終わらせたんだ。

『コーラン』の日本語訳については数年前にテヘランで先生からいろいろと伺っていた。『コーラン』はそれ以前にも日本語に訳されてはいた。ただし、それはアラビア語からではなく他の外国語訳に基づいたものであった。先生は『コーラン』をアラビア語から日本語に訳した最初の翻訳者であり、しかも首尾よく成し遂げられたのである。

（『井筒俊彦著作集』第11巻付録、中央公論社、一九九三年六月）

# 井筒先生との最後の会見（2）

（中略）問：英語ではどんな本を書かれましたか？

答：最初の本は言語のもつ呪術的な力と影響についてのもので『言語と魔術』という。それから、『コーランにおける神と人間』だ。この本は翻訳中に取っておいたノートが基になっている。『コーランにおける倫理・宗教概念』も同様だね。この本は僕がレバノンで暮らしていたころ出版された。それから『イスラーム神学における信仰の概念』という本もある。それから、『スーフィズムと老荘思想』、これはイブン・アラビーの神秘哲学を老子や荘周の思想と比較したものだが、これは君も知っているだろう。他に、論文集が二冊、一つは『禅の哲学に向けて』、もう一つは存在の概念に関するもので、サブザヴァーリーの『哲学詩注解』校訂本に付けた僕の英語の序説と幾つかの講演を含む『存在の概念とリアリティー』という本だ。後のほうは日本で出版されたが、仏訳もされている。

問：先程、レバノン滞在に触れられましたが、聞くところではエジプトにもしばらくいらっしゃったそうですね。

答：そう、僕は一九五九年に初めて日本を離れた。六カ月をレバノンで過ごし、カイロに一年いた。エジプトではイブラーヒーム・マドクールと知り合いになり、彼は僕の研究を助けてくれた。同じくカイロ大学の哲学科教授だったアフマド・フアード・アフワーニーとも知り合いになった。（中略）

問：先生はカナダのモントリオールにもずっといらっしゃいましたね。

答：そう、一九六一年からモントリオールへ行った。実に、これが僕のイスラーム研究の過程における転回点だったな。そもそも僕は人生におけるこの過程を三期、あるいは三段階に分けている。第一期あるいは第一段階はムーサー・ジャールッラーと知り合った時に始まる。この段階で僕は『コーラン』を訳し、レバノンやエジプトへも行った。第二段階は一九六一年にカナダへ行き、メフディー・モハッゲグ博士と知り合いになった時だ。僕はモハッゲグ氏と随分話をした。彼と話しているうちに唯、言語学（フィロロジー）という小さな窓から問題を見ているだけではイスラームやイスラーム思想の理解には十分ではないのだと気が付いた。そこでしばらく考えて、一つの結論を得た。それはイスラームを思想の現在的状況と引き比べて考えること、イスラーム思想を最新の知の光りの中で研究することが必要だと。そうでなくて、純然たる歴史的テーマを取り扱うというのでは、ただ過去に関わるというだけのもので、そんなものは博物館の役にしか立たないだろう。モハッゲグ氏はこの点について僕と同意見だった。当時、彼はイラン・イスラームの文化的遺産の価値を甦らせることを考えていた。僕がこうした側面からのイスラーム研究に関心を持っているのを見てとると彼は喜んだ。そこで我々は共同作業を始めることになったのだ。もちろん、二人の意見は一致していて、イスラームの古典の校訂や翻訳だけでは充分ではない、その先へ歩を進めなければならないと考えていた。こうした次第で、「マックギル大学イスラーム学研究所テヘラン支所」を開設することになったのだ。当然、僕もテヘランを訪れるようになった。一九六九年までは六カ月を日本で暮らし、六カ月をモントリオールで過ごすという具合だったのだが、その後僕はイランへ来よう、そして留まろう、従って日本との関係は断たざるを得ないと決心した。イランでは君も知ってのとおり、概ねモハッゲグ氏と一緒に仕事をしてきた。それから、哲学院に協力した。革命まではそこで講義していた。イラン・イスラーム革命は僕のイスラーム学研究における第二段階の終わりと一致している。

　先生がご自身の昔のことや何をしていらしたかを話されている間、夫人は先生の傍らでじっと耳を傾けていらっしゃって、時々先生の忘れていらしたことに注意を促された。お二人は一九五二年に結婚されたと聞いている。夫人はご主人を心から誇りに思っておられる。たとえば、先生がエジプトのアラビア語アカデミーの会員であるということは夫人のご注意による。また、幾つかのご著書の名前についても同様である。先生が第二段階で「マックギル大学イスラーム学研究所テヘラン支所」からお出しになったご本は大体知っていた。一つはサブザヴァーリー著『哲学詩注解』（一般存在論の部分）の校訂と序説である。本書は後に、モハッゲグ氏との共訳で英語で出版されている。次に、ミール・ダーマードの『カバーサート』の校訂（モハッゲグ、ムーサヴィー・ベヘバハーニー、ディーバージー諸氏との共同作業）、何編かの論文や本、これらは「マックギル大学イスラーム学研究所テヘラン支所」及び「(王立) 哲学院」により刊行された第二段階における先生のお仕事である。

　先生ご夫妻は五七年デイ月（一九七九年一月半ば）までテヘランにおられた。私はほとんど毎日、夕刻にお訪ねした。現実の事態はお二人の予定表を狂わせていた。お二人は日本へ帰る準備をしていらした。お目にかかってお話することも日に日に国内に生ずる様々な事件が中心になっていったのも当然であった。（中略）

先生がご自身のイスラーム学研究の第三段階について話し始められる前に、私は突然一つの質問をした。

問：いったい何が原因で先生はこんなにもイスラームに打ち込まれたのですか？　先生が東洋の様々な哲学や神秘思想——例えばヒンドゥー教や仏教——に親しんでおられることを考えますと、ご自身の研究の過程でイスラームの哲学思想へ意図的に向かわれたのだとしか思えませんが？

ここで、私は先生が東洋の哲学や神秘思想諸派に親しんでいることに触れたが、付言しておく必要があるのは、西洋の哲学、それもギリシア哲学や新プラトン派哲学だけでなく、現代の西洋哲学諸派についても深い知識をもっていらっしゃることである。例えば、私の知る範囲内でも、先生は実存主義の諸著作、特にハイデッガーを（もちろん原語で）読んでおられた。あるとき、我々の共通の友人について語られ、「彼はハイデッガーを〝無神論者〟と呼んでいるが、これは間違いだ。彼は、ある哲学者の哲学体系の中に神という概念がないとその哲学者を無神論者だと勝手に思い込んでいるんだね」と批判された。

今でも覚えているが、この私の最後の質問に先生は私の方を真剣に見返しておっしゃった。

答：はっきり分からないんだ。他の人からも訪ねられたことがあるのだが、僕には問いに対する論理的で筋の通った答がない。僕のイスラームにたいする関心というのは一種謎めいたもので、僕にも説明することができないんだよ。僕に言えることは、イスラームが僕を虜にしたというくらいかな。

先生は極めて真剣に述べられた。私はこの点について質問を繰り返す必要のないことを悟った。

問：それでは第三段階に参りましょうか？

答：第三段階は僕が日本に帰った時から始まる。イラン革命の後日本へ戻って、僕は新たな活動を開始した。日本では新しい事態が始まっていた。僕はイスラームについて真摯に研究し、研究結果を英語で書くかわりに日本語で書くよう努めた。イスラーム哲学の重要性を東洋哲学（及び一般的にインドの諸哲学）という文脈の中で位置づけようと努力した。もちろん、それを新しい哲学の視点から考察するのはいうまでもないことだ。僕の努力の中心は、スーフィズムや神秘哲学に内在するイスラーム的思想の源泉をイスラームにおける思想的構造基盤として紹介することだ。存在の直接体験がイスラーム思想の出発点だ。これの一番良い例がイブン・アラビーの神秘哲学だ。僕はイラン・イスラーム革命後、この点について日本で一連の講演を行いそれをまとめて本にして出した。題は『イスラーム哲学の原像』といい、二万部売れた。日本語で書いた二番目の本は『イスラーム文化——その根底にあるもの』という。この本は三部に分れていて、第一部ではイスラームの外的、公的な側面を紹介した。第二部はシャリーアを、第三部ではイスラームの内的・精神的な面を論じた。この本は賞をもらった。これは本がよく売れたことと人々のイスラームへの特別な関心を示している。僕が書いた三番目の本は『イスラーム生誕』という題で、イスラームの誕生及び発展、拡大の様子、つまりどのようにしてイスラームが世界宗教の一つとなっていったのかを扱った啓蒙的な本だ。最後に、僕が出した四番目の本は『イスラーム思想史』だ。これらの本に加えて、モッラー・サドラーの『存在認識の道』とモウラヴィーの『ルーミー語録』とを日本語訳して出した。「イスラーム古典叢書」というシリーズで僕の監修で出ている。このシリーズの出版社は岩波書店という日本で一番有名な出版社だ。(イブン・ハズムの)『鳩の首飾り』、イブン・ハルドゥーンの『歴史序説』、(イブン・ザイヌッディーンの)『イスラーム法理論序説』等も僕の監修で出る予定だ。

問：『存在認識の道』、『ルーミー語録』、『イスラーム法理論序説』といった本を訳し出版されて、日本で多くの読者を獲得するとお考えですか?

答：もちろんこういった本は特殊な専門家のためのものだ。しかし問題は、今現にイスラームが世界中で多くの人々の注意を惹きつけ、彼らの好奇心を掻き立てているという点だ。我々のイスラーム学研究は深みのあるものでなければならない。そうじゃなければジャーナリズムが好き勝手に振る舞うだけさ。

問：第三段階における先生のお仕事は明らかにご自身のイラン体験が基になっていますね?

答：その通り、僕はイランからたくさんのものを学んだ。実際、この第三段階において自分はイラン及びイラン人の著作に負うところが大きいと思っている。僕は数年来(イスラーム)法学基礎論におおいに関心を持っているが、そのわけは法学基礎論で問題にされている形での言語哲学が現代の新しい哲学に寄与するところが大だからだ。もちろん、僕は法学基礎論で扱っている個々の内容に用はない、その方法に関心があるんだ。イランで成熟してきた法学基礎論は新しい哲学に非常な貢献をなし得ると思うよ。今の日本でも記号論に多くの関心が集まっている。ともかく、いつかイランへ戻って、法学基礎論の研究を続けたいね。

プールジャヴァーディー：私もできるだけ早い機会にテヘランでお目にかかりたいと願っています。

時計は夜半の十二時近かった。私は「先生とこうしてお話していると飽きるということがありません。しかし、そろそろ勉強を始めようかなとお考えのことは存じておりますので、失礼させていただきます」と申し上げた。夫人と共にエレベーターの戸口まで見送って下さった。私は何度も、なるべく早い時期にテヘランでお目にかかりたいと繰り返しながらお二人とお別れした。その夜は、ついに五年ぶりに先生に再度お目にかかり、お話をし、過ぎ去った日々の一部を蘇らせることができたという思いでとても嬉しかった。通りへ出て自分のホテルへ向かって歩き始めた時、私の胸の内にあったのはお二人がイランへいらっしゃられるためにはどのようにご招待すればよいのかという思いだけだった。この夜が最後の訪問になるとは思ってもいなかった。先生の御魂の安らけきことを。

『知識の普及』一三巻二号(イラン暦一三九一年=西暦一九九三年)掲載の原文を筆者の了解をえて訳出。筆者は同誌責任編集者、テヘラン大学講師。

(1)・(2)ともに岩見隆・松本耿郎共訳

(『井筒俊彦著作集』別巻付録、中央公論社、一九九三年八月)

# 井筒俊彦を回想して

ヘルマン・ランドルト

井筒教授と出会った当初は、自分がどれほど恵まれた境遇にあったか分かっていなかった。それは一九六四年に私がマギル大学[1]に若い講師として赴任したときのことだった。マギルのイスラーム研究所は当時、些か風変わりな場所、すなわち大学から離れた古い邸宅の中にあり、研究室はかつて彩りも鮮やかに装飾されていた寝室とか晩餐の間を改装したものであった。井筒教授はもう何年も研究所で教鞭を執っていたが、一つの研究室をあるトルコ人の同僚と共同で使用していた。二人の教授は、初対面の新任講師の目には何か不思議なルームメイトに映った。トルコ人の教授は話し好きで、耳を傾ける人には誰でも自分の考えを披露するのを好んだが、一方、謎めいたその日本人はたいてい黙っていて、時折微笑むだけだった。このことは有名な言語学者で『言語と呪術』（一九五六年初版／二〇一一年再版）の著者である井筒教授には逆説的かもしれないが、沈黙とは——私がやがて見出すことになるが——彼の最も雄弁な語り口の一つであった。偉大な叡智持つ人々《ウラファー》にとってそうであるように、彼の沈黙は本源的なハームーシー（khāmūshī）〔ペルシア語で「沈黙」〕であった。しかしその沈黙はまた、教授自身の甲高い笑いで際立ち、彩られることもあったのだ。この笑い声はときには、教授が授業を行う教室の外でも聞こえたのである。

当時のイスラーム研究所は、スフラワルディー（一一五四—九一）[2]やイブン・アラビー（一一六五—一二四〇）[3]といった名前を口に出せるような雰囲気ではなかった。実際、私たちがある日、定期的にスフラワルディーの『照明の叡智学《ヒクマトゥル・イシュラーク》』の自主講読会をしようと決めたときには、何か研究所に破壊工作を仕掛けたように感じたほどだった[4]！「照明学の師《シャイフル・イシュラーク》」が何杯もの美味しい日本茶に助けられ、「西方への流刑《ゴルバテ・ガルビーエ》」にありながら復活しようとしていた、あの雪で覆われたモントリオールで過ごした長い夕べは決して忘れられないだろう。

　しかしながら、ほどなくこの「破壊工作」は次第に教室に浸透していき、状況はイランから新しい教授、メフディー・モハッゲグ博士が赴任するに及んで劇的に変化した。そこで突然に教員と院生双方からなる、叡智学《ヒクマ》の伝統を主に専攻しようとする結束強固な一派が現れ、このため大学当局はカナダの大学にしては異例の決定を下すことになった。すなわち〔マギル大学の〕テヘラン支所開設である。その〔テヘラン支所〕は、もう当初のハールグ通りにあった瀟洒なカージャール朝時代の邸宅にはないのだが、最近開設三十周年を祝った。さて支所開設の数ヶ月後、私も幸いなことにモントリオールでの仕事から解放され、テヘランで二年間暮らすことになり、既にそこでは傑出した二人の同僚（井筒教授とモハッゲグ博士）がサブザヴァーリー（一七九七―一八七八／八一）[5]の『哲学詩注解《シャルヘ・マンズーメ》』から形而上学部分を新たに校訂し、英訳する準備に忙しかった。この私たち三人が集中的に共同作業を行い、テヘランで生活を共にした二年間は、以後私たちの間で続く関係――ことに長い友情――の基礎となったのである。

　その後私がモントリオールに戻らねばならなかった一方で、井筒教授は最終的にはマギルを去り、イラン王立哲学アカデミーの常駐研究者となったのだが、互いの交流が途絶えることはなかった。交流の場は一九六七年、スイスで毎年催されるエラノス会議において既に出来上がっていた。私は六〇年代の始めにはアンリ・コルバン（一九〇四―七八）教授の学生の一人としてエラノスに参加していたが、都合の良い環境だったこともあり、年に一回はそこで会う機会を持ったのである。毎年その会議で井筒教授はコルバン、ミルチア・エリアーデ（一九〇七―八六）、ゲルショム・ショーレム（一八九七―一九八二）、アドルフ・ポルトマン（一八九七―一九八二）、サムエル・サンブルスキー（一九〇〇―九〇）などの著名人をはじめとする知性鋭敏な聴衆を相手に極東の精神性の秘密を解き明かしていた。そこに同席し、講演に耳傾けるのは滅多に無い経験で、またもや恵まれたことであった。そこで一驚に値したことは、教授が別の場所でアイヌルクダート・ハマダーニー（一〇九八―一一三一）[6]、イブン・アラビー、サブザヴァーリーといったムスリム思想家を語るのと同じく、熟達した明確な語り口で仏教や道教の賢者について話すのを聴くことができたということである。

　原則としてエラノスの会合での講演は、「人間と自然」とか「人間と時間」といった年ごとに異なる総合的なテーマのもとに行われる。例えば一九七二年の総合テーマは「色彩の領域」というものだったが、その年の井筒教授が「東アジアの芸術と哲学における色彩の排除」と題する講演を行なった

1980年夏、エラノス会議の出席者と撮影
中央にはゲルショム・ショーレム

ことには皆が驚きを禁じ得なかった。この講演でことに印象に残ったことは、中国や日本の古典芸術や詩、哲学を披露する際の大変な専門的知識のみならず、その説明に示された内的な共有感覚《インナー・パーティシペーション》でもあった。つまり「竹を描くために竹になりきる」〔7〕とは何のことか、またこのような芸術に特徴的な色彩の排除または抑制とは、単に色を否定するとか色が無いということではなく、どのように禅の瞑想で経験するような虚空の充溢と結びつくのか、ということを説明したのである。ここで井筒教授による老子の「無」や大乗仏教の「空《シューニャター》」の理解を、前に触れたムスリム神秘家の「沈黙《ハームーシー》」と関連付けたとしても、教授は異を唱えることはないであろう。

また「竹を描くために竹になりきる」について言えば、この喩え《メタファ》もまた井筒教授についての秘密を理解する一助となろう。つまり、学問を修めていない者も容易にわかるほどに、東西の偉大な哲人の極めて難解で繊細かつ深遠な思想を明晰に伝える驚くべき能力のことである。事実、彼自らの説明によれば、何か新しい本を書きだすときにいつも取っていた方法とは、これから論じようとする思想家のまさに思考の構造の中に、その著書自体が最後には語り出すほどに深く入り込むということである。

無論これは全く個人的な方法論であって、ほとんど万人向きとは言えない。一見簡単そうに見えるが、実は大変な学識と考察、そして何よりも瞑想と集中を前提としている。換言すれば、その方法を適切に用いることが出来るのは井筒教授だけということになる。それは他者の心に没入していく独特の方法であり、例えば古代中国語、日本語、サンスクリット、アラビア語、ペルシア語、ギリシア語、ロシア語――難しいものを挙げてもこれだけある！――などの、世界中の重要諸言語に対する信じ難いほどの通暁ぶりと結びついているのだ。そのために我らが友人は、他人が見過ごすような思想上の類似点や、同一のパターンさえも見出したのである。恐らくこの比較方法論の最上の例が、かの特筆大書すべき『スーフィズムと老荘思想』（初版一九六六・六七年／再版一九八三年）であろう。井筒教授は、常に「東洋」文化の一般概念について共通の基盤をなすものを探ってはいたが、その一方でインド世界と一神教世界の間に横たわる深い相違を無視するような、あまりにも安直な比較研究の方法に与することはなかった。この点で思い出されるのは、井筒教授が八〇年代の初めにロンドンのイスマーイール派研究所で行った光彩陸離として優れた講演で、パタンジャリ（前二世紀頃）の『ヨーガ・スートラ』のビールーニー（九五〇―一〇五〇）[8]による翻訳を主題としたものである。そのセミナーではビールーニーのアラビア語テクストがサンスクリットの原典やその英訳と細部まで比較され、井筒教授の分析は眼光紙背に徹し、アラビア語翻訳が――勿論それは実現したこと自体が貴重なものだが――どの程度まで原典の著者の精神よりもムスリム翻訳者の精神を反映したものかを明らかにしたのである。

井筒教授が御自分の文化伝統に、また「東洋」の文化全般に抱いていた強い愛着心のことを考えると、彼が決して近代の敵でなかったことは驚くべきかもしれない。それゆえ次のことが指摘さるべきである。彼は（近代と前近代の間に、西と東の間に）「中国の万里の長城」があるなどとは思わず、逆に今や「諸文化の対話」と知られるものを信じていたのである。彼は実にモッラー・サドラー（一五七一／二―一六四〇）[9]の弟子となった最初の東洋人であり、サドラー的な「存在の本源性」とハイデガー的またはサルトル的な「実存主義」を比較研究するという真に学問的な運動を始めたのである。さらにまた、常に最新の西洋哲学の動向にも目を配り、晩年にはジャック・デリダの「戯れ」の概念、もしくは、もっと一般化すれば「ロゴス中心主義」の拒絶と禅仏教の哲学の間に瞠目すべき平行関係が成立することを見出したのである。だが、ここでもまた、井筒流の方法《イヅツ・スタイル》は明瞭さではなく混乱をもたらす類いの浅薄な比較研究を唱えるものではなかった。本稿を締めくくるには、井筒教授が一九七〇年にすでに私たちの「テヘラン支所」で行った講演から最後の数行を引用するよりも相応しいものはないであろう。

……私は今こそその時機だと確信しております。つまりこのような（つまりサブザヴァーリーの）哲学に秘められたエネルギーをその精神が力強く生き生きとした新しい哲学的世界観の形をとって甦るようなあり方で再生すべき時なのです。そうして私たちが足を踏み入れた新しい歴史的時代に特有の新しい問題に取り組むのです。そのことが我々に課せられた知的な使命であるように思われます。またこの使命を遂行するにあたり、私たち東洋人《オリエンタルズ》は近代社会の持つ非人間化を推し進め、かつ非人間化された構造の真っ只中で、現代西洋の実存主義が人間存在の問題を解くべく奮闘するあり方から貴重な教えを学び取らねばなりません。大きな期待が寄せられている東と西の哲学の合流とは、私の信ずるところ、このような知的協力関係によってのみ可能となるのです。

（『存在の概念と実在性』）

（マギル大学名誉教授・イスマーイール派研究所上級研究員）

訳注

＊本論は、現代ヨーロッパにおけるイスラーム研究の指導的な学者で、イスラーム神秘思想、シーア派系の神秘哲学研究の分野では大御所とも呼びうるヘルマン・ランドルト（一九三五―）教授が、一九六〇年代から八〇年代にかけてマギル大学（カナダ・モントリオール）やそのテヘラン支所、そしてエラノス会議（スイス・アスコーナ）で同僚として井筒俊彦とともに過ごした日々の回想を記したものである。原題は“Remembering Toshihiko Izutsu”で、はじめ井筒の生涯と学問を回顧し評論する論集、『卓越したイスラーム学者・イラン学者である巨匠、井筒俊彦教授の生涯と学問への貢献』（テヘラン、文化遺産及び偉人会、イスラーム太陽暦一三七九年）（*Zendegīnāmeh va Khadamāt-e ʻElmī va Farhangī-ye Ostād-e Eslām-shenās va Īrān-shenās-e Bar-jaste Porūfesūr-e Tūshīhīkū Īzūtsū*, ed. Omīd Qanbarī [Tehrān: Anjoman-e Āthār va Mafākher-e Farhangī, 1379 A.H.S./2001 C.E.]）の一―一一頁に収録された。本論の訳文校閲では太田絵里奈氏（慶應義塾大学大学院博士課程）のお世話になった。記して深く感謝したい。

〔1〕カナダ、ケベック州モントリオールにある英語系の大学。同国を代表する大学の一つで、「カナダのハーヴァード」とも言われる。

〔2〕イラン北西部出身の哲学者。宇宙を光の体系とした形而上学を確立。「照明学派の師」と呼ばれる。主著は本論でも挙げられている『照明の叡智学』など。

〔3〕イベリア半島のムルシアに生まれた神秘思想家。その「完全人間」論を中心とした聖者論や存在一性論といわれる思想で後代の思想家に大きな影響を与えた。「最大の師」と呼ばれる。主著は『マッカ啓示』及び『叡智の台座』など。

〔4〕当時のマギル大学イスラーム研究所は、創立者ウィルフレッド・キャントウェル・スミス（一九一六―二〇〇〇）の影響下、彼が提唱するイスラームと他宗教間の対話を推進する雰囲気が強く、神秘思想や哲学の研究は盛んではなかったという。ランドルト「井筒俊彦の知を求める旅」（インタヴュー・翻訳＝野元晋）、坂本勉・松原秀一編『井筒俊彦とイスラーム』（慶應義塾大学出版会、二〇一二）、二〇〇頁。「破壊活動」とは、この自主講読会でそのような雰囲気を変える企てを始めたということか。

〔5〕イランのカージャール朝期（一七九六―一九二五）を代表する哲学者。後出のモッラー・サドラーの流れを汲む。主著は本論でも挙げられた『哲学詩注解』など。

〔6〕イランの神秘思想家。神への「熱愛」を強調するラディカルな言説を展開する一方、哲学や神学の影響を受け、後の神秘主義と哲学が融合する「叡智学」の潮流の先駆者とも言われている。反体制のイスマーイール派の嫌疑をかけられ獄死。主著は『諸真理の精髄』、『序論集』など。

〔7〕井筒が北宋の詩人で書家の蘇軾（蘇東坡）（一〇三七―一一〇一）の著作から引用した文をランドルトが簡単に言い換えたもの。井筒による引用のオリジナル英文は以下に再録されたエラノス論文に見られる。"The Elimination of Color in Far Eastern Art and Philosophy," in *The Structure of Oriental Philosophy: Collected Papers of the Eranos Conference* Vol. 1 (Tokyo: Keio University Press, 2008), p. 173.

〔8〕アムダリヤ川下流地域出身のイラン系の学者。数学、天文学、薬学、鉱物学、地理学、歴史学、さらにはイスラーム以外の諸宗教に通ずる。主著は当時のインド文化の貴重な記録である『インド誌』の他に、『古代諸事績年代学』、『占星術教本』など。

〔9〕イランの哲学者。サファヴィー朝（一五〇一―一七三六）の盛時に活動した哲学者たち、いわゆる「イスファハーン学派」の中心的人物。神秘思想と哲学が融合した「イルファーン（叡智学）」の潮流の完成者と目され、「神智学者の長」とも称される。本質に対して存在の本源性、優位性を唱える。主著は『知性の四つの旅についての超越的哲学』。なおその『存在認識の道』には井筒の邦訳がある（岩波書店、一九七六）。

野元 晋 訳
（慶應義塾大学言語文化研究所教授）

（『全集』第7巻付録）

# 井筒俊彦の思い出

サイイド・ホセイン・ナスル

ハーバード大学で客員教授をしていた一九六二年の冬のある寒い日、マギル大学のイスラーム研究所で、後期イスラーム哲学について講演をおこなうため、私はカナダのモントリオールを訪れた。私が井筒俊彦さんと出会ったのは、そのときであった。彼はマギルで教えていたが、おもに意味論を特にクルアーンとの関わりにおいて研究していた。私はモッラー・サドラーとその哲学に関する講演をおこなったが、講演の後、井筒さんは私のところへやってきて、「これからは、クルアーンの意味論的研究を脇に置いて、後期イスラーム哲学を研究することにしたい」と言った。こうして私たちの友情と密接な関わりが始まった。井筒さんとの関わりはその後、彼が（一九七九年に）日本へ向けてイランを離れることになったこともあり、一九七八年末まで続いた。それからほどなくして、私もまたアメリカ合衆国に拠点を移した。

一九六二年から一九七八年のあいだ、私たちはイランで定期的に会った。また日本やヨーロッパで会うこともあった。一九七〇年、私は大阪の万国博覧会に招かれて、公開講演をおこない、また東京、大阪、そして京都でも講演をおこなった。鎌倉では、由緒ある鎌倉大仏を見に行くために、井筒さんは立派な着物を私にプレゼントしてくれた。その着物を着て、私たち二人は鎌倉大仏のある公園へ出かけた。人々はすれ違った後も振り返って、私たちをまじまじと見つめていた。私は「どうして人々は私たちをじろじろ見るのですか」と彼に尋ねた。すると、彼は「伝統的に日本人は髭が大好きなので、人々はこの日本人はどうしてそんなに立派な髭をしているのだろうと思って、あなたを見ているのだ」と言った。その夜、光栄なことに、井筒さんは皇居の近くで、夕食に招いてくれたが、そこで私の接した全てのものが伝統的なものだった。そのとき、日本の有名な哲学者の松本信廣教授夫妻をはじめ、井筒夫人と私の妻が同席した。食事には一品一品の料理が出てきたが、それらの料理は私がこれまで食べたことのある食事の中で、見た目の美しさといい最も素晴らしいものであった。どの料理も、お寺で用意されたもので見事な芸術作品になっていた。全ての食事は丸々一カ月かけて準備されたものだったという。井筒さんに、それぞれの料理の美しさについての印象を述べたとき、彼は「私たち日本人は、あなたがたペルシア人と同じように、あらゆるものの美のかたちに、とても鋭敏なのです」と言った。

一九七二年、私も大会役員を務めた国際中世哲学会議が、スペインのマドリードで開催された。私は井筒さんに「一緒に参加してほしい」と頼んだところ、私の願いに応えてくれた。会議の初日の夜、私たちは一緒に夕食を食べたが、そのとき、彼は「私の代わりに料理を注文してほしい」と言った。というのも、彼は多くの言語を知っていたが、スペイン語は知らなかったからである。そのとき、彼は付け加えて言った、「来週、会議が終わって、もう一度、一緒に食事する機会があれば、今度は自分で料理をスペイン語で注文したい」。彼は傑出した言語学者であっただけに、翌週、自分で見事にスペイン語で注文した。

一九七一年、私がテヘラン大学の副学長だったとき、マギル大学との共同研究の合意書に調印した。そこでテヘラン大学側からは、イスラームの哲学と神学に深く根ざしてペルシア文学を研究していたメフディー・モハッゲグ博士をマギル大学へ派遣することになった。これが契機となり、井筒さんとモハッゲグさんのあいだで、長期間にわたって大変実り多い共同研究がおこなわれ、数多くの研究書が出版された。またマギル大学のテヘラン支所も設立された。その結果、井筒さんは定期的にイランを訪問するようになり、長年、イランの知識人にとって重要な人物となった。さらに彼はウィリアム・チティック、村田幸子、ナスロッラー・プールジャヴァーディー、ゴラーム・レザー・アーヴァーニーなど、優秀な学生たちを惹きつけた。彼らは、イブン・アラビーの『叡智の台座』(*Fuṣūṣ al-ḥikam*)を井筒さんと一緒に研究することになった。

私がイラン王立哲学アカデミーを設立したとき、井筒さんはその考えに賛同してくれたばかりでなく、アンリ・コルバンと同様、いろいろと示唆を与えてくれた。私はこの二人の一流の研究者および哲学者を、哲学アカデミーの教授陣に招いた。お二人には教授職を引き受けていただき、私たち三人はメフディー・ハーイリー・ヤズディーなどの伝統的なイスラーム哲学者たちと一緒に、中核的な教授になった。それから五年間、井筒さんは夏のあいだは日本へ帰国されたが、学期のほとんどはテヘランで一緒にすごした。哲学アカデミーでは、井筒さんはイブン・アラビーだけでなく比較哲学も教えていたし、モハッゲグさんと共同研究を続けられ、サブズィワーリーやミールザー・メフディー・アーシュティヤーニーのような哲学者に関する重要な著書を出版された。一方、ムフイーッディーン・イブン・アラビーの思想を最もよく解説した英文著書の一つである、スーフィズムと老荘思想に関する優れた比較研究をはじめ、ご自分の著書や論文も執筆された。イスラームの知に関するこの最高の師（イブン・アラビー）に関するチティックさんの主要な研究は、井筒さんから学んだものにその多くを負っている。

井筒さんの特筆すべき研究活動の一つは、老荘哲学の聖典である『老子道徳経』（*Tao Te-Ching*）であったが、その研究成果はいまだ公にされていない。[*] 一九七二年か七三年ごろ、中国で考古学的発掘調査がおこなわれ、この文献の最古のものが発見され、すぐに出版された。井筒さんはテヘランにその文献を持ってきてくれた。彼は私がこの『老子道徳経』を愛読していることを知っていたので、それをペルシア語に翻訳し、イスラームの伝統と関連させた私の注釈とともに出版することを提案してくれた。私は中国語を知らなかったが、この野心的な提案に賛成した。そこで三年のあいだ、週に数回、井筒さんと私は哲学アカデミーの庭で一緒に座り、この文献の研究に取り組んだ。まず、井筒さんがその著書を中国語から英訳してくれた。私は場合によっては、その英訳文を修正し、さらに英訳文を井筒さんも精通していたペルシア語に翻訳した。彼は中国語の原文を手もとに置きながら、私のペルシア語の翻訳を聞いた。彼が必要と思えば私の翻訳を修正してくれたり、言い換えたりするように助言してくれた。その研究成果は『老子道徳経』の英語とペルシア語での新訳書であった。私たちは一九七九年のイラン革命が起こる前に、その著作を完成させた。私はその年の一月にイランを離れたが、そのとき、幸いにも、その翻訳を持参していた。その後、いろいろな雑事が重なったために、私はそれに目を向けることができなかった。しかし、私は、それを早く出版したいと思っている。もしそれが出版されることになれば、井筒さんの遺著が日の目を見ることになるだろう。

ところで、一人の人間あるいは一人の学者としての井筒さんについて、また、井筒さんの研究についてもう少し述べさせていただきたい。井筒さんは禅的な雰囲気の中で、また伝統的な日本の礼儀や態度の中で育てられたが、それらは言葉や所作から滲み出ていた。ある意味で、井筒さんは「禅の心」を、卓越した分析哲学者によって分析された〝心〟と結びつけていた。彼はまた意味論や言語哲学に魅了された傑出した言語学者であり、それは形而上学や存在論に対する偉大な才能と結びついた。私はこれまで多くの研究者たちに出会ってきたが、イタリアの伝統的な哲学者エレミーレ・ゾラ以外に、あれほど多くの異なった系統の諸言語に精通した人に出会ったことがない。井筒さんは、もちろん中国語や日本語を知っていた。そればかりでなく、ヨーロッパの諸言語と同じように、ギリシア語、ラテン語、サンスクリット語、アラビア語、さらにペルシア語も知っていた。かつて彼は、日本において、ロシア語の原書を使用しながら、ロシア文学を教えていたこともある。

井筒さんの著作は驚くばかりの学識を、傑出した形而上学的および哲学的な知や洞察と結びつけたものである。クルアーンやイスラーム神学に関する井筒さんの意味論的研究は、当該の学問分野ではいまなお標準になっている。イスラーム哲学の存在論的構造に関する彼の分析は、傑作という名にふさわしく、英語で書かれたものとしてはほとんど類書がない。スーフィズムと老荘思想の比較研究は、比較哲学における先駆的な研究である。比較哲学に関するその他の著書といえば、ふつう東洋の哲学の学派や人物を、西洋哲学の学派や人物とあれこれ比較したものである。一方、西洋以外の哲学のあいだでの掘り下げた比較研究をおこなうこともぜひとも必要である。井筒さんの著作は、哲学や学問において、こうしたまさに重要な研究分野における開拓者なのである。

私には井筒さんの日本語での著書に関する知識がないために、井筒さんの英語文献について、私の思いを述べることで、ここでの結びにしたい。英語の著書を考慮するだけでも、井筒俊彦とは確かに、日本がこれまでに生み出したイスラーム研究における最も重要な研究者であったし、比較哲学の大家でもあったと言えるであろう。彼は厳密に伝統主義的な視座を語ったのではなく、伝統的な視座を大いに評価していた。井筒さんは日本の新しい窓をイスラーム思想の世界へと開いた。また、東アジアの哲学から抽出した多くの洞察や概念を、英語で著したイスラーム研究と関連させながら用いていた。西洋の東洋研究者たちによってなされた諸研究は、ふつう非西洋的な思想から抽出された洞察ではなく、現代西洋の世界観や方法論によってごく自然に支配されている。こうした中にあって、井筒さんはイスラーム研究や比較哲学研究という大空に輝く星であった。彼の著作は洋の東西を問わず、世代を越えて研究者たちに影響を与えているし、その影響はこれからも長く続いていくであろう。

（ニューヨーク大学名誉教授）

訳注

＊井筒俊彦の『老子　道徳経』の英訳書は、すでに二〇〇一年に『老子』（*Lao-tzŭ*）という書名で、井筒ライブラリー叢書の第一巻として慶應義塾大学出版会から刊行されている。*Lao-tzŭ: The Way and Its Virtue*, translated and annotated by Toshihiko Izutsu, The Izutsu Library Series on Oriental Philosophy, vol. 1. (Tokyo: Keio University Press, 2001). この英訳書の原稿は、井筒豊子夫人のもとで大切に保管されてきたものである。

澤井　真　訳

（日本学術振興会特別研究員ＰＤ・東京大学東洋文化研究所）

（『全集』第11巻付録）

# ことばに尽くせぬ思い出

ナダール・アルダラン

私と私の妻とが井筒俊彦教授と豊子夫人とともに過ごした多くの名状し難いほど有意義で貴重な時間を回想することは、ほんとうにこころ楽しい。三回のそのような出会いについて語りたい。

## 最初の邂逅

一九七二年まで私はこの信じ難いほど聡明な学者の名を知らなかったが、ある八月の明るい朝、スイスのアスコナで開かれた例年のエラノス会議で、私は彼の「日本美学における色彩象徴主義」と題した論文の輝かしい発表を目の当たりにした。禅の魂の表現としての色彩について、いや、むしろ色彩の欠如について彼が提示したかなり複雑な哲学的概念の微妙さ、雄弁さ、深遠な単純さに、私は深い印象を受けた。それは純粋な水のように澄み切っていたが、暗示的に、私の心にかつてめったに経験したことのない超絶的水準の意識を喚起した。それは歴史的想念でも、単なる技術的想念でもなく、私の全存在の内部で鳴り響く精神的覚醒を直接に刺激する言語的・視覚的手段であった。

## 新婚旅行招待

一九七七年、建築家としても、個人的にも、私は生涯の頂点にいて、結婚して新たな愛情生活に入ろうとしていた。六月、サン・フランシスコのアメリカ杉林の中で予定されていたシャーラ・ガンジとの結婚式のためにテヘランを離れる前に、たいそうありがたいことに、井筒夫妻は私たちの新婚の贈り物として、日本の禅寺の美しい庭への一週間ものガイド付き個人旅行とそこの数人の僧侶たちに面会する機会を提供してくれた。

七月、私の花嫁と私は東京に到着し、その後鎌倉に住んでいた井筒夫妻と合流した。この魅力的な旅は先ず京都への列車に乗りこむことから始まり、更に、奈良へ行き、伊勢神宮の神域で最高潮に達した。旅ははじめから終わりまで、井筒夫妻によって念入りに編曲された日本文化の伝統の時を超えた体験であった。私たちは旅館に滞在し、伝統的日本食を食べ、心に掛かるあらゆる生活面について親密に語り合った。一方、それは公的な旅だったので、私たちは何人かの傑出した人々と会って会話し、異なった時代の古典的庭園や建築の美や意味を学び、深遠な茶の湯の席に連なり、日本の精神を経験することが許された。

京都の大徳寺大仙院では、初めて「大洋」の永遠の地域に踏み入り、白い石庭の静謐な空虚について思いを深めたことが思い出される。それから、私たちは造園術とその意義によっていっそうますます豊かになった庭園をひとつひとつ巡り、もっとも豊富に造園された蓬莱山にたどりついたのだった。それにはすべてが含まれていた。そこで妻はこの特定の庭園をどれほど楽しんだかを口にし、それに対して井筒教授は「あなたの杯はあふれそうだ」と述べた。この事実が真実こころから理解できたのは、一九七九年のイラン革命に際して、私たちが実質的にすべてを失い、文字通り無一物でその地を離れたが、間もなく自分の内部に、生き残って新たに芽吹くために必要なすべてが保持されていることを評価できたときだった。

大仙院での経験はもうひとつの意味深い経験を生み出した。「大洋」の本質的無について思いを馳せたとき、私たちはひとりの禅僧がゆっくりと熊手で砂利を掘って、ふたつの白い松笠のまわりに川のかたちを作るのを目にした。私たちは立ち止まり、腰を下ろし、沈黙して瞑想し、静かにそこを離れようとしたが、そのとき、思いがけなく、その名も知れぬ僧がかん高い叫び声を発した。私たちは衝撃を受けた——私たち外国人が何か粗相をしてしまったのではなかろうか？　だが、井筒夫人は微笑してシャーラにささやいた。「彼は『私のためにあなたの美しさを失わないでください！』といったのよ」

## 曼荼羅公案

井筒夫妻はマギル大学の夏期休暇の間に、帝国哲学アカデミーで教えたり研究したりするためにテヘランを訪れ、質素なアパートに住んだ。私と妻はときどき彼らを訪問し、彼らに教えられるままに禅とスーフィズムの比較的な美学理論を学び議論する、またとない特権を与えられた。

一九七八年の学期末「試験問題」として、井筒は私に目に見える謎というかたちでひとつの公案を解くことを課した。

ひとつの図形の上で易教の前世と後世の図形を統合しろというのだった。それは建築家に与えられたもっとも完全な精神的謎であり、私はかつて解読されたことのないものと信じている。私は喜んで挑戦に応じたが、それが内蔵している深遠な困難を十分に理解していなかったし、公案には必ずしも既存の答えがあるとは限らないことをほとんど理解していなかった。

私は最初に微力なこころみをはじめるに当たって彼の力を借り、常に追求を続けるべく勇気を与えられ、さまざまな忠告を得ることができた。彼と最後に会ったとき、私は中央に念入りにふたつの易教の図形が描かれた円形の曼荼羅の大きな白黒の絵を持っていた。これを私は誇らしげに井筒教授に差し出して、彼の追認と是認の言葉を期待した。私は無知だったのだ。長いあいだ静かにそれを熟視した後、手首をぴしゃりと打つように「いや」と彼はいった。公案とは瞑想的意識を刺激するものであって、かならずしも実際に直接の問題を解くものではないことを私は知った。それは外見的報酬をではなく、内的意識の知覚の質を改善し増強するために完全を求めるのだという教訓であった。

思い返してみると、東洋的世界観とペルシャ的世界観の間の神秘的形而上的思想の基本的様式の核心的類似を求める井筒の深い学識に基づいた忍耐強い探求は、現代イラン人のための比較哲学の領域に於いて中枢的な新しい展望を開いた。彼の探索がいかに高貴で、彼の認識の表現がいかに輝かしい学識に基づいているかは言語に尽くすことができない。

（ハーバード大学大学院デザイン学科・建築家）

足立　康　訳

（元青山学院短期大学教授）

（『全集』別巻付録）

# 井筒俊彦氏のこと

関根正雄

この度の「著作集」の各巻の目録を拝見すると、ほとんど署名入りで、頂いていて、わたくしの書架に並んでいるので、今さらながら井筒さんとの交友の長いことを思わされた。しかも第一巻の発行が一九四九年で、わたくしが始めて同君と知りあったのは多分一九三七年頃だから、今日まで五十年以上を経たことになる。

小辻節三先生の「聖書原典研究所」が東京で始められ、わたくしはその第一回生であるが、二、三年して井筒さんがヘブライ語の勉強のため「研究所」に加わられた。わたくしも言語学をやったはしくれなので、小辻先生に紹介され、二人の交友が始った。同君は当時すでに慶応大学の助手でチョーサーの詩の文体論的研究が卒論の主題《テーマ》だったとうかがったが、英文学よりも言語学が中心で、ことに文体論、意味論をゲシュタルト心理学などを用いてやっておられた、と記憶する。何よりもそのすごい語学力で世界中の言語を手がけ、ヘブライ語も言語の一つだというので「研究所」にいささか変り種として来られたのであった。当時自分の専門の言語はギリシア語とロシア語だ、と言って居られた。ギリシア語を一緒に勉強しようということになり、当時四谷の内藤町の御宅に毎週土曜の夜お訪ねし、いつも終電車で帰宅したものである。ソポクレスの「アンティゴネー」を最初に読んだのだ、と記憶するが、わたくしが一応訳をつけてゆく程度だったのに、井筒さんは多くのエディションを並べて、テキスト批判を始める始末で、一緒に勉強するどころではなく、もっぱら同君に教えて頂いたのである。お宅に比較的近かった紀伊国屋からふろしきに本を一ぱい買って帰ってこられた姿なども目に浮ぶ。父君が富裕な実業家であられたので、ものすごい蔵書家で、その点も驚かされることが度々であった。ヘブライ文献学の古典となったいわゆる「ラキシ書簡」を出るとすぐ取り寄せられ、わたくしに目を見はらさせた。当時はイスラエルにもかなり興味を持たれ、有名なペーデルセンの「イスラエル」を東洋文庫で見つけて直ちに読了され、一時はヘブライ語専攻に変わられるか、とも思ったものである。研究の価値のある対象や方法に対する敏感な触覚を持って居られたこと文字通り天才的と言うべき語学力が若い時から目立って居られたが、次第に哲学の研究に向かわれ、日本はもとより中国や印度の古典を原語でこなされ、それらを「東洋哲学」として独自に体系化されようというのだから驚嘆の他ないのである。一番の御専門はイスラムの神秘主義スーフィズムであろうが、これはユダヤ神秘主義のみならず、ギリシア以来の西欧の哲学とも深く関わるから、それらの全領域をこなすことは常人には考えられない。

ところで井筒さんのイスラム研究の始まりは、先に述べたわれわれの一緒の勉強から始っているので、少し手前みそになるが、その次第に及ぼう。二人ともヘブライ語をやっているので、同系統の一番大事な言語としてアラビヤ語をやろうということになり、独乙からハルダーの「アラビヤ語文法」を取り寄せて一緒に学んだ。どの位の速度でやったかは、はっきり記憶しないが、ここまではやや対等であった。だが終ってこちらはほっとしていたところ一月程経って井筒さんは「コーラン」を全部読んでしまったのには驚いた。万事この調子なのである。旧約聖書のヘブライ語原典を通読されていたのはもちろんである。しかもただ通読したというのでなく、よく憶えて居られるのである。世界の諸言語についても一度やったものを忘れないのである。よく憶えているものだ、と思ってある時きいて見たら、復習するのだ、と答えられた。しかもそれぞれの言語の古典を、例えばイタリヤ語ではダンテの「神曲」をという具合にきちんと読み続けられる。しかしこのように復習を続ける、ということができるのが、語学の天才というものなのであろう。

井筒さんが世界的なアラビストになられたことに、わたくしが最初に関わった、という手前みそを並べたが、問題はその後のことで、同君は次第にアラビヤ学に深入して行かれた。具体的には政治的に大東亜共栄圏との関わりでイスラム教国と日本の関係が生じ、東亜研究所なども出来たし、アラビヤ語への需要が生じたからでもある。しかし察するところ言語としてのアラビヤ語の複雑さ、面白さと深く関わってアラビヤ語の専攻に進まれたのであろう。「コーラン」の日本訳の「解説」などからもそのことは知られる。「コーラン」と言えば最初の訳は余りに訳がこなれ過ぎていて、聖典としてはどうか、という批判があり、手を加えて再版を出された。湾岸戦争でイスラムを新たに学びたいと思って今年になって井筒訳の初版で全部読み直して見た。これは自分も同じセム語系の旧約の翻訳を残された仕事の一つとしてやっているので、読み返したわけでもある。もちろん「イスラーム哲学の原像」なども再読した。

一緒の勉強会でその後何をやったか余り憶えていない。それにわたくしが間もなく渡独し、六年程音信不通となった。丁度第二次大戦の期間で、井筒さんはアラビヤ語での海外放送などもされたようで、わたくしが帰国すると完全にイスラム研究者になって居られた。私事にわたるがわたくしも滞独中アラビヤ語にはかなり時間を割き、給費生として勉強を続けるために、ハレ大学のフュック教授のもとでアラビヤ語で学位論文をまとめようと一度は題目まで決めていた。日本の大学での卒論にヘブライ語動詞を扱ったので――この卒論の作成に当って井筒さんからゲシュタルト心理学のことなど大変お世話になったことも忘れられない――フュック教授の提示された課題はアラビヤ語動詞の構文法であった。しかし結局わたくしはヘブライ語と旧約聖書、広く言えばキリスト教神学に集中することに決め、同じハレの旧約学のアイスフェルト教授のところで学位論文の仕事を終え、終戦になって強制送還で帰国し、井筒さんとの再会を許された。

その後の井筒さんはイスラム学者として世界的な活動を続けられ、カナダやイランに長く滞在され、学生時代のように往き来はしなくなった。ただ一つ想い出として書いておきたいのは、拙宅で井筒さんと森有正氏をひき合わせた時のことである。森君は高等高校、大学も通じてわたくしのもう一人の大事な友人であった。井筒さんの語学力について森君に話したところ、森君一流のおどけた表現で「そんなのはお化《ば》けだよ」と言ったのを憶えている。井筒さんには森君のことを色々話したので、二人がお互いに会いたい、ということになり、二人を拙宅に呼んだのである。真面目な調子でお互いに相手の書かれたものについて色々話して居られた。当時井筒さんは内藤町から移って拙宅の比較的近くに住んで居られたが、和服姿で、しゃなり、しゃなりとやってこられたのが想い出される。彼はなかなか粋人なのである。先に帰られた後で森君が「案外威ばっていないね」と言われたのは、今想い出してもほほえましく、また井筒さんの一面をよくついていたと思う。特別な才能を恵まれた人としてもちろん自信がつよく、知人の誰彼について「あんな低能は見たことがない」などと言われたことがあったが、他面謙虚で、低い面を出されるので、つき合ってこられたのである。しかし一般的に言ってオリジナリティのない人にはいわゆる出来る人であっても余り興味を示されない。これは御本人があのようにオリジナルな方だから当然でもあろう。

お互いに忙しくなり、それぞれ自分の途を歩いてきたが、八年程前に一緒に学士院会員になり、原則として月一回例会でお会いするようになって、われわれの交友関係も最後の段階に入った。その最初の学士院での出会いの時「君が一緒なのでほっとした」と言われ、こちらは大変驚いたのは事実であるが、このような言葉の端々にも、前にも触れた井筒さんの謙虚な一面が伺われる。

月報の趣旨に沿うように出来るだけくだけたことを書いてきたが、与えられた紙面を埋めるためにも、最後に学問的なことにもふれたい。

「著作集」第六巻の「意識と本質」の副題にもあるように「精神的東洋を索めて」東洋哲学の諸伝統をパターン化し、構造化し、それがそのまま日本人としての新しい哲学の成立となるのであるから、われわれが井筒さんのお仕事に期待するのは当然であろう。しかもその東洋はユダヤ思想、イスラム思想を含むのであるから、日本、中国、印度思想の研究者はもちろん、広く東洋思想の研究者はみな自分のかかえている問題が問われてくるわけである。井筒さんの思想的営為は終始主体的で、実存の深みの探求であられることに、わたくしは一番心をひかれる。父上が実業家であられたが、茶道にくわしく、子供の時から井筒さんは、仏教の影響を受けられたようである。そこから同君の思想の根底に禅仏教的な神秘主義があるように見受けられる。思想の学に携わる人でも案外浅い所で知識を弄んでいる人もいるので井筒さんの全生活的な学問が今日稀少価値なのである。

しかしここで敢えて自分のことを述べることを許されるならば、わたくしは始めから神秘主義とは一線を画してきた。旧新約聖書はその後のユダヤ教のハシディズムのような神秘主義をどうも含まないように思える。わたくしは若い時から今日までカール・バルトを読み続けてきたが、バルトが反神秘主義的であることは明白である。もちろんハシディズムを含むマルティン・ブーバーの哲学やマルク・シャガールの画のようなユダヤ的神秘主義がわたくしにも今日なおある牽引力を持っている。何よりも西田哲学の影響、ことに京都学派の中でマルクス・キルケゴールの要素を含む鈴木亨氏の哲学を離れて、今日わたくしは自分の聖書神学思想史の仕事を先に進めようとは思っていない。一口に言えば東洋的無と通ずるものをわたくしは聖書の中にかなりはっきり見出し、それによって西洋流の聖書学と訣別し、バルトにも明白に見られる西欧的二元論を克服したいと考えている。

以上のようなことなので井筒さんとの交友の問題は正直の所かなり古くから思想の問題と深くからんで同感《シンパシー》と対立《アンティパシー》の両者を持ち続けてきたのである。わたくしの側でこの点は明白なので、敏感な井筒さんが恐らくわたくし以上に同感と違和感を持ってこられたことをわたくしは以前から時に痛い程に感じてきた。
しかしお互いに人生行路の最後の段階に立ち至って、学問的な仕事の輪郭もかなりはっきりしてきたこの頃、井筒著作集の月報にある意味でかなり複雑な気持で書いてきたことは同君はもちろん、読者諸兄もある程度理解して頂けるのではあるまいか。
トインビーを待つまでもなく、日本の思想の使命は西洋思想と東洋思想の関わりを問うてゆくことであろう。西田先生の最後の著作「場所的論理と宗教的世界観」を読むと、終戦の間近い一九四五年の二月から四月にかけて先生は新たに仏教とキリスト教が戦後の日本で関わるべきことをはっきり自覚して両者をたえず引き合いに出して書いて居られる。西田先生以後の京都学派は概して言えば仏教の側に傾いた。先生自身が禅を中心に全生活的に思索された方だから、それは当然なのである。しかしキリスト教やイスラム、ユダヤ教を離れて今後の世界を考えることは出来ないであろう。わたくしのことを敢えて言わせて頂けば出来る限り聖書に忠実にということにつきるが、前述のように聖書自身がオリエント的・東洋的なものを含むのである。井筒さんが西洋思想をこなした上で、東洋哲学ないし思想を全く新たに解明しようとしておられることに大きな期待を寄せているのは当然であろう。わたくしのことなど、どうでもよい。読者諸氏が今度の著作集から新しく学ばれるために思いつくままに勝手なことを書いてきたことを諒とされたい。

（せきね　まさお・旧約聖書学）

（『井筒俊彦著作集』第1巻付録、中央公論社、一九九一年一〇月）

# 少年時からの展景の中で

今道友信

今になって考えてみると、昔、何気なく口にしていた言葉のもっている深い意味に、驚くほど新鮮な印象を覚えることがある。少年の頃、私は毎朝のように教会に出かけ、ミサの侍者をしていた。あの時代は、みな意味がわからなくてもラテン語で典礼文を唱えていた。もとより、ミサ典書は日本文が並記されていたから、意味を知ろうと思えば、知ることはできた。日本文は朗唱するに足る文語の名文であった。

毎朝必ずミサ仕え（侍者）として最初の方で唱えなくてはならない「階段の祈り」のところに、詩篇からの詩句があった。「Ad Deum qui laetificat Juventutem meam.（わが若きをよろこび給う神に向かって）」という美しい詩句である。街中でも朝のさわやかな空気の時間、そういう冷気のようなものが冴え返る聖堂の中で、ろうそくの灯のもと、この句をラテン語で唱えると、自分の声さえ涼やかに思われた。たしかに昔の空は碧かった。

神さえも人の若きをよろこび給うということは、この頃老いて少年の日を思い出すとき、何か身にしみてわかるような気がする。それはもう純粋に感動して一途にうちこむということは、ある種の稚《おさ》なさを含む少年の頃のひとつの美しい特徴であろう。私はその頃に井筒俊彦著『アラビア思想史』にめぐり合った。それは後年の井筒教授の人間の、無意識の深みにまで及ぶ思考の書や、ペルシア語やアラビア語古文書解読にかけては世界有数とうたわれた古典文献学の実力に支えられたイスラーム哲学の研究書などに比較すると、学問的価値の点では、いささか隙間の散見する若書きの研究書である。しかし、それは情熱の書であった。未知の世界に対する汲めどもつきない憧憬《あこが》れのままに、読みあさったすべてのものをあふれるような筆力で、アラビア哲学や神学の巨匠たちの思想を、ひとつのまとまりある文化史として仕上げた戦前有数の名著であった。稚い程に若かった私は、夜もあまり眠らずに、読みふけった。デカルトの思惟する実体のイメージに合う空中人間の仮説を立てたイブン・シーナのような哲学者が、すでに中世のアラビア文化の中にいたことなど、西洋キリスト教の思想圏と中国文化だけを外国文化としていた私の当時の学問的計画の夢を打ちくだいてしまった。夢をこわされて人が再起できなくなることもある。多分、そういう場合は、再起できない程崩折れた人の方に弱さの原因があるというよりも、そういう風にたたきこわす方のこわし方に意地の悪さがあって、それが人を亡ぼす原因になるのではないか。井筒教授の夢のこわし方は、人をより大きな夢に誘う刺戟であり、人にそれまでの限界を悟らせて、未知の地平に躍りこませてゆくような、そういうもので、夢だけを打ち崩すが、夢の主体を決して傷めることのないやり方であった。私は後年、井筒教授と知り合うようになるが、それほど近しい間柄になれたわけではないから、人間としての教授を語る資格はないので、右にのべていることは、すべてその著書の印象なのである。しかし、一冊の著書が、まじめに勉強している年少の者のそれなりの固い枠をたたきわって、はるかな思索の地平に新しい魅力を暗示する、ということは、すばらしいことではないか。それは人に新しい夢を生ませてゆくことになるからである。

私は自己の世界が広いとひそかに誇っていたのを止めることができた。それを具体的に言うとすれば、あの鎌倉の教授の書斎や応接室の壁を美しく埋めつくしているペルシア語やアラビア語の厖大な量の古典の輝きである。読めない文字の輝きほど、人を謙虚にさせるものも少い。私は教授から実に幾度もアラビア語を学ぶことを勧められたが、それに応じはしなかった。それは私の才能の及ぶところではなかったし、私の使命は哲学的思索そのものにあるという姿勢を崩すわけにはゆかなかった。私は当時多勢いた私の優秀な学生の一人であった五十嵐一君を伴《つ》れて暑い夏の午后、井筒教授御夫妻をお訪ねし、私の代りにこの秀才を委ねた。五十嵐君はテヘランで同教授につき、その才によって教授の期待にある程度応えたと思う。その筑波での無残な死が惜しまれてならない。

私は井筒教授から、日本でよりも外国の国際会議の際にしばしば学問的歓談を交わして多くのことを学んだ。それはそういう会議の際は、夜を徹して研究し、日の出とともに就寝するという奇怪な風習も、教授は変更せざるをえなかったからであるが、また教授はそれだけ度々海外に居住せざるをえない程、国際的な大学者だったからでもある。

私は、三つ新しい次元を井筒俊彦によって教わった。教えて下さった方は先生である。私は特に師弟の縁を結んだことはないが、ここからは井筒先生と呼ぼう。井筒先生が教えて下さったこととは、㈠イスラーム哲学、殊にその神秘主義やそこに生きたプラトニズムの異った伝統である。㈡哲学の比較研究の先駆者として思想類型学を確立して、中村元先生の思想平行説とともに私の歴史的相補説や逆現象の同時展開説を誘い出して下さった刺戟である。㈢哲学の限界と言われた無意識の構造的理解への挑戦である。これには、先生の言語哲学や禅の修行などが、イスラーム思想やギリシア思想に関する原典研究に根ざす思索と結び合って、自覚の底を破る不思議な魅力の井筒哲学への誘いがある。㈠と㈢は岩波書店から数多く出版されてはいるが、その他の出版社からのものもあるし、㈡は私の知るかぎり、マッギル大学や慶応大学などからの英文著書に多い。今回、中央公論社により著作集が編まれている。井筒先生の全体像が少くとも日本語の著作によって少しずつ明確になって、今後の研究者に導きの狼火になることであろう。東洋思想を語るとき、イスラーム思想を、認識論を語るとき、無意識の層を、我々に想起させた先生の功績は、本当に偉大であると思う。そうは言っても、今はもう井筒先生のパイプの煙の向こうの温顔と幻の対話しかできないこと、それがいかにも残念である。

（いまみち　とものぶ・哲学）

（『井筒俊彦著作集』第10巻付録、一九九三年四月、中央公論社）

1979年夏、エラノス会議にて愛用のパイプを携えて

# 井筒先生と『アラビア思想史』

松本耿郎

巡り会いが生涯を決めることがある。昭和三十八年の早春の宵。阿佐ヶ谷南口の古書店で、『アラビア思想史』という藍色の装丁の本を見つけた。井筒俊彦著となっていた。出版年度は昭和十六年となっている。二十数年も前に出た本だ、と思った。当時、十九歳になったばかりなので、二十余年という歳月は大昔のように思えた。五十歳近くなった今では、二十年という時間がさほど長く感じられないが、当時はとても長い年月に思えた。ともかく、『アラビア思想史』という題は不思議に魅力的だった。ギリシア思想、インド思想、中国思想などの本は色々出ていた。書店にもそれぞれの分野について少なくとも数点の本がおかれていた。しかし、アラビア思想とはついぞ見たこともなかった。本を開くとアヴィセンナ、ガザーリーなどのイスラーム哲学者の思想内容が詳しく紹介してあるではないか。以前読んだ渡辺秀氏訳のジルソンの『中世哲学史』の中に僅か十数頁を割いて紹介されているアラビア古哲の思想と事跡。これはただ中世アラビア世界には知の巨人たちが活躍していたらしいことを伝えるに過ぎない記述だ。それがこの『アラビア思想史』にはこんなにも詳しく書いてある。ジルソンの本では満たされなかったイスラーム哲学者たちへの知的な渇きが一挙に癒される思いがした。早速買い求めて、下宿の一部屋で夜明け近くまで読み耽った。著者の文体は華麗で、情熱的で、心を捕えて離さない力を湛えていた。哲学の抽象的概念もこの著者の手にかかると独特の艶を帯びてくる。そして、著者が脚注のなかで欧米の研究者の業績を様々にあげつらう文章が痛快極まりない。なんという面白い本だろう。僕にとってそれまでに読んだどの本よりも心を奪うものだった。しかし、それにしてもこの本の著者はどういう人なのだろう。僕の生まれる数年前にこんなすごい本を書いている。ひょっとするともうこの世にはいないのかもしれない、と思った。それにしても『アラビア思想史』に描かれる知の巨人たちの世界は素晴らしい。これこそ生涯を賭けて研究するのに値するテーマだ、と思った。

当時、僕は早稲田の学生だった。『アラビア思想史』を頼りに欧米の研究書を少しずつ集め始めたものの、実のところ「アラビア思想」の研究は暗中模索の状態だった。たまたま宗教学の仁戸田六三郎先生が講義の中で「アラビア思想」に触れられたので、仁戸田先生に希望を打ち明けたところ、慶応大学に研究者がいるから行って相談して見たらといわれた。当時、言語文化研究所助手の牛田徳子さんを紹介してもらった。牛田さんに相談にいってしばらくして、彼女から井筒先生が講義をなさるから来るようにという誘いを受けた。その時、ひょっとしたらもうこの世にいないかも知れないと思っていた『アラビア思想史』の著者の謦咳に直に接することができるという幸運に気持ちの高ぶりを覚えた。

井筒先生はその当時、春から秋にかけて日本で、秋から翌年の春の始めまではマックギル大学で講義をされていた。慶応での井筒先生の授業に初めて出たのは学部の四年生の時だった。授業はテキストの講読形式で進められた。その年はガルデの〝ムスリム神学入門〟というフランス語の本を読んでいただいた。この本は概論であるから、簡略な記述の背後に隠されたイスラーム神学研究上の様々な問題やイスラーム思想家たちに纏わる面白いエピソードを先生は実に面白く解説してくださった。井筒先生は周知のとおり、驚異的な語学力をお持ちのうえ、言語に対して研ぎ澄まされた直観力を備えておられる。さらにテクストに対する厳しい態度は特別であった。誤った読み方をすると肺腑を抉るような痛烈な叱責をいただいた。単にたくさんの外国語を習得されているというだけでなく、言葉というものの持つ能力を完全に把握され、言葉を縦横無尽に駆使することが先生にはできるのである。

その翌年からアラビア語の原典を読むことになった。そのころ郷里松山の先輩でペルシア語学の故八木亀太郎先生にお会いした際、井筒先生にアラビア語の本を読んでもらっていると申し上げたら、「それは良い先生につかれた、井筒さんは本当に才能に恵まれた方だ、あんな人はまたと出ない」と言っておられた。八木先生ご自身が伝説的な天才語学者だったのである。回教研究所時代に、井筒先生をよく知っておられるとのことだった。

井筒先生の授業ではガザーリーの『信仰の正道』、『哲学者の目的』、アヴィセンナの『指示と警告』およびハージェ・トゥースィーのその注釈を次々読んでいった。僕がアラビア語の神学・哲学のテキストをなんとか読めるようになったのも、先生がこの原典講読の授業に出席を許してくださったからである。井筒先生はその後、慶応大学を去りマックギル大学の専任になられ、さらにイラン王立哲学研究所の教授になられた。僕もイランに留学し、幸運にもイスラーム神智学の最高峰アーシュテイヤーニー先生に師事した。僕は非才ながら学運にだけは恵まれ次々と良い師につくことができた。しかし残念ながらイラン滞在時期は井筒先生のそれと重ならなかった。僕がイラン留学から帰国直後に件の『アラビア思想史』という本が、装いも内容も一新し『イスラーム思想史』という題で岩波書店から出版された。原本出版から三十余年を隔てて、その間の先生の研究成果が盛り込まれ、内容は大幅に変わったが、文体そのものはもとの光彩を放っている。新版の後記から、多くのご著書のなかでもやはりこの本を先生が一番愛されていることが推察できて、心安らぐものを覚えた。僕の生涯を決めた本なのだから。

（まつもと　あきろう・イスラーム学）

（『井筒俊彦著作集』第5巻付録、中央公論社、一九九二年一二月）

# 井筒先生の言語学概論

江藤　淳

昭和三十年のことだったから、今から三十七年前ということになる。私は慶應義塾の英文科の三年生で、結核の病み上りだった。したがって、授業にも出たり出なかったりしていたが、そんな私が必ず出席するようにしていたのは、井筒俊彦助教授の言語学概論だった。

教室は新館（現在の第一校舎）の一〇二番教室で、井筒先生の授業は第二限と記憶しているけれども、曜日が何曜日だったかは覚えていない。いずれにしても、この教室は、早く行かないと席がなくなってしまうので有名な教室だった。正規の受講者だけでも百人に近かったが、その上他大学からのもぐりの学生やカトリックの尼さん、学生とも思われずさりとて教員ともつかない年長者等々が、毎週かならず前列を占領していたからである。

あとになって知ったことだが、東京工業大学に勤務していた頃、筑波大学に集中講義に行って知り合ったある人が、井筒先生の言語学概論を聴講するために、京都大学からわざわざ三田山上まで通っていたという話をしはじめたので、さてこそと思い当ったものであった。こういうもぐりが沢山いたからこそ、あの当時の一〇二番教室には一種異様な雰囲気が漂っていたに違いない。それにしても、だからといって慶應義塾が、もぐりの受講者から聴講料を取り立てたという話は、聞いたことがない。呑気といえば、まだそんな呑気な時代だったのである。

ところで、この授業に、何故私が毎週出席していたかというと、文句なしに面白かったからである。こんなに面白い授業は、その頃慶應の文学部にはほかに一つもなかった。いや、重要な授業はほかにもなかったわけではないが、これほど毎回のように知的昂奮を覚える授業はなかった。これが大学だ、この言語学概論が聴けるだけでも、慶應に入学した甲斐があったと、私は毎時間ひそかに歓声をあげていた。

井筒先生は、ベルが鳴ると同時に白墨をわし摑みにして教壇に現われた。ノートを持っているわけでもなければ、本を抱えているわけでもない。いつも太いストライプのワイシャツを着て、ネクタイピンで襟元をとめ、突然即興的に話し出すというスタイルの授業である。したがって、雑談もなければ脱線もない。仮りに脱線があったとしても、それはどこかで必ず本論につながり、話が元に戻って行くふうであった。

だから、この授業は、面白いといっても面白おかしいというものでは少しもなく、井筒先生には学生に迎合するなどという気配は皆無であった。それどころか、先生はときどき眼の前に学生がいるという事実を、全く忘れているように見えることさえあった。只先生の頭脳があり、思考が回転し、それがそのまま講義になったり黒板の上の文字になったりする。その思考の回転ぶりを、眺めているのが愉しいのであった。ここに頭脳を際限なく駆使して、言語という現象に挑んでいる人がいるという事実を、毎回確認できるのが頼もしいのであった。

実際、井筒先生の頭は大きかった。御飯を食べ過ぎると頭が悪くなるので、お粥しか食べないことにしているという、もっともらしい噂を撒き散らしている女子学生がいたが、その真偽のほどはいまだに明らかではない。私は単に、その大きな頭脳に敬意を表して、〝火星人〟という尊称をひそかに奉ったというに過ぎなかった。私には、井筒先生は、人間というにはあまりに知的であり過ぎるように思われてならなかったからである。

したがって、私は、井筒俊彦という人間に近づきたいと思ったことは一度もなかった。今日にいたるまで、私は井筒先生と言葉を交したことが、ほとんどなかったような気がする。ひょっとすると、只の一度もなかったかも知れない。これが誤解であったことは、のちになって明らかになったが、先生は文学をともに語るべき人のようには思われなかった。私は、文学をともに語るべき人に飢えていた。そして、そういう友人を、偶然にも同じ頃、山川方夫のなかに見出したのであった。

だが、そうはいうものの井筒先生の言語学概論は、知的刺戟に充ち充ちていた。それまで漠然と、言語学といえば歴史主義的な比較言語学しかないと思い込んでいた既成概念がたちまち破られて、メルロオ－ポンティ、コージュフスキー、ソシュールからB・L・ホーフにいたる耳馴れない名前が、速射砲のように毎週耳朶を打ち、ノートに書き込まれ、気が付いてみるといつの間にか、数週間前には思いも及ばなかった学問の地平線を望み見ているという体験がつづいていった。

そうして一年間が終ったとき、提示された単位論文の課題は、「言語の形式と思惟の形式の関係について」というものであった。今でも保存している当時のノートの最後のページを見ると、

二月八日迄に教務に提出
常に（言語を）ものとしてではなく、process の形式としてとりあつかうこと。
日本語をもって例示すること。
任意の題材で論じること。

という心覚えが記してある。そして、これも三十七年の歳月を超えて残存している論文の下書の断片に、

「過去の言語学では、言語をものとして、換言すれば把握し得る実体として把えて来た。これは、言語が世界を映している、という考え方であり、われわれは Aristoteles の 'Categoriae'（3a、30）の『部分も又実体である』という命題の中に、この思想の端的な表れを見ることが出来る。しかし、この考え方は果して正しいか？」

などと、英文科三年の私は記している。

もちろん私は、大学生らしいことを課せられているという喜びに溢れて、このたどたどしい単位論文を書いたのである。言語学者になるつもりはなく、また自分にその能力があるとも思われなかったが、文学をやるにせよ文芸批評を書いて生きて行くにせよ、言語は自分と不可分で主体的ななにものかにほかならない。そのことを私は、井筒先生の言語学概論から習ったのである。これは前に述べた通り、私が慶應の文学部で得た最大の収穫であった。

その後私は大学院を中途でやめて、もっぱら文芸批評を書いて生計を立てるようになった。大学社会とのつきあいもこれっきりかと思っていたところ、昭和三十七年秋から、思いも掛けずロックフェラー財団の研究員として、プリンストン大学に行くことになった。プリンストンでは東洋学科（Department of Oriental Studies）に所属することになったが、これは当時まだ東アジア学科（Department of East Asian Studies）が独立していなかったからであった。

ここで注釈を加えて置かなければならないのは、この東洋学科がヨーロッパ的概念における「東洋」学科で、ほとんど中近東学科（Department of Near Eastern Studies）というに等しい学科だったという事実である。日本や中国などをやっている者は、いわば東洋学科の軒先を借りているだけという存在であって、厳然と主流を成していたのはアラビックやペルシャ語の学者ばかりであった。

プリンストンの東洋学科を支えていた稀代の碩学、ヒッティ教授は既に退任していたけれども、学科長の職に在ったカイラー・ヤング教授はペルシャ語学者で、老いたる山羊のよ

うな朴訥な人柄であった。このヤング教授が、

「君はどこの大学から来たのかね？」

と訊くので、正確にいえば慶應との縁はとうに切れていたのだったが、一々説明するのも面倒だと思って、

「慶應から来ました」

というと、老いたる山羊はにわかに顔を輝かし、

「それじゃあ君は井筒先生の弟子か。井筒先生はお元気かね？」

と質問しはじめたので、私は少からずびっくりした。

実は、プリンストンに到着した直後、慶應といってもなかなか通じないので、私はかなりがっかりしていたのである。勿論日本研究者のあいだで、慶應義塾を知らない者は一人もいない。しかし、その狭いサークルを一歩出ると、慶應の名を知っている者がほとんどいない。それどころか、「慶應って、東京大学を構成するカレッジの一つですか？」などとやられて、うんざりすることもないとはいえない始末であった。

そういうわけで、少々クサクサしていたところへ、打てば響くように、

「慶應？　それじゃ君は井筒先生の弟子かね」

と来たのである。私は井筒先生の学恩を、このときほど痛切に感じたことはなかった。

まことに、大学というものは、建物でもつものでもなければ、フットボールのチームでもつものでもない。大学は学者でもち、只一人の独創的な研究者でもつのである。慶應といえば井筒と応えるというこのプリンストンの東洋学科長の反応に接した瞬間に、私は学生時代の自分の直観が誤っていなかったことを確認し得て、この上なく嬉しかった。

いうまでもなく私は、このとき〝井筒先生の弟子〟を僭称しはしなかった。そんなことをして、アラビックやペルシャ語で話し掛けられでもしたら、たまったものではない。だが、それにもかかわらず私は、いつの間にか井筒先生の大学から来た若い者として、プリンストンの東洋学科に受け容れられていたのであった。

ところで、井筒先生の『ロシア的人間―近代ロシア文学史』の復刻を出版社に勧めたのは、あれは一体どういうきっかけからだったろうか？　この本が出版されたのは昭和二十八年、私は帰国後その初版本を鈴木孝夫さんから譲られて所持していた。この本こそは、井筒先生が文学とは無縁だという私の当初の誤解を、木ッ端微塵に打ち砕いてくれた名著であった。その「序」で、井筒先生は述べている。

「……今日、共産主義的ロシアを政治的意味で『吾が祖国』と熱狂的に叫ぶ人々があるやうに、それとは全く違つた次元で、ロシアに魂の故郷を感じ、それを熱狂的に愛し

てゐる人々があるのだ。そのやうな人達が深い感激の目を以て眺めるロシアは、政治的形態や、時代の流れによつて千変万化する現象的なロシアではなくて、さういふ現象的千変万化の底にあつて常にかはることなく存続する、ロシア、『永遠のロシア』だ。さういふロシアは現実の生きたロシアではなくて、単なる理念《イデー》であり、抽象物に過ぎないと人は言ふだらう。併し、理念が抽象物ではなくて、真に生きた具体的なものであり得ることこそ、ロシアといふ国の奇蹟なのではないか。ロシア文学そのものがそれの最も明白な左証なのではないか。……」

この「序」が書かれたのは、昭和二十八年一月であるが、旧ソ連崩壊後の今日この言葉を味わってみると、ことさらに含蓄の深いものがある。いや、それは既に十数年前に充分含蓄の深いものと感じられたので、私は知り合いだったある小出版社に勧めて、この本の復刻版を出してもらった。井筒先生には、あるいは御迷惑なことだったかも知れない。だが私は、プーシキン、レールモントフ、ゴーゴリから、トルストイ、ドストイエフスキー、チェホフまでを論じたこの名著が、埋れているのを忍びがたい気持だったのである。

どういうものか、ロシア文学を論じてロシアを感じさせる日本人の論文を、私はかつてこの本以外に読んだことがない。それは、英文学を論じて英国を感じさせる本を、吉田健一『英国の文学』以外によく見出し得ないのと一般である。全く同様に、イスラーム文化を語ってイスラームを感じさせる本は、井筒先生の『イスラーム文化』以外に一冊もないのかも知れない。

昨年、湾岸戦争が起った頃、私は久し振りで先生の『イスラーム文化』を再読した。そして、この本が出た十年ほど前、毎日出版文化賞の選考会で、この本のユニークな価値について舌足らずに陳述したときのことを、懐かしく思い出していたりした。私は決して〝井筒先生の弟子〟ではない。いつまでたっても、あの言語学概論を受講していた学生の一人に過ぎないのである。

（えとう　じゅん・文芸評論家）

（『井筒俊彦著作集』第3巻付録、中央公論社、一九九二年六月）

# コーランと翻訳

中村廣治郎

「コーランの翻訳」ということは、非ムスリムの間では当り前のことに思われるかもしれないが、ムスリムにとっては、実は大変な問題である。一般に、儀礼や典礼に用いられる聖典を平易な現代語に訳すことには、宗教の如何を問わず、多くの抵抗が伴う。仏教の経典がそうである。またキリスト教でもラテン語聖書が各国語に訳され始めたのは、宗教改革以降のことである。しかし、このラテン語聖書自体がそもそもヘブライ語・ギリシャ語原典からの翻訳であることに見られるように、聖書の翻訳にはそれほど大きな問題はなかった。むしろ、聖書は伝道のためにまず現地語に翻訳されたのである。仏典も漢訳され、チベット語訳されるや、サンスクリット語・パーリ語原典は顧みられなくなった。

ところが、コーランの場合はだいぶ事情が異なる。厳密にいえば、今日においてもコーランの翻訳は不可能である。翻訳されたものはもはやコーランとは見なされないのである。伝統的には、「翻訳」はコーランの注釈、つまりコーランの原語を別の語でいい換えたものとされてきた。ちなみに、日本ムスリム協会訳は『日亜対訳注解聖クルアーン』となっているが、その改訂版に寄せたアラビア語の序文で世界イスラム連盟総長のハラカーン師は、くり返し「コーランの意味の翻訳」(tarjamah maʿānī al-qurʾān) といって、「コーランの翻訳」とはけっしていっていない。また、スンニー派ムスリムによるコーランとして有名なピクソールの英訳タイトルが「栄光あるコーランの意味」(The Meaning of the Glorious Koran) となっているのも、そのことが背景にある(「序文」参照)。

ではなぜムスリムはコーランの「翻訳」に対してこれほどのこだわりを見せてきたのであろうか。それは、コーランの一語一句が神が語ったままのことばであり、まさにそのことによってコーランが他の（ユダヤ＝キリスト教の）聖典より優っているというドグマによる。現行コーランのテクストの基礎になっているのは、三代正統カリフ－ウスマーン（在位六四四―六五六）の命によって集録されたウスマーン本である。しかし、記憶による伝達や正字法の未発達などから、それまでに多くの異本が生まれており、またウスマーン本自体に対してもさまざまな読み方が現われたことなどを考えると、現行のコーランのテクストの読み方が完全に原初の啓示のままであるとすることに若干の疑問がないわけではない。

　いずれにしても、ムスリムの間ではコーランの一語一句が神のことばであるとされ、人間のことばと厳しく区別された。したがって、かりに意味は同じでも翻訳は神《アッラー》自身が用いた語句を別の、人間の、語句に置き換えることになるとみなされた。そこからコーランの翻訳に対する否定的態度が出てくる。こうしてイスラムでは、コーランを現地語に翻訳するよりも、現地人にアラビア語を習得させてアラビア語のコーランを読ませることにより多く力を注いできたのである。

　これと関連して、コーランが「神のことば」《カラーム・アッラー》（Kalām Allāh）であることの証明としての、コーランの奇蹟性《イウジャーズ》（iʿjāz）というドグマがある。これは、コーランには人知の及ばない事がらが含まれていることなどのほかに、何よりもその文体が人間の模倣を許さない（aʿjaza）ほどユニークであるということである。それは、コーランが神の奇蹟であることによるのである。このような特性はアラビア語のコーランにのみいえることであり、別の言語に翻訳したのではもはやそれは奇蹟でも何でもなくなる。

　このドグマも、他の諸々のドグマと同様、コーランそのものの解釈に基づいている。伝承によれば、預言者ムハンマドが神の啓示を宣べ伝え始めた頃、メッカの人々はそれを神の啓示とは受け取らずに、彼自身のことばと考え、彼の主張を批判した。そこで神は次のようにいって預言者に反論させている。

「なあに、全部彼のでっち上げたでたらめさ」などと言う者もおるのか。よし、言い返してやるがよい、「それなら、これと同じような（啓示の）文句を十ばかり、でっち上げて作れるものなら作ってみせるがよかろう。アッラーとは別のどんな（神様）にでもお願いして見るがいい。もしお前たち本気でそんなことを言っているのなら」と（一一章一三節）。言ってやるがよい、「人間と妖霊《ジン》とが束になってこのクルアーンに似たものを作り出そうとかかったところで、似たものなど絶対に作れるものではない、たとい彼らはお互いに協力し合ったとしても」と（一七章八八節）。

こうして古来、コーランの文体の卓越性について多くの議論がなされてきた。このようなドグマは別にして、井筒はコーランのもつ独特な雰囲気をも日本語で伝えたい、そのことに敢えて挑戦したのである。

日本におけるコーランの翻訳の歴史はそれほど古いものではない。一九二〇年に刊行された坂本健一訳『コーラン経』二巻が最初の邦訳だといわれる。その後、一九三八年に高橋五郎・有賀阿馬土《アフマド》訳『聖香蘭経』なども刊行され、今日に至っている。

戦後間もなく刊行されたのが、大川周明訳『古蘭』(岩崎書店、一九五〇年)である。本訳は一九七四年に大川周明全集の一巻として再刊されたが、現在は絶版である。大川訳は「存分にアラビア語によつて古蘭の醍醐味を色読するを得ずとするも、その伝ふるところの精神は略ぼ之を領会するを得たり」(『古蘭』序)として、それを「荘厳」な文語体で邦訳しようとしたものである。今日の読者にはやや難解であるが、ある意味では後代の人々にとってアラビア語のコーランがもつアルカイークで荘重な響きをそれだけよく伝えるものといえよう。

わが国におけるコーラン翻訳史上画期的な意味をもつのは、やはり岩波文庫版(一九五七—五八年、全三巻)の井筒俊彦訳であろう。それは、単に井筒訳が本邦初のアラビア語原典からの訳であるというだけではない。語学の達人にして、かつ西欧のコーラン学の成果とムスリムのコーラン解釈学・伝承学やジャーヒリーヤ(イスラム前の)文学の双方に通暁した井筒(それは、英文で書かれた『コーランにおける倫理的用語の構造』〔一九五九〕、『コーランにおける神と人間』〔一九六四〕、『コーランにおける倫理・宗教的概念』〔一九六六〕などの意味論的研究に遺憾なく示されている)にして初めてなしえた、そして今後永く凌駕しえないような高いレベルの訳業だという意味においてである。

第二の邦訳は、中央公論社(一九七〇年刊)の「世界の名著」の一巻として刊行された藤本勝次・伴康哉・池田修訳である。第三が前述の日本ムスリム協会訳(一九八二年刊。一九七二年の三田了一訳の改訂版)である。

以上三点はもちろんアラビア語原典からの訳であるが、それぞれに特色をもっている。大川訳が文語体と多くの漢語を用いて聖典らしさを出そうとしたのに対して、これら三つの訳はいずれも現代口語訳である。中でも井筒訳は、後述するように徹底した会話体である。それは預言者と同時代の人々が啓示の文体から受けたであろう感じをそのまま日本語に再現しようとの意図による。その意味では、大川訳の対極にあるといえよう。これに対して、藤本・伴・池田訳はきわめて地味でプレインな口語体といえるし、ムスリム協会訳はムスリムの手による正統《スンニー》的解釈と、ムスリムとしての宗教的感性に基づいた口語訳といえる（この点では、前述のピクソールの英訳に対応する）。

さて、井筒にはわが国で初の原典からの訳業に取りかかるに当って、一つの大きな「野望《こころざし》」があった。下巻の「解説」をパラフレーズすれば、こうである。ムハンマドはムスリムの間では当然ながら、預言者として徐々に理想化され超人化され、ついには信徒たちの完全な模範となり、「無謬性《イスマ》」のドグマが確立する。それだけ一般の信徒からは遠い存在となる。しかし、現実のムハンマドは市場を歩き廻り、教えを説いて、ある時は喜び、ある時は落ち込み、喜び、笑い、泣き、怒った人間預言者であり、何よりも市井の人であった。コーランは、そのようなムハンマドを諭し、教え、激励・叱咤し、また彼を通して周囲の人々を論難し論争する神の啓示の記録である。つまり、それを「一人の類まれな人間がこの世に生れ、生き、悪戦苦闘したなまなましい記録」「人間記録《ヒューマン・ドキュメント》」（三三五頁）としてとらえるということである。

要するに、井筒の狙いは、イスラムの伝統とドグマを通して理解されたムハンマドではなく、心臓の鼓動が伝わってくるような人間ムハンマドのありのままの姿を再現すること、コーランはそのための記録であり、したがってそれに必要な解釈の方法と文体で訳出する、ということである。そこから必然的に、方法としては当時の人々がコーランのことばから理解した意味をとり出し伝える文献学的解釈、文体としては当時の言語体系の中でのコーランのスタイルの再現、つまり生々した会話体の口語ということになったのである。そもそもコーラン自体、前述のように神アッラーの語り、いやむしろ語りかけという対話体であり、その中に当時の人々の会話をそのまま引用して、そのまま彼らに反論し論争するスタイルが中心をなしているからである。目につくままに具体例を一つあげるなら、

> なんとしたことか、彼ら自分たちの一人が警告者になったので吃驚《びっくり》している。罰当たりども、「これは驚いた。わしら、死んで塵になって（また生き返るん）だと。まったくとんでもないお帰りもあったもの」などと言っておる（五〇章二―三節）。（傍点、中村。以下同じ）

また、前述の井筒訳コーランからの引用も参照されたい。そこからまず受ける印象は、江戸っ子の威勢のいい啖呵かもしれない。このような明快さ・調子のよさ・躍動感はさまざまな工夫によっている。気付いたままにあげれば、まず例文中の「……もあったもの」というような体言止めの多用、また

「あれ見よ、あのかさかさに乾上《ひあが》った大地、あれに我らが一たび水を降り注げば、忽ちぶるっと生気が走り、むくむくふくれて、目のさめるような色とりどりの草が萌え出す」（二二章五節）のように、状態を表わす副詞句を頻繁に用いてヴィジュアルに訳出していることである。ちなみに、藤本・伴・池田訳「ひからびた大地が見えるであろう。しかし、われらがその上に雨を降らすとき、それは躍動し、膨張して、あらゆる種類の美麗な草木を生ぜしめる」と比べるとき、その違いは歴然である。

さらに引用文中の「罰当りども」(kāfirūna)「お帰り」(rajʿ) あるいは「これ、人間ども、汝らお召しについて疑いをもっておるのか」（二二章五節）の中の「お召し」(baʿth) について、これをそれぞれ後代の神学用語を用いて「不信心者たち」「甦り」「復活」などと訳したのではアナクロニズムであり、同時代の人々がそれらのことばから理解したことを正確に伝えることにはならない。

最後に、コーランはサジュウ体と呼ばれる脚韻を踏んだ一種の散文詩といわれ、その朗誦の詩的響きの美しさが知られている。しかし、それは翻訳では失われるといわれる。にもかかわらず、その詩的響きをも伝えようとの工夫もなされている。一例として、一一四章の原文と訳文をあげるので、声を出して読んでいただきたい。

qul aʿūdhu bi-rabbi ʾl-nāsi
maliki ʾl-nāsi
ilāhi ʾl-nāsi
min sharri ʾl-waswāsi ʾl-khannāsi
alladhī yuwaswisu fī ṣudūri ʾl-nāsi
mina ʾl-jinnati waʾl-nāsi

言え、「お縋り申す、人間の主に、
人間の王者、
人間の神に。
そっと隠れて私語《ささや》く者が、
ひそひそ声で人の心に私語きかける、
妖霊《ジン》も私語く、人も私語く、
その私語《ささやき》の悪をのがれて。」

原文では、脚韻のsi音と共にs音が効果的に使われて妖霊《ジン》や妖婆の「ささやき」の無気味さがよく出ているが、それがサ行の音を用いてほとんどそのまま訳文にも生かされているのがわかる。

要するに、コーランでは話者の主体である神は人間の目線の所まで降りてきて（このようない方は正統的イスラム神学では許されないが）、人間といわば対等にやり合い、神がいかに世界の主であり、全能で慈悲深い存在であるかを人間に説得しているのである。井筒訳はそれをそのまま現代の日本の一般読者に伝えることに美事に成功したといえよう。

（なかむら　こうじろう・イスラム学）

（『井筒俊彦著作集』第7巻付録、中央公論社、一九九二年二月）

# 井筒訳『コーラン』の文体

山折哲雄

私が井筒さんの名をはじめて知ったのは、昭和三二年に岩波文庫から出された『コーラン』の訳を読んだときだったと思う。あれからもう三〇年以上が経っている。

そのご井筒さんには二、三度お目にかかる機縁をえたが、そのときどきの忘れがたい印象もさることながら、『コーラン』を井筒訳で読んだときの強烈な思い出が今でも私の記憶に刻みつけられている。

あえていえば、その訳文の、日常会話体にくだけた文体にびっくりし、ざっくばらんな預言者の語り口が、およそ比較を絶して新鮮に映ったのである。それはたとえば「聖書」翻訳のどんな文体にも似ていなかった。それのみではない。「阿含経」などの訳本に登場するどんな仏陀の口吻とも通い合うところがなかった。

井筒訳の『コーラン』は、まずその破天荒な文体によって、預言者マホメットの、イエスとも仏陀とも異る思想の本質を生き生きと再現しているようにみえたのである。それはほとんど放れ業というほかないような手練だったのではないだろうか。

井筒さんは、『コーラン』は「神憑りの言葉」によってつむがれたのだという。「言葉そのものが一種の陶酔」であるともいう。つまり『コーラン』は、神憑りに入った一人の霊的人間が、恍惚の状態において口走った言葉の集大成、なのである。

預言者マホメットは、神アッラーの言葉を三人称で語っているのではない。かれは自分に憑りついた神の言葉を、たんに神の言葉としてではなく、自分自身と一体化した神の言葉として一人称で語っている。その陶酔の神憑りの言葉を、井筒さんはじつに平俗な日常会話の、くだけた文体で翻訳されていたのである。

その井筒さんによって採用された文体のなかに、ひょっとするとイスラーム教の本質が宿っているのではないか、と私は思ったものだ。そのいわば世俗化された文体のなかにこそ、預言者の宗教的性格が色濃く刻印されているのではないだろうか。井筒さんは原『コーラン』の文体を目して、それは「砂漠の巫者の発想形式」であり「お告げの文体」であるともいっている。その巫者の発想とお告げの文体が口語体で表現されているところに、私はつきせぬ興味をもったのである（以上の引用はすべて『コーラン』訳に付された「解説」による）。

いま「お告げの文体」、「巫者の発想」ということをいったが、それでさしあたり思いおこすのが大本教を開いた出口ナオや天理教を創めた中山ミキの「お筆先」のことである。周知のようにそれらの「お筆先」はじつに平易な日常語で書かれている。民衆の耳に入りやすい平俗な表現で綴られている。むろん一つひとつの言葉には多義的な含蓄がこめられているが、言葉そのものは庶民的な語り口がそのまま活されているといってよい。その意味において井筒さんによって採用されたマホメットの語りの文体は、出口ナオや中山ミキのお筆先のそれに近いのである。

大まかにいうと、宗教的言語は聖者的言語（韻文）と世俗的言語（散文）に分けることができるかもしれない。「聖書」や「阿含経」がはじめから聖者的言語で語られていたかどうかは疑問であるが、すくなくともそれが歴史的に発展していく過程でしだいに聖者的言語の地位をえていったことは否定できないだろう。そしてそのような伝統の形成に大きく寄与したのがたとえば聖職者であり神学者であった。

しかしイスラーム教の場合、おそらく事情は異っていた。預言者マホメットの宗教言語にこめられていた世俗的な意味を、後世の信徒や法学者たちがそのまま大切にして後世に伝えていった。イスラーム教世界には聖職者なるものはそもそも存在しなかったとはよくいわれることである。そういう宗教のあり方がその宗教言語の世俗的性格を今日まで温存させる動因になったのではないだろうか。井筒訳の『コーラン』における文体は、たとえばそういう事柄をも私の内に喚起してやまないのである。

それにしても神憑りの言葉、巫者の発想が平俗な日常語で語られるというのは、これはこれで一種のパラドックスではないだろうか。とりわけ語りかける神が一神教的な神である場合、そういうことにならないか。一神教的な神のお告げは、何よりも定言命令的な威厳にみち、超自然的な威力を発散しているように考えられるからである。それは、たとえ平俗な言葉で語られてはいても、その言葉をきく者の耳には、非日常的なメタファーにみたされた霊的言語としてきこえていたはずだからである。

またその神のお告げを直接身にうける巫者にしてみても、かれはすでに恍惚状態に入っている霊的人間である。恍惚忘我の中で自意識を失った人間が自動機械のように言葉を吐きだすようになると、それはしだいに強いリズムにのり、異常な語りの調子を帯びるようになるだろう。その点で神憑りの言葉、巫者の語りというのは、いつでも日常言語の地平を離陸して超自然の霊的言語へと飛翔していく契機をはらんでいる。「聖書」的言語がそのようにして生れ、「仏典」的言語がそのようにして展開していったことはいうまでもない。こうして宗教的言語を独占しその聖性を管理する神学者や宗学者が大量に生産されていったのである。

だが井筒さんによると、『コーラン』の産出者である預言者マホメット自身は、自分が巫者とみなされることを極度に嫌っていたという。なぜなら神憑りして語る巫者の存在はしばしば偶像崇拝と直結するものと考えられたからである。そこにはおそらく、神憑りして恍惚状態になった預言者が同時にそういう陶酔現象を根こそぎ否定しようとする、矛盾にみちた態度が反映されているのであろう。いってみればイスラーム教はその発生の当初から、聖性と世俗性の両極にはげしく引き裂かれる運命を担っていたのではないだろうか。

井筒さんの「コーラン訳」の文体は、いつでもそのことを私に思い出させてくれるのである。

（やまおり　てつお・宗教学）

（『井筒俊彦著作集』第9巻付録、
中央公論社、一九九二年八月）

# 井筒先生のアラブ・イスラーム研究

黒田壽郎

新年早々井筒先生の訃報に接した。イスラームの認識論について論じたアラビア語の著作の訳業を、丁度完成した時刻に先生がお亡くなりになったらしい。ひとえに先生のご冥福を祈りあげると共に、一つの仕事を終えた脱力感を上まわる真空のような虚脱感の中で、先生の偉大さをいま身内に覚えている。

生前の先生の業績についてはすでに種々の論評が加えられ、その人となりについてもいろいろなエピソードが伝えられている。ギリシャ神秘哲学から、最近の東洋思想の系譜学の試みまで、先生が飛翔された知的空間は著しく広範囲にわたっている。しかし筆者がとりわけ井筒先生の謦がいに接したのは、主としてアラビア語を媒介とする中東文化の研究領域であり、その分野における先生の研究の卓越さについては、この際是非とも若干の私見を述べておく必要があるであろう。

革命前のイランの王立哲学アカデミーでは、最晩年の円熟した老年を過ごされていたH・コルバン教授と、井筒先生の二人が看板教授であった。当時の学生たちは、この両先生を評して「火のようなコルバン先生、水のような井筒先生」と噂していたものである。これは確かに、当時の両先生の学風を言いえて妙であろう。異質の文化に属する事柄を研究する地域研究には、自分の属する文化、社会に関する研究とはまた異なった精神的な気配りが必要である。明らかに自分の生きている環境とは別な伝統の中に育まれたものを、理解し、吸収するということは、一体なにを意味するものであろうか。対象にたいする接近と、それからの距離の取り方、間の置き方。理解と解釈は、取り扱う対象に馴染みが浅ければ浅いほど、困難を極める。

異質な主題を、深い知的な共感をこめて観察し、黒々とした炭の塊に赤々と火を灯すようなコルバン先生の講義は、聴く者に対象に関する力強い啓示の光を投げかけ、強い共感を誘うものであった。コルバン先生の講義も、確かに名講義であった。しかし井筒先生のそれも、まったく対照的な調子でありながら、人々を強く引き付けずにはいなかった。山間を行く澄明な水の流れのように、イブン・アラビーや老荘の、身をも焦がし兼ねない炎のような思想が、光線を分析する科学者のような冷徹な視線によって解析され、そこに思いもかけぬ等質性が開示される。その成果は積み重ねられて、東洋思想の系譜学にまで連なって行くのであるが、創造の現場に居合わせる者にとっての臨場感が、大きな知的な促しであったことはいうまでもない。

透徹した理解、鋭利な分析は確かに井筒先生の特質であったことは疑いがない。しかし先生にはまた、別の一面があったことも忘れられてはなるまい。この側面はとりわけアラブ・イスラーム文化研究に顕著であるように思われる。その一面は、特に全集中でもこの一巻に収められた諸作品に明かではなかろうか。ここでは概念化、抽象化という専ら思考のレヴェルでの卓越性だけではなく、個別の感覚、情念に関わる部分についての鋭い知的感受性が、如実に現れているのである。

この全集に、先生の若年の頃の作品である『アラビア語入門』が含まれていることを知って、筆者は快さいを叫ばずにはいられない。最近でこそ、日本におけるアラビア語人口は徐々に増加しているものの、やはりこの言葉はわれわれにとって、かなり異質のものである。速記体のような風変わりな文字。喉の奥から吐き出されるような、けったいな発音。字引を完全に引くためにも、文法を一通りマスターしなければならない、便利の悪さ。それにあの独特の三語根を基礎とする成語法。整然とした動詞の活用、派生形の展開。実際に取り組んだ者にしか理解しえないことであるが、この言葉の修得に当たって勉学者は、海の魚が陸に上げられた、あるいは漁師が鹿狩りに駆り出されたかのような、奇異な状況に立ち会わされるのである。

アラビア語と、それが成立し、語られている世界は、日本人にとってはまことに馴染みの薄い世界である。三語根の諸単位の特異なネットワークから、激しく回転する星雲の粒子のように飛び出してくるシニフィアンの群れ。それらに対置されるシニフィエの向こう側の乾燥した、硬質な砂漠的風土。

あらゆる言語には、それが創り出された原点に当たるような、その言語そのものにふさわしい構造、環境を持つメタ・レヴェルのある地点、風土が存在するのではなかろうか。そこにその言語のもつ特異な性格、創造力の秘密が宿されているような。イスラーム以前のアラブの古詩、あるいはフスハーと呼ばれる文語の構成は、その文法、統辞法を含めて、このゼロ地点に限りなく近く、それ故にこそ人々は時代を越えてそれに拘り続けてきたのであろう。アラブの人々は、古詩の迫力をこよなく愛し、フスハーの格調を重んじる。類い稀な言語的センスの持ち主であった井筒先生が、敏感にこのゼロ地点を察知し、そこから発する磁性を感知されていたことはいうまでもない。

もちろん語学としてのアラビア語の教科書は巷間に満ちあふれ、この言葉の実用的学習の便のためには、現在では多くの文法書が存在する。しかし入門書と銘打たれている本書は、実のところ語学の初心者のための入門書ではない。親切な著者は、これしきのことが覚えられないようでは上達は覚束ないと、足の遅いラクダを鞭で叱たするように、しばしば読者に前進を促してやまない。しかし実際に御者のいうままに足を進めることは、まず不可能に近い。著者が誘おうとしているのは、通常の意味での語学の上達ではなく、アラブ文化の創造の原点、その潤い豊かなメタ風土のオアシスなのである。

アラビア語の修得には、長い道のりを必要とする。一面の砂の原、灼熱の太陽、そしてしん気楼、砂嵐はしばしば人を欺き、一命を奪う。オアシスに至るためには、練達の案内人が必要であるが、これを求めるのは至難の業である。なんでもかんでも書き込んであるアラビア語の文法書、文典は数多い。しかし先生の『文法書』の限られた紙数の中に、さりげなく書き込まれている指摘は、実際に砂漠を旅する者にとって、またとない貴重なアドヴァイスなのである。共に〈そして〉を意味する〈wa〉と〈fa〉の微妙な使い分け、あるいはさまざまな派生形が持つ固有な意味合いに関する有益な指摘を始めとして、その有益さは筆舌に尽くし難い。

『コーラン』の翻訳者である先生の語学力の確かさが、頗る付きであることはいうまでもない。このイスラームの聖典にしても、現在では種々の訳が出版されているが、原典をめぐるさまざまな情報収集能力、とりわけその基本となるアラビア語の実力という点で、当分右に出る者は現れないであろう。その証拠といえるのが、超難解なアラブ古詩に関する先生の造詣の深さである。

イスラーム登場以前のジャーヒリーヤ時代に関しては、書き残された記録が少ないため情報の収集が難しい。漂泊、移動を常とする遊牧のなりわい、遠隔貿易のための旅に依存する商業、いずれの場合も生活の基本は〈動き〉にある。そのような環境で主として用いられたのは、口から口へと語り継がれる詩という表現手段であった。情報提供の手段であり、歴史の記録であり、芸術的表現でもあったこの時代の詩には、それだけにこの時代の文化的要素の全てが集約されている。ただしアラブにとってすら難解なこれらの古詩は、堅固な要塞そのもので、それに近づくことは至難の業なのである。

イスラームを知るには、大まかにいって二つの道筋がある。その第一は、登場当時の第一資料にしたがって、この教えが登場してくる歴史的な背景を、原典に即して照らし出すことである。いま一つは、そこでなされた主張がどの様なかたちに強化、発展されたかを原理的に検証することである。登場当時の状況いかんに関わらずある強力な主張は、それ自体の内的必然性にしたがって、時代、環境の制約の中で固有な発展を示すのは、あらゆる宗教、思想の常である。

この第一のアスペクトに関しては『イスラーム生誕』、とりわけその第一部ムハンマド伝の部分は、出色のものであろう。著者の豊かな語学力、鋭ぎすまされた感性、砂漠的風土、新興の教えの迫力が見事に一点に凝縮されて、イスラームの登場という事件が臨場感溢れるばかりに描き出されていることは、一読して明かであろう。無明時代といわれる時代の砂漠の遊牧民の荒々しい感性に、イスラームという精神的形姿が与えられた際に、人々の心に生じた激越な化学変化が、ここに手に取るように活写されているのである。

ある種の論旨が先取りされて、原典を殆ど利用せずに書かれる最近のさまざまな分析的研究は、読者が最も必要とする原状況を少しも伝えるものではない。現在に至るまで中東研究の業績の多くには、理解の基盤となる原情報をいささかも提供することをせず、理解、認識なしの判断が目につくが、それは対象認識の総量を増大するという使命につながるものではない。そのためには人並以上の努力と研鑽が必要であるが、この臨場感溢れる小著には、その成果が見事に結晶されているのである。これはいつまでも上代のアラブ・イスラーム精神の原点を知るための、最良、必読の書であり続けることであろう。

本巻に収められている『イスラーム文化』は、その副題が示す通り、その根底にあるものを手軽に通観した概説書である。宗教、法と倫理、内面への道という三つの柱のもとにそれぞれの主題が語られており、恐らく先生の著作としては最も数多くの読者を持つものであろう。疑いもなく均整の取れた、イスラーム文化の優れた案内書であるが、敢えていうならば先生の著作としては若干物足りないものを感ずるのは、筆者ばかりであろうか。先生にとって自家薬籠中のものである第三章については、論評を差し控えるが、宗教、法と倫理の部分は、余りにも事実、背景にこだわりすぎて記述が平板な分析に終始し、この教えが持つ動的、社会的な部分が分析の中に含み込まれていないことに、若干の不満を禁じざるをえない。

講演の記録を活字にしたものというこの著作の性質上、致しかたない側面もあるであろうが、ここには研究者としての先生の特質が表出されている。ここにイスラーム文化の、具体的な歴史的、社会的側面の分析が欠如していることは、単に領域の問題に限られず、分析の内容にも関わるものであろう。アラブ・イスラーム文化の地平はまだまだ広いのである。

巨大な足跡を遺された井筒先生のアラブ・イスラーム研究の水準の高さは、今後も余人の追従を容易に許さない。正直のところ、先生の学術的貢献の重要な部分は、専ら英語で書かれている。多くの日本語の著作は、むしろそれらの日本人向けの説明、解説といった趣がある。これはそのまま学問的能力の偉大さを示しているが、同時に若干の問題を含むものであろう。そのような観察を許すのは、やはり『イスラーム生誕』の文体のみずみずしい迫力である。そこでは著者の感性が、ものの見事に外界に解放され、硬質な世界との火花を放つような交感の軌跡が認められ、この美質はいくつかの著作、あるいは定評ある『コーラン』の翻訳等ににじみ出ているが、その後先生は深奥な内面の世界に専ら沈潜されている。

イスラーム文化の大きな支脈であるスーフィズムの研究の結果は、後に東洋思想の系譜学へと先生を導いて行くが、筆者が惜しむのはその失われたアラブ・イスラーム学の可能性である。その内実については、恐らく本巻の読者が誰よりもよく理解されることであろう。ないものねだりはこの辺りでやめて置くことにしよう。伝統のないアラブ・イスラーム研究に先鞭をつけられた先生の門下の一人として、この分野における師の業績を称えるとともに、それを補完するような努力の必要を痛感するものである。亡き師から頂いた知的促しに応えるためにも、筆者にとってこれは他人事ではない。

（くろだ　としお・イスラーム学）

（『井筒俊彦著作集』第2巻付録、中央公論社、一九九三年四月）

# 井筒哲学における東西の出会い

丸山圭三郎

## 1 創造的〈読み〉の哲学

待望の『井筒俊彦著作集』(全11巻、別巻1巻、中央公論社)の刊行が開始された。この画期的な出版によって、西欧哲学にラディカルな視座転換をもたらしたといわれるニーチェ、ベルクソン、ハイデガーらをもはるかに超える力動的井筒俊彦氏の哲学の全貌が明らかにされることは、わが国の学界はもとより、世界の思想界にとっても大きな福音である。何百年に一人しか出ないような知の巨人の思索運動を目のあたりにする時、読者は初めて、哲学と芸術不可分離の思想的実践がもつ生命力に打たれるに違いない。

井筒俊彦氏の存在があまりに大き過ぎたために、日本の硬直したアカデミズムの枠内におさまりきれなかった諸般の事情は、かなり多くの人に知られていよう。二十歳代の処女作『アラビア思想史』(後に改訂して『イスラーム思想史』)に始まり、四十歳代前半にわが国初の『コーラン』の学問的翻訳をなしとげて以来、井筒氏は母校の慶応義塾大学教授を辞してカナダのマックギル大学教授に就任する。人文科学界における、いわゆる〝頭脳流出〟の第一号であった。その後イラン王立哲学アカデミー教授に招かれ、相次ぐ英・独文著作の出版と、のちにも改めて触れる〈エラノス会議〉において行なった十五年にわたる講演活動によって欧米の思想界に令名を馳せたが、日本ではごく少数の人々によってしか知られなかった。わが国特有の偏狭なる心性の故だったのだろうか、いやもっと一般的現象である〝Nul n'est prophète en son pays.〟(預言者、故郷に入れられず)だったのか。

一九七九年ホメイニ革命の勃発を機に帰国されたこの不世出の碩学の、今なおとどまることを知らないエネルギーに充ちた思想に触れると、世間にいわゆる学者とは、vulgarisateur（既成の学を祖述し通俗化させるテクニシャン）に過ぎないことが痛感させられる。まことに「カントの専門家があり、ヘーゲルの専門家がある。それが〈学問〉というものであるからには、誰もそれに文句を言う人はいない。しかし、そういう専門的研究家たちとは別に、自ら創造的に思索しようとする思想家があって、この人たちも研究者とは全然違う目的のために、過去の偉大な哲学者たちの著作を読む」（『意味の深みへ』）のだ。

井筒氏におけるこうした創造的〈読み〉の対象は、まずは西欧知の二本の柱といわれるヘレニズムとヘブライズムのテクストであった。第一回配本である『著作集』第一巻『神秘哲学』は、その第一ステップとしてのヘレニズムの新解釈であり、井筒哲学の原点を示している。第一部「自然神秘主義とギリシア」は、第二次大戦以前、二十五歳の当時に慶応義塾大学文学部で行なった講義ノートをもとにしており、第二部「神秘主義のギリシア哲学的展開」は、これを継承した形で戦後に書き下ろされたものだが、その頃健康を損った氏が病床で文字通り血を吐きながら書き綴った作品であると聞く。

この二部作は、神秘主義という観点からギリシア哲学の発展史（ソクラテス以前期からプラトン、アリストテレス、プロティノスに至るギリシア哲学の展開）であるとともに、形而上学的思惟の根源に伏在する実在体験を、ギリシア哲学という一つの特殊な場を用いて追体験する井筒思想の実践活動の開始であった。

## 2　神秘体験と形而上学

神秘主義というと霊媒術やオカルティズムのたぐいと混同したり、人間が自らの相対者たる分際を忘れて神との合一を語る宗教的倨傲と同一視したりする偏見が今でも横行している。しかし井筒氏が感得した自然神秘主義体験とは、一言でいえば「モノが在《あ》る」という実在体験に他ならない。

古今東西、あらゆる思想は、このどうにも説明できない事物と世界の存在感に端を発する。「何故無ではなくてむしろ何かがあるのか?」（ライプニッツ『自然と恩寵の原理』）。「何ものかが在る、故に我思う」のである。この存在感は、いかなる整合的・体系的な観念論によっても容易に覆されることがない。このモノの実感は、〝観念論／実在論〟といった対立図式の一項に過ぎない科学合理主義、唯物論的〈物〉とはまったく異質の実在感であり、また表層的な日常意識の素朴実在論とも異なる、身体と意識の深層のリアリティの体験なのである。

一切の哲学的思惟は、この神秘的体験の後に生まれる。人間的なロゴスが先なのではなく、一種超越的実在が、いわばパトス的に体験され、これが直証されて後初めてこれをロゴス化しようとする思惟が始まり、形而上学が成立する。「ギリシア最初の哲学思想も、清澄無雑な観想生活、純粋冷静な抽象的思索の所産ではなく、大宇宙に遍在し、人間に脈通する、生成躍動する生命の激流から誕生した」（第一部、第六章）。タレスからエンペドクレスに至るソクラテス以前期の全ギリシア思想の中心課題は、物質でもなく、いわゆる自然とも異なる、より根源的な生命それ自体の体験だった。

けだし、思惟すべからざるものを思惟せざるを得ない衝動。時・空を絶し、ロゴスを超越する窮極的絶対を強いてロゴス化せずにはいられない人間の営為、そこにこそ哲学と芸術一般の始原があるのだろう。

ボードレールが散文詩「芸術家の告白の祈り」で詩《うた》うように、この存在感の極致では自我が限りなく拡散すると同時に限りなく充溢する。自我は空と海の広大無辺の中に消失し、同時に無限は自我を通して音楽的、絵画的に思索する。詩人と思想家は、言語化できぬものを執拗に言語化しようとして、戦う前から美との決闘に敗れ去る予感に怯え続けるのかも知れない。

### ３　ディオニュソス原体験

井筒氏はこの存在体験をディオニュソス原体験と同定する。ホメロス＝ヘシオドス的ギリシア精神を襲ったディオニュソスの狂乱。しかしこれは、従来定説となっていたようなトラキア経由の異国信仰ではなく、ギリシア民族が先史時代からその意識の深みに培っていた大自然の循環的生命の象徴であり、おそらくはそれ以前にアジアに発生したバッコス神とフリュギアの大地母神セメレの崇拝だったのではないか。

引裂かれた生肉と、滴り落ちる生血の匂いも凄まじい蛮神ディオニュソス的陶酔によって、西欧的人間は、まずは集団的全一感を通して個を脱却し、さらには集団をも超えた宇宙との合体感を知る。彼らは、日常的自然である森林、山岳、河川といった自然とも、ましてや物理的対象である物質《マテリア》としての自然《ナトゥーラ》とも異質の、生成そのものである自然《プュシス》を直証してこれを〈神〉と呼んだ。

このディオニュソス原体験には次の二面がある。第一の個人的自我の喪失感は、文字通り「外に出る」エクスタシス（脱自）体験である。これは肉体から霊魂が外に出る解放を意味し、〈内的霊魂観〉の基を作る。それによれば、霊魂とは彼岸的実在であって、肉体は仮の宿に過ぎず、「肉体《ソーマ》は墳墓《セーマ》」なのだ。この思想からオルフェウス＝ピュタゴラス的輪廻転生物語が生まれる道は容易に見てとれるであろう。プラトンが提唱したイデア論も、実はその根に、こうした生命体験、彼岸崇拝、密儀宗教、秘儀集団のミュトス的思惟の継承があったのである。

もう一つの面は、集団的合一感から宇宙的合体感に移行する際に起きる〈一即一切《ヘン・カイ・パーン》〉体験と、時間意識の停止である「永遠の今」の超時間体験である。そこから生じる霊魂観は、もはや輪廻転生する個人的霊魂ではなく、〈外的霊魂観〉とも呼べるものだった。これがエントゥシアスモス（神充＝神に充たされる感覚）であり、汎神論の源となったと言えよう。霊魂はもはや肉体内に一時期宿る彼岸的実在ではなく、「今、ここ」の全宇宙に充ち充ちる生命現象の動力とみなされる。ミレトス自然哲学とともにギリシアに初めて現われたこの新思想が、アリストテレスに受けつがれたのである。

従来のように、プラトンのイデアとは「観念の実体化」であるとか、アリストテレスの「叡知」とは近代的理性ないしは合理精神であると解してしまっては、両者の哲学を内的生命のない論理の形骸に帰してしまうことになろう。ヨーロッパ人に見えなかったヨーロッパ哲学の原点が、東洋の知的巨人によって初めて明るみに出される。

プラトン、アリストテレスを綜合しつつこれをともに乗り超えたプロティノスは、奇しくもウパニシャッドやヴェーダンタの〈梵我一如〉との類似を示す。ギリシアの哲人とインドの哲人に共通する神秘体験とは、〈我〉の意識の無化という否定的契機が絶対肯定となる矛盾的体験、主体が〈自然〉を体験するのではなく、〈自然〉が〈自然〉を体験するとでも言うほかのない脱自＝神充である。あるいは「見る／見られる」という近代的主体の〝能動／受動〟以前に「見えてくるもの」、「聞く／聞かれる」以前に「聞こえてくるもの」との出会いと言ってもよい。

## 4　エラノス精神の具現

井筒俊彦氏の思索は、当初の構想であった「イオニア学派の自然学、エレアの存在論に通底する実存的生体験のロゴス化が、キリスト教に継承されて展開し、スペインのカルメル会的愛の神秘主義、特に〝十字架のヨハネ〟によってその絶頂に達する途を辿ること」という枠をも大きくはみ出していく。氏は、こうした一方向的線状性や、思想の体系的構築に満足しなかった。あくまでも『神秘哲学』を原点としながら、その後の井筒哲学のダイナミックな発展は、壮大な東西思想の対話（ディア・ロゴス）を通して絶えざる差異化としての生の円環運動を描くのである。

ユダヤのカッバーラー、古代インドのヴェーダンタ、大乗仏教の唯識と華厳哲学、中国の老荘思想、イスラームのスーフィズム、下ってはソシュール、フロイト、ユング、さらに現代のポストモダンの思潮、科学哲学のポパー、ハンソン、クーン、新科学のウィルバー、ボームらまでが、井筒思想との対話者となる。そしてその対話の具体的な場の一つが〈エラノス会議〉であった。

エラノスとはギリシア語で〈饗宴〉もしくは〈会食〉の意。スイスのマッジョーレ湖畔のアスコーナで毎年開かれた東西思想の対話と共観（シノプシス）をめざす会議の名称である。一九三三年の第一回から一九八八年まで五十有余年にわたる歴史をもつ。わが国から鈴木大拙に続いて講師に招かれた井筒氏は、エラノス精神が提示する脱領域的な水平の拡がりとともに、意識と現実の表層・深層の間を往還する垂直な運動形態を見事に具現した。

井筒氏における東西の概念は、常識的な地理的区分をはるかに超えている。「一神教的人格神の中近東＝イスラーム・ユダヤ教の世界を東洋の内側に引き込んで哲学するということ」、そしてこれと正反対の「マーヤー的世界認識」の立場に立つ古代インドのコスモロジーと対比させた上で、それを「東西対話に展開させたい」（「刊行のことば」）という広大な構想。

突如終焉を迎えた〈エラノス会議〉を補うかの如く刊行された今回の『著作集』は、平凡社から刊行中の『エラノス叢書』（全11巻・別巻1巻、編＝エラノス会議、日本語版監修＝井筒俊彦＋上田閑照＋河合隼雄）とともに、二十一世紀の展望をまさぐる全人類にとって大切な導きの糸となることであろう。


（中央公論社刊・六八〇〇円）

（まるやま　けいざぶろう・言語哲学）

（『新潮』第八八号、一九九一年一二月）

# ディオニュソス的人間の肖像

安藤礼二

井筒俊彦は、この世を去る一年と数カ月ほど前から刊行が開始された著作集の第一巻に『神秘哲学』を選び、その巻末に「『著作集』刊行にあたって」と題された小文を付した。そのなかで、『神秘哲学』を「私の無垢なる原点」と記した。つまり『神秘哲学』は、井筒俊彦の思想家としての起源に位置づけられる書物なのだ。井筒思想のアルファでありオメガである。私もまた、井筒が残した著作のなかでただ一冊だけを選ぶとするならば、躊躇なくこの『神秘哲学』を選ぶ。

もちろん今回の全集ではじめて集大成されたように、『神秘哲学』以前に、井筒はアラビア語とアラビア哲学、さらにはロシア文学について珠玉の諸論考および諸著作をものしている。『神秘哲学』は、後に井筒俊彦が歩むさまざまな道に、あらかじめ一つの総合を与えているかのようだ。事実、井筒は『神秘哲学』で発見した「私のギリシア」、特にその伝統の最後に位置するプロティノスによって整えられた新プラトン主義の哲学を読み換えていくことで、イスラーム哲学や東洋哲学に独自の骨格を与えた。イランのイスラーム神秘主義哲学を読み解くにあたっても、「東洋哲学全体に通底する共時論的構造」を示すと井筒が考えた『大乗起信論』を読み解くにあたっても、プロティノスの名前は特権的な参照基準となっている。

だがしかし、『神秘哲学』の段階で、井筒はプロティノスの思想を、イスラームを生む一神教哲学の伝統（ヘブライズム）からも、あるいは『大乗起信論』を生む東洋哲学の伝統（「梵我一如」のヒンドゥーイズム）からも慎重な距離を置いて論じていた。その距離を縮めていくことが、井筒が後半生を費やして成し遂げていく仕事になった。ギリシア哲学の発生と展開を歴史的に跡づけた著作のなかで、プラトンとアリ

初版『神秘哲学』光の書房
1949年

ストテレスという二人の偉大な師弟が提起した二つの対照的な世界認識の方法を一つに総合する思想家として、プロティノスの営為をこれだけの分量で論じることはきわめて「破格」なことである。アリストテレスよりも、あるいはプラトンよりも多くの言葉を使って、井筒はプロティノスの「アリストテレスを越えてプラトンに帰る」道を論じているのだ。

『神秘哲学』第二部の「序文」に、井筒はこう記していた。「神秘主義は、プロティノスの言うように『ただ独りなる神の前に、人間がただ独り』立つことによってはじまる。そして『ただ独りなる神』は人間を無限に超絶するところの遠き神である同時に、人間にとって彼自身の心の奥処《おくが》よりもさらに内密な近き神である。かぎりなく遠く、しかもかぎりなく近い神、怒りの神と愛の神——神的矛盾の秘義を構成するこの両極の間に張り渡された恐るべき緊張の上に、いわゆる人間の神秘主義的実存が成立する」。おそらくこの短い一節に、井筒が『神秘哲学』全体を通して明らかにしようとした思想の真髄が過不足なく表現されている。プロティノスは井筒俊彦の分身なのだ。

しかも井筒は、『神秘哲学』刊行当時から、すでにプロティノス以降の展開も視野に入れていた。『神秘哲学』が二分冊として再刊された際、井筒は「新版前書き」にこう記していたからだ。『神秘哲学』初版には「ギリシアの部」とある。なぜならば……「当時の自分の構想としては、これを第一歩として、次にはギリシアとはまったく異質な旧約聖書にヘブライ的神秘主義の根源を探り、この一神教的思潮がギリシアの新プラトン主義とキリスト教において合流し、ついにカルメル会的神秘主義にまで発展して行く過程を辿って見ようなどと考えていたのである」。

さまざまな外的あるいは内的な要因によって井筒の抱いていたヴィジョンは実現されなかった。本巻に収められた「神秘主義のエロス的形態——聖ベルナール論」は、あり得たかもしれない『神秘哲学』続篇の構想を明らかにしてくれる貴重な論考である。井筒俊彦は、西洋的な「一」ではなく、その「一」すらも産出する東洋的な「無」へと自身が進むべき道を修正してゆく。無から一を通して多へ、あるいは多から一を通して無へ。しかしながら、後に井筒が「私の東洋」として抽出してくるそのような東洋哲学全体を一段上から見渡すようなメタ的な構造もまた、その核心部分は、すでに『神秘哲学』のプロティノス論のなかで華麗な日本語を駆使して論じ尽くされていた。井筒思想の始まりに位置する「私のギリシア」は、井筒思想の終わりに位置する「私の東洋」と一つに重なり合っていたのだ。

『神秘哲学』の独創性は、第二部としてプラトンとアリストテレス「以降」を論じただけでなく、第一部としてプラトンとアリストテレス「以前」を徹底的に論じた点にある。井筒は、哲学発生の源泉に詩と宗教を位置づける。これもまた本巻に収められた重要な論考「詩と宗教的実存——クロオデル論」が主題とするところである。神の原初性を探究することが詩の原初性を探究することと通じ合う。井筒はその起源の場所に、舞踏神ディオニュソスの憑依という「体験」を見出す。哲学は体験から生まれるのだ。人間は、神であり獣であるディオニュソスに憑依され、その象徴である聖獣を貪り喰うことで異神と一体化する。憑依の瞬間、人間の魂は自らの外へと遠く離脱するとともに、空虚となったその内なる場所には自然を構成するあらゆる神的な要素が満ち溢れてくる。「脱自《エクスタシス》」からは密儀宗教が生まれ、「神充《エントゥシアスモス》」からは神即自然である自然哲学が生まれる。やがてそこから静寂に満ちた「一」を重視するパルメニデスと流動的な「全」を重視するヘラクレイトスの思想が生まれ、プラトンとアリストテレスに引き継がれる。

プラトンとアリストテレスの営為を一つに総合し、光の体験を「一即全」の哲学にまで磨き上げたプロティノスの起源には、闇と血にまみれた荒々しい異神ディオニュソスの憑依が存在していた。プロティノスの光とディオニュソスの闇は表裏一体の関係にある。井筒俊彦は明らかに「ディオニュソス的人間」だった。おそらくその点に井筒思想の起源だけでなく未来もまた存在している。

（あんどう　れいじ・文芸評論家）

（『全集』第2巻付録）

# 『イスラーム思想史』の頃

その1・全3編

合庭 惇

もう四〇年ほど前のことになるが、『存在の論理学』研究』で知られた哲学者の松本正夫先生が、「本来ならば井筒君が持参すべきだが、外国生活が長いので私が代わりに届けに来た」と言われて、原稿の束を岩波書店編集部に置いていかれた。その原稿とは、フランスの哲学者アンリ・コルバンの『イスラーム哲学史』の翻訳で、訳者は慶應義塾大学言語文化研究所に当時在籍していた黒田壽郎・柏木英彦の両氏であった(黒田氏は井筒先生の、柏木氏は松本先生の弟子筋にあたる)。この原稿が松本先生の言葉とともに編集会議の机上に載せられたとき、岩波文庫の『コーラン』の訳者である井筒俊彦という人物の存在感が急にリアリティーを帯びて私の脳裡に浮かんだのだった。

というのも、その二年ほど前まで「岩波講座　世界歴史」という大型企画の編集部で中世ヨーロッパやイスラーム世界の部分を担当したことで、ムハンマド(マホメット)によって創始されたイスラーム世界が西はモロッコ、東はインドネシアの辺りまで拡大したことに興味を覚えるとともに、いわゆるイスラーム学に関心をもち、この分野では世界的な権威として慶應義塾大学に井筒俊彦という大学者がいたという話しをいろいろと聞かされていたからだった。この井筒先生は、文科系の学者としては珍しく海外に「頭脳流出」して活躍の場を欧米とイランに移すのみならず、その著作もすべて外国語で発表されて、日本をまったく眼中においていないという噂であった。

当時は、神田神保町の古書店を歩くと、井筒先生の旧著『アラビア思想史——回教神学と回教哲学』『神秘哲学』『アラビア語入門』などが入手可能で、私も興味を引かれるままに購入していた。『アラビア語入門』は購入してみたもののまったく歯が立たず、書架の飾りになってしまったが、哲学・思想関係のものは少しずつ拾い読みをしていた。近年では、イスラーム哲学・思想を専門とする研究者の数も増えたようだが、その頃のイスラーム学は東洋史の一分野のような存在で、歴史研究者が社会思想史の観点から著述することが多かったが、井筒先生の著作はまさに哲学史研究の王道を行くような著作で、古書ながら非常に新鮮な感じを受けていた。

そのような折に、井筒俊彦という名とともに未知の著者ではあるが「イスラーム哲学史」という魅力的なタイトルをもつ著作の翻訳原稿が登場したので、出版計画に乗せるかどうかの検討をまず私にやらせて欲しいと申し出たのだった。結果的にアンリ・コルバン著『イスラーム哲学史』は、その翌年の一九七四年二月に出版されたのであるが、シーア派イスラーム哲学を視軸として預言者哲学の誕生からイベリア半島でのアンダルシア哲学の開花までを見事に叙述した本書の意義を、日本の読者に向けて分かりやすく紹介する必要があると思われた。

そこで訳者の二人と相談の結果、この書物の翻訳を黒田氏に勧められた井筒先生が年末に一時帰国されるので、岩波書店の宣伝誌『図書』に紹介文を執筆してもらうこととなった。井筒先生にお目にかかるのはなかなか難しいということで、原稿の依頼と受け取りは黒田氏に引き受けてもらい、「回教哲学所感――コルバン著「イスラーム哲学史」邦訳出版の機会に」という文章が『図書』一九七四年一月号に掲載されたのだった。

ところで、黒田氏に届けてもらった原稿であるが、「昨年十二月、冬の休暇を利して日本に帰って来た。ここ鎌倉の寓居にあって、窗前の竹簇が冬の陽ざしと戯れ、梅の古木が日一日と蕾をふくらませるさまをじっと眺めていると、ようやく自分が祖国に身をおいていることを自覚する今日この頃である」という書き出しに、私はある意味で肩透かしを食らったような驚きを覚えたのだった。

日本の学界と訣別して長らく海外生活を続けてきた井筒俊彦という存在は、おそらく日本の風土を超越したコスモポリタンのようなメンタリティの持ち主であろうと私は勝手に想像していた。事実、この文章は、「カナダのマック・ギル大学で回教思想、回教哲学を教えるようになってからもう十年以上。それ以来、冬はモントリオールで、春から初夏はテヘランで、そして夏の終りから秋まではヨーロッパで、というのが毎年の生活の殆んど一定したリズムになってしまった。／思えば十余年の間、さながら旅に明け暮れる生活であるが、すでに習は性となり、たまたま自分の居合す場所がどの国であろうとも、机に向う時は殆んどまったく同じ心境である」と続いている。

九七五年一一月に岩波書店から出版の運びとなった。

（『全集』第4巻）

だが、この『図書』に掲載された文章は、かつての『アラビア思想史』に見られたようなややレトリック過剰な傾向が抑制されて、その文体の特徴である体言止めを効果的に使いながら明快に物事の本質に迫っていくような素晴らしい文章であるとともに、先生の軸足が日本と日本の伝統文化にきちんと置かれていることを証言していたのである。実は、当時の私がこのように明示的に思ったかどうかは疑わしいのであるが、とにかく、この文章は長く私の記憶に留まるとともに、その後、井筒先生にお付き合いいただく契機となったのだった。

そして、いよいよ井筒先生と面会できる時がその後しばらくしてやってきた。コルバンの訳者の一人である柏木氏に付き添ってもらって、東京駅近くで待ち合わせたのだが、その時、私の手には『アラビア思想史』のコピーを一頁ずつ原稿用紙に貼り込んだものがあった。会食の途中で、私はそれを示して「これにお手入れ願って『イスラーム思想史』という新版として出版したいのですが」というお願いをした。

その言葉に対して井筒先生は「私も還暦を迎える歳になったので、これからは日本語でも著作をしたいと考えていた」と応えられた。そして、その手始めに『アラビア思想史』の改訂版の原稿を準備することを快く承諾されたのだった。そして『イスラーム思想史――神学・神秘主義・哲学』は、一

その2・全3編

# 『イスラーム思想史』出版後のこと

岩波文庫で『コーラン』全三巻が井筒先生の訳で出版されたのが一九五七年から五八年にかけてなので（六四年に改訳刊行）、七五年一一月に『イスラーム思想史――神学・神秘主義・哲学』が刊行されるまで空白期間が岩波書店にはあった。また、井筒先生の日本語の著書の出版ということでは、一九五三年に弘文堂から出された『ロシア的人間――近代ロシア文学史』以来のことであった。

しかし、『イスラーム思想史』は一九四一年に興亜全書の一冊として刊行された『アラビア思想史――回教神学と回教哲学』の改訂版であるから、新著とは言い難い。確かに、私が用意したのは、古書店で入手した旧著の全頁のコピーを一頁ずつ原稿用紙に貼り込んだもので、当初の思惑は、時代を経て変化したアラビア語等のカタカナ表記などの修正をしていただければ幸いというレベルのものであった。

それをお渡ししてから殆ど一月も経たぬうちに、原稿が出来たので取りに来るように、という連絡をいただいた。北鎌倉のお宅を訪ねると、夥しい数のイスラーム圏の稀覯書が整然と配架されたライブラリーのような応接間で原稿を頂いた。先生の蔵書の量と質に圧倒されながら、その場で原稿を恐る恐る開き始めて私は驚嘆した。

先生の入朱は校正者が機械的に行うような訂正ではなく、全体にわたって細かい訂正が書き込まれ、また新稿を挿入するなどして全面的改稿が試みられたまったくの新著であった。限られた時間内で、このように膨大な加筆が行われたことに驚かされるとともに、噂に聞いていた井筒先生の際立った集中力の凄さに触れる思いがしたのだった。

その噂というのは、先生が数十か国の言語に精通しているということはよく知られていたが、新しい言語を学習するときには、約二週間ベッドから殆ど離れずに時折茶粥を啜りながら過ごされるというものであった。それが果たして事実なのかどうか、後に先生に確かめたことがあるが、実際そういうこともあったようである。その集中力と記憶力は、余人の及ぶものではない。

ところで、先生がマスターされた数十か国の言語というのは、先生ご自身によれば、その言語で記録された古典が自由に読めるということを基準として数えたものであった。ある

1977年秋、テヘランにて。左より、今道友信、井筒俊彦、合庭惇。

時、先生はその言語を東アジアから西方に向けて一つずつ私に示されたことがあったが、今では死語となった歴史的言語を含めたもので、私にはすべてを理解することができなかった。

さて、この記念すべき『イスラーム思想史』であるが、出版当初は極めて限定された分野における学術書というように受けとめられて、読書界の注目をすぐに浴びるというようなことはなかったように記憶する。

だが、出版から三か月ばかりを経て加藤周一氏が「神秘主義または『イスラーム思想史』の事」と題される文章を朝日新聞に寄稿された（一九七六年二月二〇日号、後に『加藤周一著作集』第一五巻、平凡社、一九七九年所収）。それは「碩学井筒俊彦氏の『イスラーム思想史』（岩波書店、一九七五年）は、七世紀から一三世紀にかけて、イスラーム思想の発展を、その代表的な神学者・神秘家・スコラ哲学者の所説を通して、整然と叙述する。平易明快、興味の津々として尽きるところを知らず、私が北国の旅窓にこの本を読み終わったときには、長い冬の夜も白々と明けはじめていた」という調子で書かれた感動的な紹介文であった。

井筒先生の慶應義塾大学在任中は、京都大学で言語学の集中講義をもつなど関西方面の研究者とも交流を図ることもあったようだが、海外に出られてからは、より積極的に欧米の哲学者たちと国際会議などで会っておられたようである。二〇一二年に物故された哲学者の今道友信先生が伝えるところでは、一九六〇年代に開催されていたハワイの東西哲学者会議には、日本から西谷啓治、野田又夫、井筒俊彦、加藤周一、今道友信氏らが招かれ、ヨーロッパからはペレルマン、ファン・ブレダ、ハーバマス、コプルストン、コージック、そしてアメリカからはマッキーオン、ロロ・メイ、ポパーらが参加していたという。恐らく加藤周一氏は、このような交流の場で井筒先生が展開しつつあった思索の核心に触れていたのであろう。

加藤氏の文章は次のような言葉で締め括られている。「スーフィズム〔イスラーム神秘主義〕と仏教的悟りとの構造の類似は、特定の宗教および文化を超えた神秘主義の普遍的な性質を示唆するだろう〔……〕。人間と絶対者との交わりにも、かくして、語彙の多様性と文法的構造の統一性がみとめられる、ということになる。私はそのことに強い興味を覚える。〔……〕」

哲学者としての井筒先生は、イスラーム学者と規定されることを好まれなかった。ある時、「私の専門は哲学的意味論(philosophical semantics)である」と明言されたことがあるが、加藤氏の言葉はまさに井筒先生の研究と思索の核心を射抜いていたのみならず、その後の執筆活動の展開をも予測していたといえる。加藤氏の紹介文は、ある意味で評価を保留していた人々の関心を呼びおこしたことは間違いない。まずは私の周辺の編集者たち、そして岩波書店の著者たちが井筒先生という存在に改めて興味をもちはじめたのだった。まさに編集者にとって好機到来ともいえる状況にあって、井筒先生にさらに次の企画をお願いしたところ、思いがけない言葉が返ってきた。

日常的に海外を移動する生活を過ごされている先生にとっては当たり前のことだったのかも知れないが、なんと先生からの指示は、もし自分の仕事に興味があるならば、まもなくロンドンで開催されるWorld of Islam Festivalで記念講演をするので聞きに来るようにということであった。

井筒先生の海外での講演が聴講できることに期待感が膨らんだが、取材のために海外出張を申請できるような職場環境はまったくない。しかし、講演の期日がちょうど五月の連休に重なっていたので、長めの休暇をうまく取ることができてロンドンに向かったのだった。

(『全集』第5巻)

その3・全3編

# テヘランから鎌倉へ

一九七六年の四月から八月にかけてロンドンで開催されたWorld of Islam Festivalは、イスラーム圏を構成しているすべての国が協力した恐らく最初のイベントで、大英博物館を中心にロンドンのあらゆる文化施設を会場とした大規模なものであった。その財政的基盤にはサウディアラビアを筆頭とするオイルマネーがあったことは否めないが、今日のような中東情勢においては、組織どころか発想することさえできないような充実したフェスティバルであった。企画展も豊富に開催され、その図録類も質の良いものが出版されていた。

このフェスティバルは約四か月にわたって開催されていたので、何人もの招待講演者が登壇したとのことだが、私が聴講した井筒先生のレクチャーは夜にもかかわらず広い会場が聴衆で溢れかえっていた。そのタイトルは“Mutual Interpenetration of All Things”というもので、英語の講演を聞き慣れない私にとっては非常に難解なものであった。この講演は一九八五年になって『思想』七・九号に「事事無礙・理理無礙」という新稿として掲載された（後に『コスモスとアンチコスモス——東洋哲学のために』一九八九年に収録）ので、全体を正確に理解することは可能となった。しかし、当時の講演から断片的に得ることができたのは、井筒先生の思索が目ざしているのはイスラーム学を超えた新しい思想世界ではないかという程度の感触であった。

翌一九七七年秋には、イランで「東西文明の真の対話は可能か？」という国際会議が開催されたのを機会に、テヘランに井筒先生をお訪ねすることができた。パーレビ国王統治下のイランでは、知識人や上層階級の人々を中心に西欧風の近代化が進められており、古来より東西交流の十字路であったイランの存在を国際社会において格上げしようという動きがあった。

この国際会議開催の背景にもそのような意図を窺うことができるが、会議の中心人物が『イスラーム哲学史』の著者であるアンリ・コルバン先生と井筒先生ということで、パーレビ国王周辺の政治意図とは無縁な哲学者の国際会議となっていた。この会議ではアンリ・コルバン先生に直接お目にかかることができたばかりか、基調講演「ニヒリズム・否定神学・ペルソナリズム——東西文明の真の対話を求めて」の原稿とともに日本での発表許可をいただくことができた。このフランス語原稿の翻訳には人手と時間を要したが、最終的には、会議にも出席されていた今道友信先生の手によって完成されて『思想』一九七九年六号に掲載された（井筒先生の講演「対話と非対話」は『思想』一九七九年一号所収）。

一九七八年も会議が開催されると聞いていたが、事態が急変した。一つはアンリ・コルバン先生の急逝。そしてパーレビ王朝の終焉。パリ郊外に政治亡命していたイスラーム教最高指導者ホメイニ師の指示によるイラン革命が勃発し、パーレビ国王は一九七九年一月に自ら操縦する専用機でイランを脱出してエジプトに逃れた。それとともに多くの進歩派知識人たちが亡命。コルバン先生や井筒先生が拠点としていたイラン王立哲学アカデミーも崩壊した。

イラン革命ではテヘラン市内でも銃撃戦があり、井筒先生も銃弾飛び交う中での生活を余儀なくされたようである。買い込んだ食糧を冷蔵庫にぎっしりと詰め込んで戦時生活に耐えていたとは帰国後のお話しであるが、まだ平穏であった頃にテヘランのお宅を訪ねたことがある。先生の机上には書道の半紙が積み上げられており、細筆と硯が置かれてなにか書きかけの様子であった。先生によれば書道禅というものを実践されていて、それは書を書きながら呼吸を整える修行のようであった。仏教には、ヨーガの行法に由来する数息観という観法があるが、その流れを汲むものなのであろう。革命の動乱にあっても、恐らく先生は静かに書道禅の修行に心身を没入しておられたに違いない。

もう一つ印象に残ったのは、やはり机上にあった公田連太郎『易経講話』全五巻。当時の私は、先生の東洋哲学研究が易経にまで及んでいるとは想像もできなかった。後の『意識と本質』には「易経マンダラ」という考え方が顔を見せるが、この易経の宇宙観はその思索の支柱の一つであったように思う。

テヘランから日本政府の救援機で帰国されてからは、年間を通じて海外を移動されていた生活は終わり、先生の拠点は鎌倉に戻った。海外へは、毎年夏から秋にかけてスイスはアスコナのエラノスとパリのＩＩＰ（国際哲学研究所）に出かけられる程度となったと記憶する。日本で過ごされる時間が増えるとともに、日本語での原稿執筆と講演の機会も多くなった。帰国された一九七九年の五月には、岩波市民講座で「イスラーム哲学の原点」という講演を二回にわたって行われ、その記録が『思想』の同年八号と一〇号に掲載され、翌八〇年五月には他の講演とともに岩波新書『イスラーム哲学の原像』として出版された。また、八〇年からは『思想』誌上で「意識と本質」という記念碑的作品の掲載が始まっている。

それからの井筒先生の大活躍については詳述しないが、一九八八年から刊行された「岩波講座　東洋思想」の編集では、東洋思想研究の分野における代表的な学者を編集委員に招いて全一六巻の企画にまとめ上げるなど、その思索の成果はさまざまな出版物を通じて現代日本の知識社会に遺産として残された。

『意識と本質』（岩波書店、一九八三年）の「後記」は「ここ十年ばかり、しきりに東洋思想とか東洋哲学とかいうことを考えるようになった」という文章で始められている。確かにイスラーム思想とかイスラーム哲学の分野から学界に登場された井筒先生であるが、段々と研究領域がイスラーム世界から拡がっていって、いわゆるオリエントも含む東洋全体にまで及んだと考えるのが自然だろう。

しかし、加藤周一氏が「語彙の多様性と文法的構造の統一性」の分析を通じて井筒先生の思索が展開していることを鋭く見抜いたように、記述の対象は確かに東洋の伝統的思惟にありながらも、その思索の本質は地域を超えた「言語と意識の起源」の究明にあった。先生の「精神的東洋」という術語にある「東洋」とは、決して地域が限定されたものではなく、人間の深層意識あるいは言語野に潜む人間文化の始原的胚であり、この始原から私たちの表層意識あるいは制度的言語へと分節されていく機構の哲学的解明こそが井筒哲学の本質なのではないだろうか。

（『全集』第6巻）

（あいば　あつし・元編集者・国際日本文化研究センター名誉教授）

# Ⅲ——追悼

石門心學史の研究
源氏物語大成
日本文學史
國文學研究
八代集
海上花列伝
官場現形記 上
官場現形記 下
戯曲集 上
戯曲集 下

扉写真
書斎にて
撮影　渋川豊子

# アラベスク――井筒俊彦氏を悼む

司馬遼太郎

このとしの正月は、陳舜臣氏とともに台湾を旅した。台北から南下する途中、農家、工場、小さな商店、看板などを見つつ、くりかえし井筒さんのことを考えていた。たとえば半農半商の家に、

「菓子狸」

という手書きの看板が出ていた。同種のものを何度も見た。井筒さんならこのへんな三文字をどう思うだろうと考えた。むろん、井筒さんは思想材としてとらえる。なにしろ古今東西の万巻の古典をそれぞれの言語で読み、それをつきあわせつつ、個人や集団がもっている無意識下の深層に入り、その混沌の本質をつかまえ、体系化した。

井筒さんの方法として、最初に言語への理解がある。この場合、菓子はケーキではなく、果物《くだもの》のことである。狸はタヌキではない。

台湾ではムササビをさす。ムササビは古い漢語では鼯鼠《ごそ》(『荀子』に用例)だが、台湾の俗語では狸《り》である。つまり、この道中でのこれらの看板は、「果物ばかりを食べさせているムササビあります」という意味になる。

台湾人は料理の天才だから、きっと特別な料理法があって、珍味に仕立てあげるのにちがいない。しかしそんなものまで食ってみようというのは、①民族がもつ才能なのか、②歴史的に起因があってそれを食ってみたということなのか、あるいは③「菓子狸」という言語からなにかその背景の思想を探って深層にいたることができるのか。

①は文化人類学で、②は歴史学である。③こそ井筒さんの分野にちがいない。

「私は、そのことをあんまり考えたことがありません」

というのが、井筒さんの重要な口癖らしい。私は、井筒さんの温容をおもいうかべつつ、「菓子狸」の③について考えてみた。が、私のバスは、山寄りの村の家々の軒をこするようにしてすぎてゆく。ゆられている退屈しのぎに、イメージのなかの井筒さんと遊んでいる。「私はあまり考えたことがありません」と、低目の、絹糸のような手ざわりの声でいわれるのを聞いたような気がした。「菓子狸」はどう焼いても煮ても、民族の深層に達するような課題ではない。

このような文章を書くはめになったのは、私が井筒さんと会った最後の人間になってしまったからである。

『中央公論』で対談したのは、去年（一九九二）の晩秋であった。ちょうど、日本の政界は「佐川急便」と政治家の癒着ということでゆれていて、政界再編という動きまで出、しかし空《から》さわぎに似た無力な印象もあって、連日の報道にもかかわらず、世間の心は冷えていた。

しかし井筒さんは、そのような今日的話題から超然とされていて、ひとこともふれられず、できあがった誌面をみると、その十九頁だけが、古代インドの菩提樹の下のようにしずかで、井筒さんのまわりにのみ、虚空《こくう》がほのかな光の輪になっているようだった。

むろん、井筒さんが今日的な課題から耳をふさいでいたのではなく、又聞きしたところでは、奥様の豊子さんに、

「いま騒がれている日本の政界の現象でも、たんねんに見つめると、日本の思想が出ていて、なるべくしてそうなっているはずなんだよ」

といわれていたそうである。話頭が左右するが、井筒さんは日本語が好きで、もし時間さえあれば、「古今」「新古今」から思想的構造をとりだして、意味論的研究をしてみたい、とおっしゃっていた。

事があかるみに出たときの政界人の生態、片言隻句、慣用句、論理、修辞をこまかく見てゆくと、日本思想としての全体像が出てくるということらしい。むろん日本文化は、聖書やコーランのように文字に書かれた古い思想文明をもたない。そういう社会でも、言動をひろってゆけば思想のわくのなかにあり、体系化しようとおもえばできるというのである。だから――飛躍するが――「菓子狸」についてもなんとか井筒さんの思想材にならないかと、バスによる道中に退屈しのぎにおもったのである。

妄想のあげくに、高雄のホテルについた。

ホテルの玄関に、中央公論の山形真功氏が立っていたのに、おどろかされた。

「井筒俊彦先生が、おなくなりになりました」

かたわらにいた陳舜臣氏の表情が、ゆがんで白くなった。陳さんも私も、前後左右の年齢の人の訃報にはおどろかないとしになっていながら、このときばかりは、自分をうしなった。

脳出血で、付近の病院に運ばれたものの、急逝というべきだった。とし、七十八。故人の遺志で、葬儀・告別式はおこないません、と山形氏は言い、さらに、「奥様はしっかりしていらっしゃいます」といった。

そうだろう、と即座におもった。

豊子夫人は井筒さんとは十二とし下で、大正十五年（一九二六）大阪うまれである。

津田塾を経て東大仏文科を昭和二十七年（一九五二）に出た。この卒業のとしに、三十九歳の井筒俊彦氏（当時慶応義塾大学文学部助教授）と結婚された。

井筒さんの思想的影響をもっともふかくうけられたのが豊子夫人だったはずだから、「しっかりしていらっしゃいます」という山形氏の表現に、夫人のたたずまいまでが想像できた。

井筒さんの思索には、軸がある。古代インド哲学における最高価値である「空《くう》」（あるいは「無《む》」）である。が、その軸が、場合によってセム的な人格を帯びたヤハウェやアッラーにかわることがある。

両者を往来する方法としてギリシャ哲学を、いわば道具として用いられた。道具が軸になって、ギリシャのソクラテス以前の自然神秘主義を、〝宇宙音声〟に似たようなすばらしい表現で体系づけられた。

ついには東西の思想が暗喩、もしくは明示した深層のなかに入りこみ、〝通《つう》人類的〟な深層を確認し、そこに普遍的な体系を構築された。そういう人の死を、豊子夫人は思想的表現とみてたじろぐことがなかったというのは、目にみえるようである。むろん、悲しみとはべつなことだが。

山形氏は私に、最後に会った人間として、誄詞《るいし》こそしかるべきであるとすすめたので、分にあらずして書くことにした。

表題を「アラベスク」としたのは、豊子夫人が三十代のころ、いくつかの好短編を発表されたうちの一作品の題を借りることにしたのである。

ついでながら、当時、夫人は井筒真穂《まほ》という筆名で、昭和三十四年（一九五九）『白磁盒子《ごうし》』（小壺天書房）という短編集を出され、その翌年、雑誌『新潮』に「アラベスク」という短編小説をかかげられた。

アラベスクという普通名詞は、いうまでもなくイスラム風の流麗な唐草模様や幾何学的模様をさす。

ただし、その概念の範囲は、こんにちのモスクの壁面表現だけでなく、ローマ遺跡から発見されたヘレニズム期や古代ローマの洞窟《グロッタ》の壁面模様までふくまれており、まさに井筒的である。

井筒さんは、東西の古典的神秘思想をあつかいつつも、その思想はつねに明晰である。また言語を信じ、すべてを端正な日本語によって完璧に表現されてきた。井筒真穂の「アラベスク」はべつの主題による作品ながら、井筒俊彦という稀代の哲学者の博捜と構築と表現を考えるとき、その鮮明さと流麗さ、さらには高度の形而上性とリズム感が、アラベスクということばにふさわしいようにおもえる。

井筒さんには、昭和五十八年（一九八三）、「朝日賞」を受賞されたとき、私もそれをもらったので、受賞式のときはじめてお目にかかった。和服姿のお写真を記憶していたから、式場での洋服姿が、印象にのこっている。それから九年後に、雑誌『中央公論』の対談でおめにかかった。

大病された予後というのに、やや白髪が加わった程度で、もし画家が線描するとすれば、中学生の顔になってしまいかねないほどに初々しかった。

和服を着ておられた。結城紬《ゆうきつむぎ》で、こげ茶の地に金茶色の蚊飛白《かがすり》が入っていた。帯は角帯ではなく、予後の身動きを楽にするためかシボリの黒い兵児《へこ》帯だった。足もとは草履ではなく、動作がややご不自由なのか靴に似た突っかけを用い、いざ穿こうとされたとき、足もとがすこしおぼつかない気配なのが痛ましかった。

語学の話を、すこしうかがった。

私は、少年のころのこの人についての伝説を仄聞していた。青山学院中学部ではじめて英語を習われたとき、複数を深刻に考えすぎて先生から注意を受けた。それが語学への関心のはじまりになったという。ただし、対談では右の逸話の真偽をたずねなかった。

ついでながら、井筒さんの「対談集」に語学についての話題が出ている。正確にはおぼえていないが、古代に文明（思想文明）を興した言語（たとえば、サンスクリット、ヘブライ語、古典ギリシャ語、古典アラビア語など）などは、みなつよい抵抗があっておもしろい、そういうことからいえば英、仏、独語は容易すぎておもしろくない、ということであった。井筒伝説によればフランス語を数ヵ月でマスターし、フランス人とかわらない発音ができたという。雑談のとき、聴覚がよかっただけです。聴いた音をすぐ口にすることができましたが、義歯になってからは自信がありません、ともいわれた。

以下は、対談でのご発言である。

井筒　若い頃の私には、身のほどを知らぬ大口を叩く悪癖がありまして、「平凡な」、つまりほとんど抵抗のない、英独仏のような近代ヨーロッパ語などは外国語とはどうしても思えないなんて言い散らしていたものでした。要するに言語的にはあんまり簡単すぎるというわけです。（笑）

この（笑）は、私が発した笑いである。私は外国語を専門に教える学校を出たくせに、耳が特別にわるく、習ったことばは音声として聴きとれず、正確に発音することができなかった。文法についても、ロシア語を二年も習いながら、ついに身につかず、このため、「あんまり簡単すぎて」という井筒さんのことばに、わが身をかえりみて大笑いしたのである。

井筒　だから、それを難しいなんていう人の気持ちがわからない。もっとも、そんな頃でも、近代語のうちではロシア語の場合には少し抵抗がありましたけれど……。

古典語に感ずる抵抗というものについて、きいてみた。

井筒　それはすばらしく魅力あるものでした。挑戦的というか、難しければ難しいほど、おもしろい。だけども、前にも申しましたようにアラビア語（注・古典アラビア語）だけはあんまり難しくて、ちょっとまいりましたね。語彙がおそろしく豊富で、しかも一々の語が驚くほど多義的かつ流動的。その上、文法を学ぶことは易しいけれども、実際にテクストが読めないんですよ。アラビア語は書いてないことを読まなきゃならないんです。表面に出てくる言葉が少し簡略になっているというか、書いてないことを自由に読めなきゃならない。

井筒さんにとって、生涯衰えることのなかった好奇心は、人はなぜ言葉をつかうか、ということであったろう。

さらには、言葉とはなにか、世界の言語はなぜ多様なのか、言語が思想をうむのか、もしくは思想が言語をうむのか、また言語と文明はどのようにかかわるのか、ということに発展したはずである。

言語は、いうまでもなく、いちいち意味をもっている。

言語は、意味でもある。意味論は、井筒さんの大学での専攻学問だった言語学の一部門でもある。言語学は音声学や音韻論という、物理的要素の濃い分野をふくむが、意味論となると、哲学そのものになる。音声学や音韻論は、耳がよくて論理の把握力にも超人的だった井筒さんにとって乳児食のようなものだったかとおもえるが、意味論にいたっては、井筒さんにとって、別の場所での井筒さんの表現を借りれば、〝蠱惑《こわく》に充ちた〟世界だったらしい。

言語学から、ナマの古代言語をたずさえつつ、哲学の分野に足を踏み入れられたのは、当然といっていい。

井筒さんの好奇心は、ふみわけてゆくうちに、文明というひろい世界に出た。さきにふれたように、この場合の文明は、思想文明ということである。思想とは断片が矛盾しつつこまぎれとして混在するものではなく、混然たるものを、ときに力ずくでも論理化した秩序的な世界であることはいうまでもない。

当然ながら、その世界は言語によって表現される。言語が思想を生むのか思想が言語を再生産するのか、井筒さんはときに身ぶるいしながら、その世界に居つづけられたにちがいない。

いうまでもないが、井筒さんは、近代哲学の諸派についても、比類ない学匠だった。

『AERA』一月十九日号に、編集部の砂山清氏が、井筒さんの追悼文を書いている。

三十数ヵ国語ができるといわれていた。十年前に氏に朝日賞が贈られた機会に、「本当ですか」とだずねてみたことがある。

「いや、ほとんど忘れましたよ。いま使えるのは、英、仏、伊、西《スペイン》、露、ギリシャ、ラテン、サンスクリット、パーリ、中国、アラビア、ペルシャ、トルコ、シリア、ヘブライ語ぐらいなものです」

とケロッと言われたのに、ただ驚嘆するだけだった。

「人に会わないことで有名だった」と砂山氏が書いているが、そのことは、この文字どおり世界的碩学の名が、編集者用の手帳の人名欄にのっていないことでもわかる。かろうじて、この人の訳の『コーラン』を文庫版で出している岩波の手帳にのっているが、電話番号の記載はない。

おそらく、人になんぞ会っているいとまが惜しいほどに学問がおもしろかったから、門をほとんどとざしておられたのにちがいない。

およそ学問を出世のてだてにするという功利性がなく、ひたすらに学問が好きだったということで生涯をつらぬかれた。権柄《けんぺい》なところは、みじんもなかった。

戦後の日本で〝頭脳流出〟という現象がはやったが、ほとんど理科系の学者の場合だった。

哲学者で〝流出〟したのは、井筒さんが最初だったろう。ヨーロッパの多くの名門大学で講義をし、最後にはイスラム神学の本場であるイランの王立哲学アカデミー教授としてまねかれ、その責任者になった。ホメイニ革命のとき、あやうく脱出された。

『井筒俊彦著作集』全十一巻・別巻一巻が、中央公論社から刊行されつづけている。その担当者のひとりが小林久子氏で、私は井筒さんと対談する前、このひとからあらかじめお人柄やご近況についてきいておいた。

「下品なということがかけらもない方です。上品という以外、申しあげようがありません」

お会いしてみると、まことにそのとおりで、生涯、功利性をもたず、人類が生んだ幾多の叡知《えいち》を探索し、人間とはなにかということを、言葉以前の深層において把握し、それを体系づけることのみに熱中なさっていれば――さらにその体系をもっとも上質な近代日本語で表現しつづけておられれば――このような透きとおり方になるのかとあきれるようなおもいで、その温容を見た。

私にとってすばらしい体験だったのは、対談がおわっても井筒さんから受けたリズムが体のなかで鳴ることをやめなかったことである。年を越してもなお消えなかった。さらには正月早々、台北から高雄までのマイクロバスのなかでふと鳴りはじめ、その果てに、訃《ふ》をきいた。

人間は普遍的存在である。解剖学的にも均質で、生物学的にも、スギやカシノキやアザラシ、ゾウなどにくらべ、地球の温・熱・寒いずれの地にも住むことができる。こういう生物を、生物学の用語でコスモポリタンというそうである。

ただ、民族というものがある。これは生物学的なものではない。

文化的なものである。

民族とは、同一文化を共有する集団のことで、井筒さんが探究されていた古代の大思想時代は、ギリシャにも中近東にも中国にも諸民族が存在しはしたものの、しかしその時代は、彼我の差を強烈に意識するよりも、普遍的思想に参加したいという欲求のほうがつよかったようにもおもえる。ヨーロッパにおける初期キリスト教、中国とその周辺における儒教の讃仰のされ方をおもえばいい。

民族が、政治の激越な課題になるのは、十九世紀になってからではないか。たまたま井筒さんに会うことになったその時期、インドシナ半島ではカンボジアの問題、バルカン半島ではセルビアなどで、殺戮をともなう民族間紛争がおこっていた。

だから、民族というこの荷厄介な観念もしくは感情とはなにかを問いたいとおもった。

なにぶん、私は作家なのである。人間の課題について、概念や抽象操作で考えるよりも、形而下的に感じるほうがいい。ときに人間を抽象化したり、歴史を記号化する衝動をおこしたくなるが、そのつどおさえねばならない。

民族も、一面、一個の概念ながら、文化という、暮らしや思考法のちがいを現実面でみると——たとえば異文化間の婚姻などの場合——十分、小説の対象になりうる。げんにそういう作品を読むとき、人間という厄介なものがひどく明快にみえてきて、快感さえ感ずる。むろん、危険な快感にはちがいないが。

ともかくも、私は、民族とはなんでしょう、あげく、世界はどうなるのでしょう、ということを、井筒さんにたずねようとおもっていた。

なにぶん、訊ねる相手が、インドやイスラムをふくむ東西の哲学の全き理解者（おそらく世界の人文科学史上、唯一で最初のひとだろう）である。この巨人と、私がやっとかかわりうる小さな接点であるかとおもえた。

対談のなかばをすぎて、おそるおそるこの課題を持ちだしてみた。

むろん、そのことを持ちだすために、くどくどと前提をのべた。十九世紀におこった民族自決の欲求や、国家の成立、または、他民族を戦場で殺戮しても罪を感じないというふしぎな意識のこと、さらにはユングにおける悪魔のこと。ユングは『旧約聖書』の唯一神は同様に悪魔でもあったと考えたこと、ユングによれば悪魔はむしろ顕在させて語られるべきであったということ、またドイツのプロテスタンティズムが悪魔を語らなくなったこと、そのためゲルマン世界では悪魔はひとびとの意識下に隠れてしまったこと、意識下にひそんだ悪魔は（ドイツの場合が想定されている）かえって間歇的に躍り出ておそろしい破壊をもたらすこと、それがユングによれば、カイゼルのドイツやヒトラーのドイツにおける第一次、第二次大戦であったこと、などである。

当然ながら、井筒さんは、無意識という構造において、ユングに関心をもっておられた。

が、民族という課題となると、

民族の場合には、司馬さんが考えられておられるようなことを、私はあんまり考えてなかったんですけど、……

と、あっさり——たとえば薬屋さんが、足袋《たび》を買いにきた客に、そういう類いは置いていないとことわるように——あかるくことわられた。あかるいといえば、この場合だけでなく、終始、井筒さんはあかるかった。思考の明晰さだけがもつあかるさといってよかった。

ただ、人間の課題を、発声言語という表層から、個々の、あるいは集団の意識の底の底の、これ以下に底はないという〝無底の底〟（インド哲学でいう阿頼耶識《あらやしき》）の、光も射さない（あるいは光が消えはてる瞬間か、光が射しそめる寸前）のどろどろした普遍にまで降りて行って人間とその集団を考える井筒哲学にあっては、こういう場合の答えは、私が問う前に出てしまっている。井筒さんは、つづけていわれる。

……国際的な一元的な世界ができるには、そのなかに様々の要素が入ってこなければならない。様々の要素は、民族の場合には文化パターンというか、文化パラダイム（注・範例）で成立しているので、それが衝突するのはあたりまえで……

と、実験物理学者のように冷静なのである。

……衝突を越えてこそ、初めて本当の国際社会というものができるんじゃないか。そこにいたる過渡期として、いま非常な危機を経ている。私は、危機を経てもいいんじゃないかと思うんです。

危機を経てもいいんじゃないかというのは、単に語法としての婉曲さで、むしろ危機を経る、危機を経るべく人間はつくられている、とおそろしいことを言いきっておられるようでもある。

古典アラビア語ではないが、言外にこの意味をよみとらねばならない。井筒さんは光明ということをいっておられるようなのである。いまは闇である。しかし前途に光明がある。一点、かすかにみえる光明を見つめてゆくことによって「本当の国際社会」ができるのではないか、という希望的なお答えのようでもあるらしかった。

井筒さんの学問のしかたは、すべての思想的古典を、その国のその時代の言語で読むということである。

たとえば『コーラン』を読むために、コーランが成立した時代のことばで読もうとし、当初は摸索した。

二十代の、慶應の大学院生時代のことだったかとおもえる。アラビア語を、独学で始めた。当時、現代アラビア語でさえ日本でやっている人がなかった。

対談のなかで、当時のことを伺うと、大学のまわりのひとたちから、「おまえ、そんなことをしていたら学者になれないぞ」といわれたらしい。この場合の学者という定義は大学で禄を食《は》み、そのことによって研究を継続するひとのことをさすようである。

話頭を変えるようだが、昭和ヒトケタから同十年代の初期というのは、慶應の文学部のもっとも魅力的な時期だったかといえそうである。入学試験に身をやつすほどにむずかしくはなく、かといって卒業したところで十分に就職があるわけでもなかった。学問が好きな者は――恒産があればのことだが――好きというただ一種類の動機だけでやっていればよかった。

井筒さんは、恒産のある家に生まれられたときいている。父君についての知識が私にはないが、井筒さんの五歳のときから自宅の茶室で座禅をさせ、禅学を説くひとだったときいている。井筒さんの、仏教語でいう「自由」な精神のもとは、この生家のふんいきと禅学にあったといえるかもしれない。

年少の井筒さんは、右でいう「自由」の子として存在した。やがて古典アラビア語を話すタタールが上野の不忍池のほとりに住んでいることを知り、紹介する人があって、そこへ通うようになる。そこへ通うために、本郷の大学の構内を横切ってゆく。じつにたのしかったという。

ついでながら、タタールというのは韃靼人のことである。この民族名の範囲はふつう漠然とつかわれるが、本来は、古代匈奴《きょうど》の時代から十二、三世紀のチンギス・ハーン時代までのあいだ、モンゴル人の仲間として隣接していたトルコ系遊牧民のことである。

モンゴル征服王朝が現在のロシアを領有したとき、タタール部はヴォルガ川の中流の草原で遊牧していた。ロシアがロマノフ家の帝政時代に入るころには混血して外貌はロシア人とわからなくなっていた。

ロシアの帝政がほろんでソ連になるころ、多くのタタールが世界に流浪した。日本で〝ラシャ売りの白系露人〟といわれたひとたちのほとんどはロシア人でなく、タタールだった。

タタールはいつのほどかイスラム化した。しかもかれらのなかから多くのイスラム学者が出た。

不忍池の池畔に寓居していた老人もそういう知識人のひとりで、汎《パン》イスラムの運動家だった。魁偉な容貌をもち、私は百歳です、と自称していたが、井筒さんのみたところ、五つほど多くサバをよんでいたらしい。

やがてその人は、教えるべきことはすべて教えた、と言い、そのころ日本にやってきた第二のタタールを紹介した。百歳翁のいうところでは、新来のタタールは大学者だという。

井筒青年は、その大学者を代々木の一戸建ちの借家に訪ねた。あたらしいタタールはほとんど無一文にちかかった。

その借家に住みながら、一軒まるごと借りるだけの家賃をもっていなかった。家主がいいひとで、それでは一部屋ぶん貸そう、というと、その部屋代も出す能力がなかった。やむなく家主は押し入れの上段だけを貸した。このためそのイスラム学者は、一日じゅう上段で寝ていた。

庭へまわった井筒さんが、どこからともなくきこえてくるそのタタールの古典アラビア語に導かれてその部屋に入ると、押し入れのフスマがひらき、上段から大きな男が這いだしてきた、という。

このタタールから、八世紀の本で、アラビア文法学の聖書といわれる『シーバワイヒの書』をおそわった。といって井筒さんがその本を持っていたわけではなく、またタタールもそれをもっていなかった。この異能の流浪の大学者は、千ページほどの大部な古典を、一字一句暗誦していたのである。

その「注釈本」まで暗記していて、さらに自分の意見まで持っていた。ムーサー・ジャールッラーハというそのタタールは、宙《ちゅう》で、つまり書き取り《ディクテーション》で井筒さんにおしえた。私は話の腰を折って、時代をきいた。井筒さんにとって、現代の年代などどうでもよかった。「日中戦争がはじまっていましたか」とうかがうと、「はじまっていました」ということだったから、昭和十三、四年のころらしい。

高雄《たかお》は、ふるくは打狗《タアカオ》、犬を打つ、というぶっそうな地名だった。

日本の植民地時代、日本語の訓《くん》よみでもって、高雄という漢字をあてた。

いまは高雄のまま、カオシュンという中国音で発音されるようになっている。日本の札幌に似た大ぶりな街衢をもつ大都市である。

新築の一流ホテルのロビィというのは、無国籍である。ロビィに立っているかぎり、ここが東京だといわれればそうかとおもい、ニューヨークだと思えば、そうともおもえる。

そのような一隅で、山形真功氏の話をききつつ、虚空にもどった巨大な通人類《つうじんるい》人のことを、茫々とおもった。

(『中央公論』一九九三年三月号より転載)

(しば　りょうたろう・作家)

(『井筒俊彦著作集』第2巻特別付録、
中央公論社、一九九三年四月)

# 追悼　井筒俊彦先生

丸山圭三郎

ではないかとひそかに恐れていただけに、まさかという思いだった。一昨年の夏とその前年の二度にわたる危機を、不死鳥の如く乗りきられた先生だからである。今年も年賀状を頂いた。暮れにはヨーロッパに行っていた私の健康を案じて下さったとも人伝てに聞いたばかりだ。月並な追悼文を書く気にはなれない。先生との、個人的な出会いの思い出から始めてみよう。

一九七九年ホメイニ革命を機に帰国されたこの世界的碩学の謦咳に接したのは、第一回岩波市民セミナー「コーランを読む」の最終講義の折であった。当時の編集部長・竹田行之氏と『思想』の合庭惇氏に紹介されて、銀座の寿司屋にお供した。井筒先生は、駆け出しの弱輩が第二回セミナー「ソシュールを読む」を担当することを御存知で、「今夜は敵状視察ですね」と微笑まれたことを覚えている。

鎌倉の御自宅にも何度かお邪魔した。分厚い皮の背表紙の原書に囲まれた書斎は仄暗く、森林、深海の中に身をおく心地である。夕食のテーブルでは、客一人一人の盆に盛った新鮮な魚介類と、お銚子が一本そえられていた。腕にゆったりと巻かれた金の輪、巨大なブライヤーの塊で出来たパイプ、紫煙をくゆらせながら豊子夫人を交えての談論風発……あの老賢者さながらの笑顔とお声がつい昨日のように思い出される。

毎回多岐にわたるお話であったが、いつかその焦点は存在喚起力としてのコトバにしぼられていった。一昨年十月に刊行を開始した『著作集』（中央公論社）は、東西思想の対話を通して前人未踏の世界を拓く思索の結晶であるが、その無限とも思われる多層的時空を渉猟する井筒哲学の底に、一貫して鳴り響く主旋律こそが、人間存在の根底たるコトバなのである。もちろんこのコトバとは、既成の事物や観念のレッテルに堕したコミュニケーション言語のことではなく、存在そのものを生み出す源としての意味分節化能力とその諸活動をさす。井筒先生が、万人の深層意識にひそむコトバ＝イマージュ生成の場を、唯識論の第八階梯と同定して〈言語アラヤ識〉と名づけられたことはよく知られていよう。

井筒思想は、古典ギリシアや聖書以来の言語名称リスト観を根底からくつがえす。コトバは物の名ではなく、コトバが物のカテゴリーを生み出す。西欧の言語学者たちは、すでに分節済み・登録済みの社会的コードしか研究の対象としなかった。しかし「意識の表層と深層とに同時に関わるコトバの意味分節作用は、知覚の末端的事物認知機能のなかにまで本質的に組みこまれて」いるのだ。

それ故にこそ、私たちは人間の下意識的領域にまで垂直に降りていって、そこに働く意味エネルギー発生の現場を捉え、再びノモスに立戻らねばならない。コスモスの深部は、〈外部〉からの呼びかけが聞こえる戦慄の場、ルドルフ・オットーなら〈ヌミノーゼ的なもの〉とでも呼ぶであろう身の毛もよだつばかりに恐ろしく、しかも抗い難い力で人を魅惑する、個体と世代を超えた意味体験の限りない深みである。この〈言語アラヤ識〉は「人間の心的・身体的行為のすべてのカルマ痕跡を、意味のイマージュと化した〈種子《ビージャ》〉の形で蓄積する下意識的領域」にほかならぬ。

そこはまた、狭義の生（性と食）と死（肉体的機能の停止）を包みこんだ大いなる生《レーベン》の運動の場でもある。深層・古層の言語＝意識においては、エロスとタナトスの境界がない。この二つの過剰は、相互に浸透しあう同一のリアリティなのだ。生と死だけではない。自我と他者が融合し、時空のアルケーとテロスも絶えざる差異化としての円環の一通過点となる。井筒先生の言われる〈事事無礙〉、〈事理無礙〉の世界……このもう一つのリアリティは、いわゆる日常現実以上にリアルであり、表層意識以上に人間を作り、動かし、変える力をもつ。多くの人が体験するデジャ・ヴュやシンクロニシティも、この〈言語アラヤ識〉に由来して起こる。

すべての芸術家・思想家は、その処女作に自らの発展を伏在させていると言う。先生の第一作は『アラビア思想史』とされているが、井筒哲学の原点は、第二次大戦以前、二十五歳の時に慶応義塾大学文学部で行なった講義ノートに見出されるようだ。このノートが『著作集』第一巻『神秘哲学』の第一部「自然神秘主義とギリシア」であり、これを継承した形で戦後に書き下ろしたものが第二部「神秘主義のギリシア哲学的展開」であった。その頃健康を損われた先生が、病床で文字通り血を吐きながら書き綴った作品である。

先生はすでに何度か死を体験されたのではなかったか。換言すれば、「全即一」としての大いなる生命を体験されたのではなかったか。タレスからエンペドクレスに至るソクラテス以前の全ギリシア思想の中心的課題は、物質でもなく、いわゆる森林・河川・山岳といった自然でもない生命体験、そしてあのディオニュソス原体験がもつ〈脱自《エクスタシス》〉と〈神充《エントゥシアスモス》〉の言語化《ロゴス》であった。これは自他の集団的合一感から宇宙的合体感に移行する際に起こる〈一即一切《ヘン・カイ・パーン》〉体験であり、時空意識の停止である「永遠の今・ここ」という超越的体験の言《こと》分けである。

のちの「プラトン的愛」（『饗宴篇』）の肯定性は烈しい否定を内に含み、否定の上に基礎づけられた肯定としての死の実践（『ファイドン』）であった。この考え方とアリストテレスの思想を綜合しつつ止揚したプロティノスは、奇しくもウパニシャッドやヴェーダーンタの〈梵我一如〉との類似を示す。

ギリシアの哲人とインドの哲人、そして二十世紀最大の日本の哲人・井筒俊彦先生の思索の原点に見出される共通の神秘体験とは、〈我〉の意識の無化という否定的契機が絶対肯定となる脱自＝神充であったように思われる。

先生はコトバの話をなさりながら、私たちに人間の〈死＝生〉を語っておられたのだ。（『週刊読書人』一九九三年一月二五日号より転載）

（まるやま　けいざぶろう・言語哲学）

（『井筒俊彦著作集』第2巻付録、
中央公論社、一九九三年四月）

# 井筒俊彦先生を悼む

遠藤周作

井筒俊彦先生が他界なされた。この一、二年、御体調がすぐれず入院なさっていると岩波書店の人から伝え聞いていたが、「中央公論」の一月号に司馬遼太郎さんと先生との対談が掲載されていて、お元気そうに拝見したのでこの突発的なニュースは衝撃だった。そして先生ほどの世界的な学者の死を新聞がなぜこう小さく扱っているのかが非常に不満であった。

先生の偉大な御業績を私ごとき小説家が語るのは不遜であるが、先生の御著作（現在、その全集が進行中であるが）を私はこの数年間、畏敬しつつ、拝読してきた。もちろん、そのあまりに深い内容を理解しえたなどと毛頭、言うつもりはない。岩波書店の好意で対談させて頂いたのは一回、その時は緊張のあまり、対談後、正座した足で立ちあがることができぬほどだった。

私がいつも後悔していることは、三田の塾生時代、文学部に折口信夫、西脇順三郎、そして井筒俊彦の三先生の講義があったにかかわらず、その一つをも聴講しなかったことである。後になってこの三碩学の御著作を読み、臍《ほぞ》を噛んだが、もう遅かった。

もっとも当時の井筒先生は、文学部哲学科で哲学をお教えになっておられるのではなく、ロシヤ文学を担当されていたそうである。

「井筒先生は十ヵ国の言葉がペラペラだそうだ」

という評判は、戦争で校舎の一部も講堂も図書館も失った三田の山をうろつく私ごとき怠惰な塾生も知っていたが、なぜこれほどの大学者を当時の塾がみすみす手放してしまったのか、今もって私には不可解である。

おそらく——戦争直後の風潮が、戦争時代の神がかった思考への反撥から、合理主義、科学主義、マルキシズム的な客観主義を第一として、井筒先生のように意識下や言語の底にある混沌とした領域を語る思考方法を敬遠したからであろう。

塾の哲学科には中世トミズムの研究家であるM先生の講義はあり、学生は西欧基督教に多少の関心はあっても、井筒先生のイスラム神秘主義の話を聴かなかった。トミズムは理性や意識をあくまで重視し、その上で神の存在や被造物との関係を体系づけていたから、古い基督教にとっては無意識の領域などは低次元であり、異端的なものだった。おそらく以上のような理由で三田の哲学科はこの大学者に然るべき場所を与えなかったのは実に残念だ。

先生は私との対談で、自分は青山学院時代、牧師が目をつむって祈ると気持が悪くて吐いたことがあるが、それが起因となって一神教や人格神に興味を持ち、神田の夜学でヘブライ語を学んだことや更に新約よりも旧約聖書に関心が動き、それからユダヤ教、更にユダヤ教と姉妹関係にあるイスラームに知的好奇心を抱くに至ったのだと話してくださった。今度の司馬遼太郎氏との対談でも、この学生時代にアラビヤ語を習得するためイブラーヒームという在日トルコ人の家に通われた話をされている。怖るべき語学的才能をお持ちだったのである。

私がはじめて先生の御著作を拝読したのは「意識と本質」だったが、その時は言いようのない衝撃を受けた。その頃、やっと私も意識下の世界に眼を向け、また一神教と多神教の問題は昔から関心事だったので、自分の探している鍵をそこに見出したような気持だった。以後むさぼるように先生の御著作を次々と拝読したが、無学な私にはあまりに深遠で、その表面をかすめたにすぎない。遠くからこの巨峰のような大学者を仰ぎ見ている読者の一人だったが、この尊敬を現わすため、読売文学賞の銓衡の折、「意識と本質」を強く候補作として奨《お》し、これが委員の同意をえて受賞した時は嬉しくてたまらなかった。

対談の折先生は、自分は一神論に対するものとして東洋の「空」をいつかまとめたい、とおっしゃっておられたが、その後、体調を崩され、このテーマを(あちこちに散見するが)一本として構築されなかったのも残念でならない。

先生と対談させて頂いた時の緊張感と充実感と、そして足のしびれは忘れることができない。我々は世界に誇るべき大学者を失ってしまった。

(了)

(えんどう　しゅうさく・作家)

(『新潮』一九九三年三月号、新潮社)

# 井筒俊彦先生の死を悼む

牧野信也

まだ松飾りも取れない一月七日午前のことであった。突然、先生の奥様からお電話を頂き、先生が就寝中に意識を失われ、何度声をかけても応答なさらない、というお知らせを受けた。その二日前の五日には、前からのお招きで私と妻はお宅に伺って先生および奥様と楽しい語らいの時を過し、翌六日お礼の電話をさし上げたときも、明日からいよいよ新しい次の執筆にかかることを非常にはればれとしたお声で話しておられたばかりであったので、この知らせに私は全く自分の耳を疑った。しかし、ともかくも、その場から絶対動かさず、先ず医者をお呼び下さい、とだけ申し上げて、私は電話を切り、取るものも取り敢えず雨の鎌倉へ急いだ。お宅には貼紙がしてあり、早速、病院へ駆けつけると、先生はただ静かに息をして眠っておられた。脳視床部の大出血で、手術は不可能であると知らされた。けれども、一刻もただ手をこまねいていることはできず、奥様と共に私達はあらゆる可能性を探りに探った。しかし、時は容赦なく過ぎて行き、それと共に初めは静かで規則正しかった呼吸も次第に荒く不規則となり、さらには、一旦途切れ、私達が息を呑んで見守るうちにまたつながる、ということが何回となく繰返された後、一大吸気と共に呼吸は全く停止した。直ちに人工呼吸が行われたが、遂に呼吸は回復せず、数分後に心臓も停止し、先生は臨終を迎えられた。

この冷厳な事実をまのあたりにして、私は茫然としてなすべきすべを知らず、ただその場に立ちつくしていた。そしてしばらくしてやや気をとり戻したとき私の心に先ず湧き起ったのは、悲しみの感情以前に、なぜ先生はこの一月七日という記憶すべき日にお仕事を中断しなければならなかったのか、という、たまらない無念の思いであった。というのは、これは私の記憶に新しいのであるが、かねてより先生はこれから十年間に行おうとする次の新しい壮大な研究の計画を立てておられ、それを実際に論述していくための詳細かつ綿密な覚書きノートを作る準備作業を去年の暮にすべて終り、それに基づき、満を持《じ》して一気に書き始めようと意気込んでおられた日がまさに一月七日であったからである。

先生について語るには、何を措いても、その学問の核心に触れなければならない。他の機会にも書いたことがあるが、この点は極めて重要であるにもかかわらず、一般には必ずしも十分に理解されていないので、やや詳しく述べてみたい。世界的規模で見た場合、現代における思想上の一大テーマとして、これまで万能とさえされて来た西欧的思想のある意味での限界性が問題にされ、それを補う、あるいはそれに代るべきものとして東洋思想の果す役割の重要性が指摘されて来ているが、さらに踏み込んで、では、現代世界のかような思想的状況に対して、東洋思想は実際どのように貢献することができるか、と問われた場合、適確な答えは出されていない。

この点に関して、先生は半世紀以上に亙る長くかつ深い思索の上に立ち、次のような明確な方向を示される。一口に東洋思想と言えばすこぶる簡単で、すぐにも西洋思想と対照できるだけのまとまりをもった一つの統一体であるかのような印象も与えかねない。しかし、ヘレニズムとヘブライズムという二本の柱を立てれば、一応は一つの有機的統一体の自己展開として全体を見返すことのできる西洋思想とは違って、そのままの東洋思想には全体的統一も有機的構造性もなく、西洋思想と並置できるようなまとまりはない。東洋において見出されるのは、複雑に錯綜しつつ並存する複数の思想伝統であり、様々な民族の様々な思想が入り組み入り乱れて、そこにはある。このような状態にある思想潮流を、「東洋思想」の名に価する有機的統一体にまでまとめ上げ、さらにそれを、世界の現在的状況の中で、未来志向的に、哲学的思惟の創造的原点となるような形で展開させるためには、ある人為的、理論的操作が必要となる。その操作はまず、東洋の諸思想を時間軸からはずして空間的に配置し直し、それらすべてを包み込む思想空間を人為的に創り出す。こうして出来上る思想空間は当然、多極的重層的構造をもつが、これを逆に分析することによって、その内部から、幾つかの基本的思想パターンを取り出すことができるであろう。それは東洋人の思惟を深層的に規制する根源的パターンであるはずである。次に、この方法論的操作の第二段として、こうして取出された東洋思想の根源的パターンのシステムを一度そっくり己れの身に引き受けて主体化し、その基盤の上に、自分の東洋思想的視座ともいうべきものを打ち立てていくことである。

要するに、これを一言で言えば、東洋思想というものは、そのままの状態では、地域的に見ても、また時代的にも、極めて複雑多様に錯綜していて全体的・統一的に把えることは困難なのであるが、それを時間軸からはずして共時的に構造化した場合、その深層を貫通する根源的なものが存在するのではないか、そして在るとすれば、それはどのようなものであるか、という問であり、先に述べたところの、今後十年間に展開すべく計画された次の新しい研究のための覚書きノートを作る思索の過程で、先生は、東洋思想全体に通底するとみられる根源的パターンを発見し、その上に立って執筆を開始しようとしていた矢先のことであった。

天才的な先生については、いろいろ伝説めいたことも伝えられているが、それはともかくとして、よく人は、先生が桁《けた》はずれに多くの世界の言語を文字通り駆使して、ヨーロッパ近代の諸文化は言うに及ばず、ギリシア、ヘブライ、アラビア、ペルシア、トルコ、インド、中国、日本等々という風に、世界の主要文化圏の宗教や思想について次々と研究を進めて行くことを感嘆をもって語る。また、先生自身、常々、世界には素晴しいこと、面白いことが山ほどあるのに、一つのことだけ研究するなど勿体ない。自分は所謂専門家にはなりたくない、ともおっしゃっていた。しかし、私が考えるのに、先生の学問の本当の姿は、ただ単にそのような研究領域のずば抜けた広さにのみあるのではなく、実は極めて多岐に亙る先生の様々な研究の一つ一つが、各分野の専門家も及ばないほど途方もなく深くかつ独創的なのである。そしてこの研究の深さと独創性の源泉が何であるかが極めて重要である。私は、それには二つあると考える。すなわち、一方は研究の主題についてであるが、それは先生自身の実存の深みからおのずと湧出した問題意識であるところの「哲学的思惟と神秘主義的体験との関係」という根源的テーマであり、これを先生は単に観念的に着想したのではなく、少年時代以来の禅の深い体験から生まれて来たのである。他方、研究の深さと独創性の源となったもう一つは、その方法であり、先生は思想を単に思弁的に研究するのではなく、言語論的ないしは意味論的に追求する。すなわち、思想を表現するテクスト、とりわけそのキー・タームの意味を徹底的に分析することによって思想の本質に迫ろうとするのである。しかもその方法たるや既成の西欧的意味論の域をはるかに超え、インド哲学、イスラーム哲学、古代中国哲学、仏教哲学といった東洋思想そのものから多くを摂取しつつ独自に展開した画期的な「深層意味論」ともよぶべきものなのである。

あえて誤解を恐れずに言うならば、先生にとって学問とは、それ自体が目的ではなく、むしろ、それを通じて、この上なく厳しく自己自身を凝視し、徹底的に追求する生涯をかけての修業道であったとさえ言えよう。そしてこの厳しい姿勢は死の瞬間まで一貫して堅持された。私の知る限りでも、先生は昼間――と言っても、先生はいつも明け方近く床につかれて昼頃起きられていたので、我々の場合の午后と夜に当るのであるが――全精力を傾けて研究に文字通り没頭されるのは勿論のこと、就寝中も、ふと目覚めて考えが浮ぶと急いで起きて書留め、また眠るという全力投入の生活が死の直前まで続けられた。天才的な先生にして、このように絶えざる血の滲むような努力がなされていたのである。その結果、東洋思想全体を通底するかの根源的パターンが発見され、将来への壮大な展望が開け、最高に昂揚した状態で先生は天に召されたのである。先生の死は、私達にとって本当に限りなく悲しいことであるが、人間誰しも決して死を免れ得ない以上、身体的に何の苦しみもなく、しかも精神的に最高の状態で安らかに死を迎えられたことは、人として望みうる最も幸福な死に方ではなかったであろうか。そしてこのことには、人間をはるかに超えるものの意志が力強く働いていたことを、私は堅く信じて疑わない。

（まきの　しんや・アラブ・イスラーム思想史）

（『本』18、一九九三年四月号、講談社）

# Ⅳ——継承

扉写真
書斎にて
撮影　渋川豊子

# 『意識と本質』を読む

池田晶子

『意識と本質』、そして井筒俊彦という人について、私は何を語れるだろうか。語れる言葉を探しているというのではない、語られようとしていちどきに寄せてくる想いと言葉を押し留めるため、私は呼吸を整えているといったところだ。この本に初めて接したとき、私はまだ哲学科の学生だった、それから十年近く、こうして哲学ふうの文章をものするようになったこの頃に、この本について語る機会をもち得たことの喜びと、戸惑いと、そして、或る種の必然感。

『意識と本質』と井筒氏について語るに際して、或る意味での（まさにその意味での!-）「私」について語ることは、むしろ当を得ていると思う。当時私は、専攻していたフッサール以降の現象学が面白くなかった。正確には、面白くなくはなかったのだが、何かがいつも、じれったかった。今ならば、迷わずにこう問えるだろう、なぜ私はその先にこそ何かがあることを知っていたのか、と。しかし、知り急ぎ、生き急ぐことが純粋さの証しであるような若さの時期に、原典を調べ、術語に馴染み、西洋の学者たちの考えていたことを経由してきて自分の生を知るという手続きを、それとして楽しむだけの余裕はなかった。そこには、もっと悲愴なものがあった。今、すぐに、知られるべきだ、さもなければ哲学など、あらん限りの軽蔑とともに、学者たちの手にお返ししよう!

また、科学主義、論理主義全盛のこの時代では、実存へ直に発せられる問いは、忌避されがちか、あるいは全く忘れられていた。そうかといって、大学で講義されるニーチェなど、私は全然信じていなかった。倫理学の教授が倫理的でないとか、宗教学の教授が俗物だとかいう事態について、人々が疑いを抱かないということも変だと思った。「君たちは誰の生を生きているのか。」裏を返せば、私は、知識と実存との一分の隙もない一致、知ることとは、今生きつつあることを知りつつ生きることであるような在り方が、あるに違いないことを、どこかで強く信じていたのだ。（それはなぜか。）

井筒氏の著作を手に取ったのは、狙いを定めたようなこんな時期だった。「腑に落ちる」という表現は正確だ、それは、すとんと深く、（私の）腑に落ちた。あるいは、おかしな言い方だが、意識の血が騒ぐというべきか、渇えた意味が生命の水を掘り当てて、むさぼるように、（私の）意識はそれを飲んだ。哲学書を読みながら、血湧き肉躍るという経験はもう一度、それからほどなく、ヘーゲルの『大論理学』である。

前置きが長すぎた、ともあれ、そうして私は、哲学を放棄することなく、或る意味では全く放棄して、今日まで生きている。私は、学問としての哲学や、さらに言うなら、意識が織り成す事象の全てを、言わば裏側から見る眼を獲得したのだと言えるだろう。私はもう、知り急ぎも、生き急ぎもしない。知ろうと思えば、答えは常に、**ここ**にあるし、生きようと敢えて思うためには、もうずっと余生のような気がしているのだ。

『意識と本質』、もしくは井筒氏の仕事について、「わかりやすく」注釈することが可能であるとは思われない。が、それは、それが難解であるから困難だとかいうこととは違う。というのは、氏の仕事とは、まさにこの「わかる」ということ、私たちが事象の意味を「わかる」ということ、この不思議な出来事の解明にあるからで、頭で読んで頭でわかっても、実はそれは全然わかったことにはなっていないということがわかっていなければ、注釈など無意味だからだ。ということは、そのことがわかっている人にも注釈などは必要ないからだ。「わかるとは自分がわかることだ」、困難なのは、むしろ、このことの明らかな気付きだろう。しかし、それは知識と実存とが接触する唯一の瞬間だ、ここにおいて一切が逆転する、言葉が質となって流れ込む、これを見逃しては講壇哲学を笑う資格がない！

とはいえ哲学が扱うものは意識であり、そして人が自分が意識であることを認めるならば、哲学は本来的に、万人のものだ。テキストが先ではない、まず自分の意識の観察仕方を体得しておくことだ。『意識と本質』を読む、とは、自分の意識を読む、ことに他ならない。たとえば眼前のこの本、「これは何か」と問うてみよ。「本」と答えたい、しかし「本」とは名前にすぎない、それでもなお、「これは何か」という問いを、自分でどこまでも推進していってみよ。

これを「本」と答えて疑わない意識が、私たちの日常の暮らし、井筒氏の「表層意識」である。しかし、或るものがそのものであると同定するとは、実は大変な離れ技を平気で私たちはやってのけているわけで、ちょっと足を止めてその足元を覗いてみたまえ、恐ろしく深い淵が開けているのに気づかないか。言語という堅固な足掛かりを失った意識は、言語以前の全意味の種子《ビージャ》が、絡まり合いつつ流動している海となる。これを「言語アラヤ識」と言う。

「光」と言えば光であるだろう、「私」と言えば、それは私であるだろう。何というとんでもないところまで来てしまったのか、一切であるために為すすべもなく、私は途方にくれている。途方にくれながら、ふと内に充実してくるものを覚え、言葉を産もうと身構える。産まれる、言葉が、今、まさに、太初《はじめ》の言葉が。産まれた！「ア」。

「一切万有を『深秘の意味』的に内蔵するこのコトバは、無数の『意味』に分れて深層意識内に顕現する。その第一次的意味分節の場所は言語アラヤ識。言語アラヤ識で一たん分節された意味が『想像的』形象（イマージュ）として顕現する場所は意識のM領域。それらの『想像的』イマージュの、経験的事物としての顕現の場所は表層意識。従って、この見方からすると、我々が経験界に見出す一切の存在者は、要するに、『深秘の意味』としてのコトバ、すなわち絶対語、あるいは絶対意味、の様々に分節された自己表出の形である。」（第X章）

こういうくだりを表層意識の水平面で読んだところで、風変りな世界観のひとつだ、くらいにしか思わないだろう。しかし、もしも自分が意識であることを認めるならば、これは全ての意識に絶対の事実だ。事物の認識について、言語の成立について、そして意識それ自身について、どこまでもどこまでも追い詰めてゆくならば、必ずそこに開けてくる事実だ。言語道断なその場所と、私たちのこの日常との間には、切断も遊離もない。今この瞬間が、永遠の「ア」音の、刻々の生成なのだ。

なるほど、わかった、で、それがどうした、と、なお人は言うか。どうもしやしないのだ、世界がかく在り、私たちがかく暮らしているという事実に、全然変わりはないのだ。変わり得る余地があるものといえば、ただひとつ、そう言う君の、その生き方だ。君はまだ、金銭を実在と信じるか、自我を実体と信じるか、執着できるような堅固な何かがこの世にあると信じるか。それだけだ。

私は、自分が禅の伝統を有する国に生まれたことで得をしたと思っているのだが、それを、ものぐさの言い訳にしないようにと、時々は自戒の念をもつ。そして井筒氏の仕事のようなものを見ると、まさに衿を正すような気持ちになる。言語の成立を言語表現によって跡づけるという行為自体の背反性、まして、それは決して説明であってはならないために、禅者たちは「鳥はカーカー、雀はチューチュー」とやっているのだが、それゆえここには「学問」が生まれない。私たちの人生には学問が不可欠というわけではない、だからこそ私たちをうつものは、その志と努力なのだ。

はやりの資料を集めてきて、借り物の概念装置で括り、聞き馴れない横文字名前を冠せて送り出せば、現代思想がひとつ出来上がり！　そういう人間が多すぎはしないか。そも私は、「現代思想」という言い方に、現代に生きている人が考えている思想という以上の意味を認めない。本物の思想の前には、古代も現代も、東洋も西洋も、固有名さえも、二次的な意味しかもたなくなるのを、井筒氏の仕事に明らかに見ないか。なぜか。それが扱っているのが、誰でもなく、どこにも属さない普遍的なこの**意識**だからだ。意識は、歴史も地理も包摂しつつ遍く満ちている一であるというあの直観を手放さないことで、井筒氏は、厖大な資料の森の中でも、決して踏み迷わずに歩を進められるのだ。いや、歩を進めるという言い方は正確ではない、むしろそれは、引き返してくると言うべきだ。井筒氏は引き返してくる、言語以前の全意味が飽和に達し、爆発直前の巨大な火の玉のように慄えているその場所から。通常ひとは、その光景に絶句する、絶句して表現を抛げてしまうか、そうでない道が禅者の所作だ。（もしくはマラルメの象徴詩）。しかし井筒氏は、あくまでも学問の姿勢を堅持する。私たち共有の言語によって、こちら側の世界へと回帰することを決して放棄しないのだ。これを学問の真の姿と言わないか。言わないとしたなら、確かに哲学という学問は、教室で講義される筋合のものではあり得ない。

もしも人が、神秘主義的認識について、それは一種の体験であり、体験というものは本来的に公共性を欠くゆえ学問とはなり得ないと言うならば、私は言おう。体験されない学問など、私は自分の人生に必要なものとは認めない、しかし、私たちの誰もが生きているというこのことは、この世で最も公共的な体験ではないか、と。それは、万人に開かれた最も狭き門だ。しかし門前で考えあぐねている暇など、私たちの人生にはない。禅者ならここで、形相凄く問い詰めるだろう、「速かに言え、速かに言え！」

東洋と西洋という枠は、あるようで、ないのだが、私たち東洋人が、その精神的伝統において哲学するということの強みは、確かにある。東洋人である私が、かつて西洋哲学的思考法にもどかしい感じを受けたということが、まさにそれだ。西洋の分析的知性には、もともとはひとつだったものを、わざわざ粉々に毀しておいてから、さて、どうやって元通りにつなげようかと頭をひねっているようなところがある。しかし東洋的知性、これを知性と呼ぶべきなのか、ほとんど実存感覚のようなものは、それははじめからひとつであることを識っているために、考えるに際して迷いがないのだ。こんな優利な位置をみすみす逃して、西洋の先端思想ばかり追いかけるのは、実にもったいない話だと私は思う。泰然とここで待っていれば、近い将来必ず向こうから近づいてくる、それはもう視界に現れている。井筒氏はそのことを、「あとがき」の中でこんなふうに書いている。

「東と西との哲学的関わりというこの問題については、私自身、かつては比較哲学の可能性を探ろうとしたこともあった。だが実は、ことさらに東と西とを比較しなくとも、現代に生きる日本人が、東洋哲学的主題を取り上げて、それを現代的意識の地平において考究しさえすれば、もうそれだけで既に東西思想の出逢いが実存的体験の場で生起し、東西的視点の交錯、つまりは一種の東西比較哲学がひとりでに成立してしまうのだ。」

そう、ひとりでに。不思議なことに、ひとりでに。さかしらさえ捨てれば、全てはこんなに明瞭なのだ。曇りなく広がる意識の鏡面には、この世の事象とその意味が、そっくりそのまま映し出されていたのに気付くのだ。

最後に——。

信仰をもたない私は、こんなこの世に在ってしまったそのことだけで、潰えかかる夜がある。**神はなぜ**、と私は問いたい、しかし答えがあるくらいなら誰が問いなどするだろう。**魂の高貴さ**、人はなぜこの魅惑的な言葉の響きを忘れることさえできるのか。愚劣だ、私は**ない神**を見上げる。するとそこにプラトン、星のように高く光るあれら人類の哲学者たち。そして睥睨するヘーゲルなど。

**精神**を、さらにさらに高く精神性を掲げよ。やがてそれは滔々と立ち上がる光の柱、高貴な魂たちの勝利と祝祭、そのとき雄々しい知性が断固として君臨するのを、私は見る。神であってもなくてもどっちでもいい、しかしそれは確かなことだ、なぜならそこには歓びの感情——。

私たちの知性は、その高潔さによって、あんなにも遠く高く行けるものであることを、私は井筒氏に教わったような気がするのです。信仰なき身として、これ以上の救いはなかったと、深く感謝致します。

（いけだ　あきこ・文筆家）

（『井筒俊彦著作集』第6巻付録、
中央公論社、一九九二年一〇月）

# 歴史とトランス——井筒俊彦先生のしぐさの記憶

中沢新一

＊

とても奇妙な話だけれど、はじめて井筒俊彦先生にお会いしたとき、僕はとっさに子供の頃に体験した、ダイダラボッチの大岩のことを、思い出していたのである。そのとき僕は、市民セミナーのようなところで、『コーラン』の本質について、やさしく講義する先生の前に、座っていた。

『コーラン』は、神に面とむかって「君と僕」の関係で話しあうモーセの体験を中核にした旧約聖書とも、父親が愛する息子にむかって話しかける関係でつづられた、福音書ともまったくちがうやり方で、神とマホメットの出会いと関係が語られてある、とてもユニークな書物なのだということを、この話の中で先生は強調されていた。

……マホメットがアッラーと出会う、決定的な光景のことを思い出してみるだけでも、そのことがわかります。マホメットは、夢の中で、エルサレムにあるモリヤ山の山頂にたどり着き、そこにある巨大な岩の上に立って、そこから神秘的な上昇の旅をはじめ、その夜の旅の果てに、神と対面したのです……。この体験の根底には、シャーマニックな本質がある、と私は思います。存在は、たくさんの層をなしています。その存在の諸層を横断して、ついには存在のおおもとにたどりついていく。さまざまな形態をとる、シャーマニックな体験とは、そういう横断的な本質を持っており、マホメットの「夜の旅（ミラージュ）」もまた、そのような本質を持ち、その体験を中核とするイスラーム思想自体が、そのような横断的、トランス的な特質を内在させている……。私はこれから、そのような視点に立って、『コーラン』の本質を読み解いてみたい、と思うのです……。

ここで「上昇」と語るとき、先生はフワっと、ほんのわずかだけ、両手を持ち上げてみせたのである。その何気ないしぐさに、僕は驚嘆したのだ。マホメットが体験したという「夜の旅」を描いた絵には、上昇していくマホメットのまわりを、軽やかな炎が、包み込んでいる。その絵からの連想だろうか、僕はそのとき、フワっと両手を持ち上げた先生のまわりに、軽やかに立ちのぼる気流のようなものを、感じとった。そして、同時に、僕は先生のしぐさによって、ダイダラボッチの大岩のことを思いだした、というしだいなのである。

子供の頃、僕はよくダイダラボッチの岩の上に上り、その夜の井筒先生と同じように、両手をフワっと持ち上げるしぐさをしていたことがある。その大岩は、盆地のまんなかにぽつっと取り残されたようにしてある、松におおわれた丘のてっぺんに、うずくまるようにしてあった。大昔、ダイダラボッチという神話の巨人が、山をつくろうとして運んでいた土砂がこぼれてこの丘ができたのだという、日本じゅうどこにでもあるような伝説が語られ、この大岩にも、その巨人の記憶がしみ込んでいた。

玄武岩の表面は黒く、沈んでいて、さわるとひんやりとした感触がした。遠くから見ているときには、この岩は深く自分の内側にうずくまるようにして、沈み込んでいる。ところが、その上によじ登ってみると、まったくちがった感覚が生まれてくるのだ。この大岩の上に座り込むと、あたり一面が、上昇の気流に包まれはじめるのである。岩は大地の底にまで、その根を深々と、届けさせているようだった。根は底の底に達すると、こんどは地表にむけて、もりあがり、立ち上がる、上昇の運動を開始するのである。地表に達しても岩の運動は、おさまらない。岩は、大地の底で自分を押し上げた、炎と気体化の力に頼って、こんどは空にむかって、軽々と立ち上がっていこうとするのだ。

岩の全体から、上昇の気流が立ち上がろうとしているのが、感じとられた。その上に座り込んでいると、自分が上へ上へと、持ち上げられていくような感覚に、おそわれた。僕は立ち上がる。フワっと、自然に、両手が持ち上がる……。

あの感覚、あのしぐさだ。マホメットがエルサレムのモリヤ山頂にある大岩から、神秘の上昇を開始したさまを語る井筒先生が、何気なくみせたあのしぐさ。カオスの奥底から発って、存在の位相を横断する旅をつづけ、ついに地表の岩をけって、意識の天空にむかうジャンプにとりかかろうとする。まさにその瞬間をとらえて、先生がフワっと広げて持ち上げた、あの両手の動き。あくまでも物質の中に足場を持ちながら、(マホメット自身がそうしたように)その足場を軽くけりたてて、上昇し、脱出する意識の運動によって押し出される。本質的なしぐさがそこにあった。井筒先生は、そのとき、『コーラン』をそのようなトランスする精神によって、語りだそうとしたのであった。

＊

僕は、エルサレムのモリヤ山頂にある、その大岩の中にいた。文字どおり、岩の中にいたのだ。黄金に輝く、巨大なドームにおおわれたモスクの中央に、その岩はあり、岩の内部は大きくくりぬかれて、瞑想と礼拝の場所につくりかえてあった。

岩に包まれているのは、奇妙な気分だ。無機質な子宮の中で、うずくまる胎児になったようだ。夢見に落ちていくあいだの、体内のあらゆる力が、自分の内側にむかって凝縮して、落下していくときの感覚と、似ている。

洞窟の奥の礼拝場では、熱心なイスラームの女性が、身をかがめながら、静かに祈っている。僕は岩に体を押しあてて、そこにもたれて上を見た。すると、驚いたことに、岩窟の天井には小さな穴がくりぬいてあり、そこから、巨大なドームの天井が、一直線に見通せるようになっているのだった。

岩に包まれた、暗い穴の底から見たのは、無数の「文字」が、光の粒のように、四方にむかって放射している光景だった。ドームの天井の中心から、神の言葉が、文字のかたちとなって、宇宙全体に放射していくさまだ。この岩から出て、マホメットは、神が「文字」であり光であるようにして語りかけをおこなう、神秘の天空めがけて、飛翔をとげていった。

岩の上に立ち、岩盤を軽くけりたてて、上昇にうつる予言者。「夜の旅」を続ける彼の体のまわりに、無数の「文字」が降りかかる。この運動の中で、マホメットは神の言葉を聞く。いや、存在の諸層を横断していく、このトランスの運動そのものが、人間の意識を神の語りかけにむかって開き、「文字」としてのその出現を、実現していくのである。

エルサレムのモリヤ山頂の岩盤の中に立って、僕は井筒先生の、フワっと両手を持ち上げる、あのしぐさを思い出していた。あのしぐさひとつで、先生はトランスする精神の生み出す存在の真理を、語り出してみせようとした。

それは大地である岩盤から出発する。そこに神的な愛がほとばしり出て、それは上昇する力となって、岩をつらぬいて立ち上がり、こうして岩の上に立った精神は、そこを軽くけりたてながら、神の言葉が「文字」となって放射される天空を横断しながら、存在のおおもとにむかって、飛翔していく。すると無数の「文字」は、こんどは逆に、岩にむかって降り注ぎ、物質の大地を、言葉と光と愛によってみたすのである。認識が同時に愛であるような深遠なるクロスシャッセが、ここには実現されようとしている。そして、不思議なことに、そのクロスシャッセの場所には、きまって岩があるのだ。

＊

——五時三十分。尖塔のスピーカーが、『コーラン』の朗誦をはじめた。唐草模様のような旋律線を描きながら、空にむかって立ちのぼっていくような声。スピーカーから町中に響きわたるその声を聞きながら、僕は狭いスークを抜けて、エルサレムの旧市街の、ユダヤ人地区のほうに歩いていた。厳いたるところに、争いの跡がなまなましく残っていた。厳しい検問。「嘆きの壁」にむかって下りていく、石の階段のなかほどのところで、若いイスラエル兵が、自分と同じように若いアラブ人のアベックにむかって、自動小銃を突きつけ、荷物の中身を執拗に調べあげている。布のバッグの中からは、おいしそうなたくさんのオレンジが出てきただけだったのに、まるでそれが新型のオレンジ爆弾でもあるかのように、兵士は顔をこわばらせたまま、アラブの若者に厳しい質問を、あびせつづけている。

すると、ここにも、岩があった。しかし、それは大地から立ち上がる岩盤ではなく、壁となって空間をさえぎる岩であった。今日はシャバット（安息日）の夕方にあたるので、その壁の前には、たくさんの黒ずくめのユダヤ人たちが集まっていた。手に手に聖なる書物を持ち、石の壁にむかって、リズムをつけて前後にからだを揺らす奇妙な動作をしながら、祈りの言葉を語りつづけるのだ。あるものは大声で、あるものは深く考えこむようにしながら、めいめいが自分のやり方で、壁にむかって、語りかける。

そのうちに、大勢の若者が肩を組んで、隊列をつくりながら、階段を降りてきた。いっしょに歌を歌っている。まるでフォークソングみたいなメロディだ。マイム・マイム・マイム・マイム・マイム・レッセッセ。小学生の頃に、運動会でさかんに踊らされたユダヤ民謡にそっくりな節回しだな、と思った。不器用な音楽。不器用な動作。そのフォークソング青年団は、そのまままっすぐに壁にむかって進んで、そこで集団で、例のひょこたんひょこたんの、おじぎ運動を始めるのだった。

トランス的精神の本質を暗示する、井筒先生のあのしぐさのことや、岩の上に立って気流といっしょに上昇していく軽い心のことなどを考えて、すっかりフワフワした気持ちになっていた僕は、この光景を見て、鈍重なハンマーで殴りつけられたような、ショックを受けた。そこには、まったく異質な岩石の体験がくりひろげられていたからだ。

エルサレムの壁。それは、あの岩のドームから、ほんの数百メートルも離れていない。だが、そこでは、いきどまりの壁にむかって、少しも飛翔への気配を感じさせない、ぶかっこうな祈りの行為が、はげしい情熱をこめておこなわれている。およそ音楽的なセンスにとぼしく、自己の内部からトランスにむかって「あくがれでようとする」いっさいの衝動を封殺し、宗教的行為において美しくあろうとする意識を、これほどまでにぬぐい去ってしまった儀礼というのを、僕はいまだかって見たことがなかった。

ユダヤ教では、「勉強」ということが、重要な位置をしめている。『トーラー（モーセ五書）』を勉強する。その口伝注釈である『タルムード』を勉強する。ここでは、勉強ということが宗教の基本をなし、その精神が儀礼の中にまで浸透して、勉強のポーズそのままに、本を読みながら、民族の歴史的な遺跡である壁にむかって、おせじにも音楽的とはいいかねるリズムで、このような祈りを捧げるという行為に結晶したのだろうか。それとも、二千年にわたるディアスポラの生活の中で、中近東の民族に特有なあのすばらしい音楽的感性を、すでに失ってしまったのだろうか。

しかし、これが「歴史」というものの本質なのだ、と僕はすぐに思い直すことにした。歴史はトランスしようとする精神にブロックをかけるのだ。いやそもそもトランスを否定するときに、はじめて歴史は出現する。ユダヤ人のたどった道が、そのことを証明している。トランスする精神は、岩盤の上に立ち、歴史の精神は、壁にむかうのだ。たがいにわずか数百メートル離れただけで、黄金のドームに包まれた飛翔の岩盤と、ユダヤ人たちの「嘆きの壁」は、人類の精神に内蔵された、「歴史とトランス」というふたつの異質な原理を、あざやかな形で対比してみせているのだ。

＊

つぎのような意味で、歴史はトランスをブロックするのである。ユダヤ教の考え方によると、自然のプロセスには歴史はない。歴史は、自然のプロセスに、神の意志が介入してきたときに、はじめておこる現象なのである。だから、ユダヤ民族がエジプトの豊かな自然の中で、自然なかたちで社会をつくり、自然なかたちの生活を送っていたときには、まだ彼らは歴史といわれるものの本質には、触れていなかった。

そこに歴史を出現した。モーセの前に神があらわれ、彼と「対話」をかわすようになったときから、この民族は（そして、この民族だけが）「歴史」という新しい現実を、知るようになったのである。それまではユダヤの民も、ほかの民族と同じように、自然史を生きていた。彼らを苦しめるエジプトのファラオの権力も、その宗教も、社会のつくり方も、すべては自然プロセスの拡大と複雑化として、連続的に組織化されてきた。

ところが、モーセの前にあらわれた神は、自然に超越するその意志を、そこに介入させることを決意したのである。モーセをすぐれた指揮官として持ったユダヤ民族は、エジプトを脱出して、砂漠にむかった。そこで、こんどはひとつの民族がまるごと、神の出現を体験することになった。彼らは、砂漠の中で、少しも自然的なありたちをもたない律法をあたえられ、社会組織と、宗教の形態を、抽象的に創造する努力をはじめた。このとき、民族の全体が、神のイニシエーションに巻き込まれ、割礼をほどこされ、ふつうではない民族となってしまった。彼らははじめて、「歴史」という現実に触れたのだ。

ここでは、なにもかもが「むきだし」になるのである。神もむきだしになる。自分のまわりにまとわりついていた、いっさいの象徴、いっさいの表象をかなぐりすてて、むきだしのままで人間の前に出現した神は、「私はあるものである」とだけ語る。これにむかいあう人間も、むきだしになる。人間はシャーマンであれ、神の像であれ、いっさいの媒介を捨て去って、直接的にむきだしの神との対話に入る。物質と自然の中には、直接的に、むきだしの神が貫入してくる。ここから自然ではない、ほんとうの「歴史」が開始される。

だから、歴史はトランスをブロックするのである。人類に歴史という新しい現実をあたえたユダヤ教の神は、岩盤をけりたてて、存在の諸位相を横断しながら、自分の領域に上昇してくるトランスの精神を、よろこんで出迎えたりはしない。その神は、シナイ山頂でモーセとおこなったように、直接的にむかいあい、「君と僕」の関係で、ひざをまじえて語りあおうとするだろう。なぜならば神は、物質的な現実に、直接的な介入をおこないたい、と考えているからであり、トランスする精神がもとめているような、内的な精神宇宙の探究などを求めているのではないからだ。

内的な精神宇宙への沈潜ではなく、その神が求めているのは、現実化され、物質化され、行為される世界のまったただなかに、自分の意志を貫入させることだ。その神は、トランスではなく、対話を求める。個人主義的な精神宇宙の瞑想的探究ではなく、その神は共同体の設立を求めている。トランスのただなかに旋回する、神秘家の美しい舞踏よりも、ユダヤの神ならば、壁にむかっておこなわれる、あのこっけいなほどにぶざまな祈りの行為のほうを、自分にはこれがふさわしいと言って、迎えることだろう。私は歴史を生きる神である——それはトランスする精神に振り降ろされる、歴史の神のハンマーだ。

マルチン・ブーバーによるつぎのような言葉には、トランスする精神にブロックをかける、ユダヤ的精神の本質が、みごとに表明されている。

「グノーシスが、神性の内部の出来事とそのプロセスとを教えうると自称する故に、またその限り、私はグノーシスに反対である。グノーシスが神を、その本質と歴史において精通しうる対象とする故に、またその限り、私はグノーシスに反対である。グノーシスが神に対する人間的人格の人格的関係の代わりに、天上の世界を通っての、多少とも神的な多くの圏を通っての交わり豊かな遍歴をもってする故に、私はグノーシスに反対である。」

ここで、ブーバーが「グノーシス」と語っているところは、トランスする精神のおこなう「神秘主義の探究」と、おおまかに言いかえることができる。ようするにブーバーはここで、神とのむきだしで、直接的な対話的まじわりだけが真実であって、陶酔も飛翔もトランスも、存在の諸位相を横断するグノーシスの探究も、本質なことではない、と言い切っているのだ。

ブーバーは西欧的な合理の精神によって、神秘主義を否定しているのではない。彼はただ、歴史の中に出現し、歴史そのものを出現させた、あの対話する神だけを信じるがゆえに、トランスする精神を否定する。それはロゴス主義でも、合理主義でもなく、まったく別個の、ひとつの神秘主義である。ここでは、歴史の神秘が、トランスする精神の神秘と、もっとも深いレベルで、対立しあっているのである。

＊

僕が井筒先生と、ほんとうに語りあってみたかったのは、じつはこのことだったのだ。

マホメットが神秘の「夜の旅」を開始した、黄金のドームに包まれたあの岩盤と、ユダヤ人たちがむかいあうあの石の壁と、その間を隔てているのは、わずか数百メートルの距離だけれど、そこには政治的な対立よりもはるかに深い、トランスと歴史の深淵が口を開いている。

いっぽうは、神との出会いを求めて、存在の諸層を横断する旅をおこない、もういっぽうは、それを否定して、歴史の中に出現する神との、直接的な対話を求めている。いっぽうは、トランスする精神を通して、神性と存在の領域の探究にむかい、もういっぽうは、あるがままの人間に神がどのように関係をつくるかだけが重要だと言って、いっさいのグノーシス的探究に、背をむける。いっぽうは歴史を消し去り、いっぽうは徹底的な歴史性を生きようとする。そして、いっぽうは美しく舞い上がり、いっぽうはぶかっこうに、壁にむかっておじぎをつづける。

歴史とトランス。ここには、東洋と西洋の異質以上に大きな、人類の精神の奥深いところに内蔵された、異質な原理の対立がしめされているのではないだろうか。ふたつを同じ神秘主義として、いっしょにあつかうことはできない。そこから共通の構造をひきだすこともできない。同じ非ロゴス主義の陣営に属するものとして、西洋形而上学の解体にむかおうとするときも、ふたつの原理のおこなう戦いは、トーンがちがう。

僕が求めているのは、もうひとつのしぐさなのだ。歴史とトランスを隔てる深淵を飛び越える力を持った、もう一つの叡智のしぐさを、僕は生きている井筒先生から、受け取っておくべきだった。天空にかかる大きな白い月の光に照らしだされた、古いエルサレムの石の街路を歩きながら、僕は自分が永久に失ってしまったものの大きさに、打ちのめされてしまいそうだった。

（了）

（なかざわ　しんいち・宗教学）

（『中央公論文芸特集』一九九三年春季号、中央公論社）

# 井筒哲学と心理療法

河合隼雄

哲学の書物というのは難しい。われわれが青年の頃は、ともかく何らかの哲学書を読んで、もっともらしいことを言うのがハヤリだったので、私も、二、三度読みかけたが、難しくてわからない。思い出してみると、文学についても同じようなことがあった。文学的に価値が高いと言われているものは、私にとっては何も面白くないのである。私が読んで感激するのは「純」と名のつくような文学ではないのである。

ともかく下世話なことに関心が高いのだから、これも当然のことで、そのような自分の特性？を生かして、心理療法などという仕事をするようになった。嫁と姑の戦いとか、三角関係とか（もっとも、大学時代は三角関数の方を学んでいたが）、一般には犬も食わないと言われていることに、一所懸命にかかわってゆくのである。

このような哲学音痴の私が深く心を惹かれたのが、井筒先生の哲学である。「意識と本質」が『思想』に連載されていたとき、その一回一回を心待ちして読んだ。自分がそれまで十数年の間、悪戦苦闘してきたことの「意味」がそれによって明らかにされてくるのを感じた。哲学というものがこれほどもわかりやすく、かつ意味深いものであるのか、ということに感激しながら読んだことであった。

心理療法においては、来談された方の悩みを聴くのだが、一般に考えられているようにその悩みの解消法とか新しい生き方などについて忠告したり助言したりすることは少ない。それよりも、ひたすらその話を傾聴していることが多い。と言っても、それだけでは難しいので、心の深い状態について知るために夢を報告して貰うことがある。われわれの学派であるユング派では夢を非常に重視している。

そこで夢の「解釈」ということになるのだが、西洋においてそのような心理療法を学んで帰国し、日本で行なっていると、自分の方法が西洋で一般になされているのと、どこか異なってくる感じがする。と言って、それはまったく日本化されたというのでもない。いったい、自分は何をしているのだろうなどと思ったり、やはりこれでいいのだと思ったり、迷いながら自分の道を一歩一歩踏みしめてゆくような感じで、心理療法の実際活動を続けていたときに、「意識と本質」に触れることになったのである。

『意識と本質』（第六巻、第七回配本予定）の後記に井筒先生は次のように書いておられる。

「西と東の間を行きつ戻りつしつつ揺れ動いてきた私だが、齢《よわい》ようやく七十に間近い今頃になって、自分の実存の『根』は、やっぱり東洋にあったのだと、しみじみ感じるようになった。」

私は西と東の間を行きつ戻りつではなく、ともかく、相当に行き放しになりそうなところで帰ってきたのだが、その意味がそれほど明確に把握されていなかったわけである。

最初に述べたように、哲学はわからないが、自然科学は好きだったので、青年期の私が惹かれたのは、まず西洋の科学であった。敗戦というショックもそれに加わっているので、西洋の科学こそ、私にとって「絶対」に近い信頼を寄せられるものであった。日本のものはほとんどわからないか嫌いだった。禅などはまやかしのように感じられた。非合理なものの言い方がどうもうさんくさく感じられるのである。自然科学、近代合理主義を唯一と思いつつ、それでもどこか深いところでは、東洋的なものにも惹かれていた、と今になって思うのだが、それは当時はそれほど意識されていなかった。

このような考えで、ユング心理学にはじめて触れたときは、あまりにもうさんくさいという気もあった。しかし、体験を通じて、だんだんとその意味がわかってくるにつれて、東洋のよさもわかりはじめた。アメリカ、スイスと長い迂路を経て、やっと日本を見出しかけてはいたのだが、それを自分の心理療法家としての仕事に生かしてゆくのには、相当な年月を必要とした。そして、それがようやく形になりかけたところで、「意識と本質」に接したので、非常にタイミングもよかったのである。

『意識と本質』に引用されている老子の言葉は、心理療法の根本にかかわるものと考えられる。

常に無欲、以て其の妙を観
常に有欲、以て其の徼《きょう》を観る

これは井筒先生の解説によると、常無欲とは「深層意識の本質的なあり方」であり、「名を通して対象として措定された何ものにも執着しない」ことである。ここで「妙を観」るとは「絶対無分節的『存在』（『道』）の幽玄な真相が絶対無分節のままに観られる」ことを意味する。これに対して、「『徼』とは明確な輪郭線が区切られた、はっきり目に見える形に分節された『存在』のあり方を意味する」。これを観るのは「常有欲」の意識、つまり表層意識なのである。そして、「この二つの『存在』の次元が、ここでは鋭く対立しつつ、しかも一つの『存在』地平のうちに均衡を保って融和している」のである。

もちろん、私はこのような地点にはとうてい到達できないが、心理療法家に与えられた、ひとつの理想的態度としてみると、非常に意味が深いのである。

最近は欧米の外国から講演や講義などを依頼されることが増えてきた。そこで、井筒哲学を背景にしつつ、自分の行なっている心理療法について拙い英語で発表しているが、相当によく理解され、共感されるようである。つまり、井筒哲学は東洋・西洋などという区別をこえてゆく普遍性をもっているのである。こんなわけで、私は心理療法家のための必読文献として『意識と本質』をあげることにしている。

（かわい　はやお・臨床心理学）

（『井筒俊彦著作集』第4巻付録、中央公論社、一九九二年四月）

# 井筒マンダラ学の炯眼

松長有慶

東西の哲学を対比して、それぞれの特性を論ずる比較思想論は、明治以降、最近にいたるまで、いつの時代にも隆盛で、衰えをみせることはほとんどなかったといってよい。ただその場合、インド哲学のいずれかの学派の説とか、中国の儒家、道家の特定の教説、ないし日本仏教では禅とか念仏の思想だけが、東洋哲学を代表する説であるかのように取り扱われて、西洋思想との対比がなされることに、わたしはいささかの疑念をもっていた。

井筒さんの労作「意識と本質」が、雑誌『思想』に連載されたのは、もう十年余り前のことだったろうか。毎回、心待ちにして読み、そのたびに一つ一つ目の鱗がはがされるような知的な快感を覚えたことは、いまも記憶に鮮明である。井筒論文にわたしが魅せられた最も大きな理由は、いま考えてみると、つぎの二点であったような気がする。その一つは、井筒説が東洋の哲学のどれか一つをもって代表されるのではなく、複雑に並存する複数の哲学的な伝統のいずれに対しても、周到に目くばりがきいていることである。第二は、ややもすればそれまでの禅に代表されるような否定的な面を重視する仏教思想の捉えかたに対して、肯定面に対しても、きちっとした哲学的な処理がなされている点であった。

井筒さんの著作には、著者の専門領域に属するイスラーム教だけではなく、インドのサーンキヤ、ニヤーヤ、ヴァイシェーシカ、ヴェーダーンタなどの説、中国では儒家や老荘のさまざまな考えかた、仏教でいえば中観や唯識など大乗仏教の代表的な教説や、禅の思想だけではなく、華厳や密教の哲学についても緻密な論及がなされている。そしてそれらがいずれも、厳密な原典批判に基く考察であるだけに信頼度は高い。

たとえばマラルメの『詩の危機』中の一文と、宋代の儒学思想との対比、密教のマンダラと、ユダヤ教の神秘思想であるカッバーラーのセフィーロートとの比較、プロティノスの『エンネアデス』の一節中の神秘体験の記述と、『華厳経』の海印三昧との類似性の指摘（『コスモスとアンチコスモス』）など、読み進むにつれて、思いもかけぬ意外性に出会い、驚愕を覚えつつ、同感を呼ぶ個所を、いたるところに発見するのである。

また従来、仏教思想をもって東洋哲学の特色を語るとき、そのほとんどの場合、禅が取り上げられてきた。もちろん禅のもつ伝統的な思考法が、西洋哲学のそれに対して特殊性をもつという点に関して異議をさしはさむ余地はない。ところが洋の東西を問わず、知識人の間で東洋の思想とか哲学といった場合、従来、禅の思想と、その文化だけが全体を占めるかのように、ややもすれば誤解されがちであった。

『意識と本質』には、本質を否定する代表的な見解として、仏教の思想、とくに禅の立場が取り上げられている。すなわち普通の経験的世界（分節Ⅰ）を否定した無分節をいう意識・存在のゼロポイントから、さらに無本質的分節（分節Ⅱ）への展開を追って、その分節Ⅱを本源的に内蔵する存在エネルギー、創造的な「無」とみる。それは仏教の用語では「真空妙有」といわれる世界でもあるが、ここではまだそれは本質否定の領域に属するとされる。

井筒哲学はさらに踏みこみ、本質肯定の思想を三種に分類して、それぞれの思想的な特質をくわしく論述する。第一は、本質は実在するが、それは表層的意識ではなく、深層意識によって捉えうるとし、宋学の「格物窮理」を代表的な思想とみる。第二は、本質が象徴性を帯びた元型として現われる思想で、密教のマンダラ、易の六十四卦、カッバーラーのセフィーロートなどに、その例が認められるという。第三は、本質を意識の表層で理知的に認知するところに成立する見解で、孔子の正名論、インドのニヤーヤとヴァイシェーシカ両学派の存在範疇論などを例として挙げている。

ここでは『意識と本質』の頁の大部分を占める本質肯定論を、全般にわたって論ずる紙幅はないので、第二の密教のマンダラに関する叙述にかぎって取り上げてみよう。

本書では、意識・存在の創造的エネルギーの最も原初的な凝集点を「元型」と呼んでいる。元型の自己顕現である元型イマージュは、深層意識の目で見た事物の本質を形象的に呈示する。その第一のタイプは説話的な形の自己展開であって、伝説とか神話といった表現方法がとられる。第二の特徴は、マンダラのような構造体をもってする提示である。

マンダラといえば、われわれ日本人にとって親しいのは、胎蔵（界）と、金剛界の両部マンダラである。これら両部のマンダラを一対と見做すのは、中国密教の独特の考えかたで、日本密教にその伝統は受け継がれたが、インドとかチベット密教には存在しない。

ともあれ胎蔵マンダラ中の中央に位置する大日如来とその周辺の諸尊との関係を、一と多の相互関係において見て、その間に母胎内の胎児のように出生を待つ時間的な経過を認めず、全体が同時に現成している構造関係とみる著者の見解は、胎蔵マンダラの象徴性を論ずる場合、当を得ている。

一方、金剛界マンダラは、意識・存在のエネルギーが中心部から他の周辺の枠に下向する下転門、さらに逆に中心部に上昇する上転門の教説に従えば、時間的な経過をその中に読み取ることも可能だという。ただ金剛界マンダラの中に、上転、下転の両門を認めるのは、日本における真言密教の独自の考えかたであって、インド密教には認められない。

最近、新たに発見され、急激に研究が進展したインド密教の原型をとどめるチベット系の金剛界マンダラは、われわれによく知られた九つの区分をもつ九会マンダラではなく、基本的には成身会だけのような一会の組織である。

金剛界マンダラは、本来的に中心の成身会から下部と、右側の中央と下部の四種のマンダラが、構造の上で基本となっている。わたしの調べたところでは、そのうち三昧耶会（中央下部）は、物体、微細会（左側下部）は、本源的な光ないし音、供養会（右側中央部）は、本源的なエネルギーの象徴と考えられる。つまり金剛界マンダラは、平面的な表現をとるとはいえ、もともと三次元以上の象徴性を表現しようとしたものなのである。

ところがいま改めて『意識と本質』を読みかえしてみて驚いた。著者は日本密教の伝統説に従って、金剛界マンダラの中に、一応時間的な過程を認めながら、第一義的には、金剛界マンダラも胎蔵マンダラと同じく、意識・存在の元型的構造図として捉え、過程といっても時間的なものでなく、構造的な過程であると述べている。本書のもとになる雑誌論文が書かれた頃には、金剛界マンダラに関する新しい学説はまだ紹介されてはいなかったはずである。それにもかかわらず、著者の炯眼は金剛界マンダラの本来の製作的な意図を、みごとに云い当てている。

本書はこの他にも、数々の示唆を、さまざまな形で、われわれに与えてくれる。またそれは文献学に偏りがちな現在の仏教学をはじめとする東洋学の諸分野に、主体的、実存的な理解を導入することが、どれほど必要かということを、われわれに改めて思いおこさせてくれるのである。


（まつなが　ゆうけい・仏教学）

（『井筒俊彦著作集』第6巻付録、中央公論社、一九九二年一〇月）

# 新たな時代の「東方」の哲学

安藤礼二

井筒俊彦は晩年繰り返し、自分がこれまで行ってきたのは「東洋哲学全体に通底する共時論的構造」を体現する古いテクストをまったく新たな視点から読み直していくことだ、と語っていた。そこにあらわれる「東洋の哲人」はいずれも、刹那の現実と永遠の超現実、有限の世界と無限の世界の双方を同時に見渡すことができる人物であった。

二つの世界を同時に見渡す。晩年の「東洋哲学」を主題とした井筒の書物を読み進めていけばいくほど、井筒が理想とした「東洋の哲人」に、そのまま、表現者としての井筒が最終的にたどり着いた姿が重なり合って見えてくる。なぜ、そのような「東洋の哲人」の像を抽出でき、井筒自身もまた同様にそうした未曾有の地平に立つことができたのか。そこには一つの大きな理由があると思われる。井筒は生涯にわたって東洋と西洋、日本語と英語の世界の双方をその身をもって生き抜いたからだ、と。

そもそも人間が世界の奥行きを把握できるためには、まったく異なった二つの眼差しが焦点を結ぶ、すなわち一つに交わることが必要であった。そこではじめて世界は立体視される。井筒は二つの文化の間に立つことによって――多言語使用者である井筒にとっては無数の文化の間に立ったということがより正確である――世界の真実、人間のもつ原型としての姿を浮かび上がらせたのである。それは井筒俊彦という、近代日本の生んだ卓越した個人にしか成し遂げることができなかった。

『井筒俊彦全集』の完結によって、井筒が「無垢なる私の原点」と評した『神秘哲学』（一九四九年）から、自らの魂の「ふるさと」、「私の東洋」の発見がかなったと記した『意識と本質』（一九八三年）へと至る前人未踏の歩みが理解できるようになった。憑依によって哲学が発生し、その体験を深めることで「意識と本質」をめぐる諸問題が整理される。

だがしかし、井筒は日本語だけを用いて著作を残したわけではない。「神秘哲学」から「東洋哲学」へ、つまり井筒思想の始点と終点をつなぐ最も重要な時期、井筒は英語を用いて何冊もの重要な著作をまとめていた。『井筒俊彦英文著作翻訳コレクション』が完結することによってはじめて、現代の「東洋の哲人」たる井筒俊彦の真の姿、その思想のもつ全体像が明らかになったのである。ようやく、井筒俊彦の思索の歩みを理解するための準備と条件が十全に整ったのだ。

井筒が『意識と本質』のなかに書き残した、地理的であるとともに精神的な東洋を探求する新時代の「東方」の哲学、「黎明《しののめ》」の哲学へのアプローチは、いまこの地点からはじまると言っていい。それでは、その「東方」の哲学の核心はどこにあるのか。「東方」の哲学の帰結である『意識の本質』からさかのぼることによって、その原型を抽出してみたいと思う。

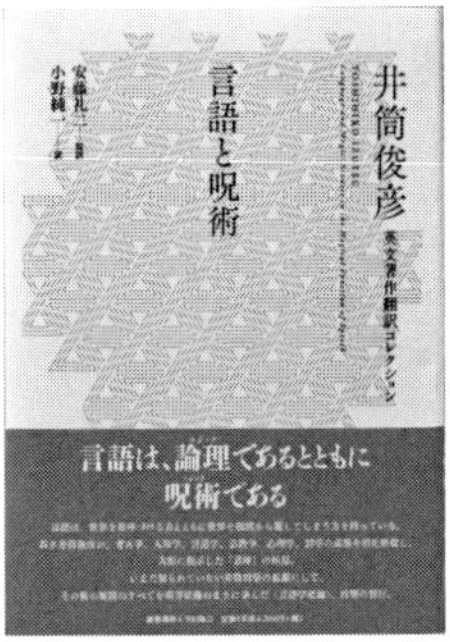

『言語と呪術』安藤礼二監訳・小野純一訳、2018 年

＊

『意識と本質』は、井筒俊彦の代表作である。しかし、世界的な『コーラン』の意味論分析の研究者にしてイスラーム神秘主義哲学の研究者という井筒思想の真髄を求め、この書物を読み進めていこうとした者のほとんどは、そのはじまりの数ページで途方に暮れてしまうであろう。

井筒のもつ常人離れした語学の能力、日本、中国、インド、ギリシア、そしてイスラームの哲学に関する広範な知識は、読者を完全に圧倒してしまう。私自身もまた、井筒の死の直後、はじめて岩波文庫の一冊として手に取ったこの書物を、結局最後まで読み通すことはできなかった。なによりも、冒頭で論じられる、イスラームに淵源しヨーロッパ中世のスコラ哲学で大論争を引き起こした二つの「本質」、「もの」そのものを成り立たせる固有の存在性を指し示す「本質」と、概念の普遍性を指し示す「本質」の相異がなぜ重要なのかまったく理解できなかった。また、井筒が複雑で多岐にわたる「東洋思想」全体におよぶ共時論的構造化をなぜ目指さなければならなかったのか皆目見当がつかなかった。

しかし、それは、井筒俊彦という思想家の全貌がまったく見えていなかったからである。井筒は日本語で著作を書くだ

岩波書店から 1983 年に刊行された改訂版『スーフィズムと老荘思想』

けでなく、それに匹敵するほどの分量の著作を英語で書いていた。なぜ『コーラン』を自分の手で翻訳しなければならなかったのか、その方法論にして自身の特異な意味論の構造を説明した『言語と呪術』（一九五六年）、イスラーム神秘主義思想と中国神秘主義思想を比較対照した大著『スーフィズムと老荘思想』（一九六六・六七年）を英語でまとめ、一九六七年から『意識と本質』刊行直前（一九八二年）に至るまでほぼ毎年、スイスのマジョーレ湖畔で開催されたエラノス会議に参加し、「東洋思想」について英語で講演を行っていた。

そうした英文著作の主要なもの（ほぼすべて、と言ってしまっても良い）がようやく日本語で読めるようになった。それら、英文著作の邦訳を参照しながらあらためて『意識と本質』を読み直してみれば、この一冊の書物に井筒がその生涯をかけて探求した主題のすべてが極度に濃縮したかたちで詰め込まれていたことが分かる。井筒の探求を貫いていたのは言語のもつ論理性と呪術性、世界を秩序づける意味の分節性と世界を発生させる意味の無分節性という二つの極の対立と交響であった。

※

『意識と本質』で一つの完成を迎える井筒思想。その起源は、『神秘哲学』にある。しかしそれだけではない。『神秘哲学』は、有限の人間が生きる現実の世界と無限の神（森羅万象あらゆるものを産出する「一者」、すなわちイデアのなかのイデア）が生きる超現実の世界を一つにむすび合わせる、つまりは現実世界の直中に超現実の世界への通路をひらいてくれるのが「憑依」（ディオニュソスの「憑依」）であると宣言してくれていた。しかし、「憑依」は方法に過ぎなかったのだ。「憑依」を通して明らかになるもの、それこそが井筒俊彦が生涯の主題とした、言語のもつ二重性にして両義性であった。

言語は人間たちの水平的なコミュニケーションを可能にすると同時に、それを垂直に乗り越えていく。その垂直性の極限に言語を生み出すとともに言語を超えた存在、神即ち「一者」が存在する。言語には、有限の意味を伝える側面（「指示」）と無限の意味を生み出す側面（「喚起」）の二つが具えられている。ただそのことだけを、さまざまな視点から論じ尽くしたのが井筒のはじめての英文著作、『言語と呪術』であった。井筒は、そこで言語とは論理《ロジック》と呪術《マジック》、意味の指示と感情の喚起からなると定義する。言語は意味を明確に指示する論理的な側面と、感情を包括的に喚起する呪術的な側面の二つをもつのだ。「外延《デノテーション》」と「内包《コノテーション》」とも言い換えられる。「外延」とは言葉のもつ意味を明示的かつ一義的に指示する外的な機能であり、「内包」とは言葉のもつ意味を暗示的かつ多義的に包括する内的な機能なのである。

「憑依」とは言葉の論理を打ち破り言葉の呪術を解放する方法、言葉の「外延」という外部を切り裂き言葉の「内包」という内部を露呈させる方法なのだ。預言者とは、「憑依」を介して、有限の人間の言葉を乗り越えて無限の神の言葉へと到達した者、言葉の「外延」を乗り越えて言葉の「内包」へと到達した者のことだった。だから、井筒は『言語と呪術』をまとめ上げた後すぐに『コーラン』の翻訳へと取りかからなければならなかったのだ。預言者ムハンマドは、言語の「内包」に直接触れ言語の「外延」を根本から変革してしまった特別な人間だった。意味を変革することで社会を変革してしまった人間だった。

ムハンマドは、「憑依」(神からの召命)によって、意味の焦点を人間から神へと、人間の法から神の法へと移す。その軌跡を逐一追っていける特権的かつ唯一の書物が『コーラン』だった。井筒が英文でまとめた『コーラン』の意味論の核心は、ただその一点にある。意味の「有」をきわめたものが一神教的な思想であるならば、意味の「無」(消滅の無ではなく生成の無)をきわめたのがアジア的な、老荘的な思想である。しかも一神教のアジア的かつ神秘主義的な展開であるイランのイスラーム、すなわちスーフィズムにおいては、神は万物に超越するものではなく万物に内在して万物を生み出すものと捉えられていた。「多」(万物)の根源には「一」(神)があり、その「一」はもはや「無」としてしか表現できないもの、つまりは言葉を超えたものだった。

イランのスーフィズムと中国の老荘思想。その両極を一つにむすび合わせるのがインドに生まれたヒンドゥーの不二一元論であり、大乗仏教の如来蔵思想であった。アートマン(真の自我)とブラフマン(宇宙原理としての梵)は一つであり(梵我一如にして不二一元)、「真如」(宇宙の真理)は一つの「心」であり、その「心」には森羅万象あらゆるものが如来(仏)となるための種子(仏性)として胎児のように孕まれている(一切衆生悉有仏性にして草木国土悉皆成仏)。『スーフィズムと老荘思想』を書き上げた井筒がエラノス会議に招待され、広義の東洋思想、広義の中国思想にして仏教思想について講演を続けていくこともまた必然であった。その結果として『意識と本質』は成り立ったのだ。

『意識と本質』全体を貫くのは、『言語と呪術』で提起され、その後の英文著作で磨き上げられてきた有と無の対立、意味と無意味の対立と相互浸透である（この場合の「無」は、いずれも老荘思想的な「無限」を内に含み込んだ「無」である）。『意識と本質』で最もページ数を費やし対照的に論じられるのが、禅的な方法と密教的な方法である。禅は、意味にして存在の「無分節」を目指し、密教は、意味にして存在の「分節」の根源を目指す。『意識と本質』のなかで、禅的な方法から密教的な方法へと話題が転換されたはじまりの章（Ⅷ）の最後に、井筒が取り上げあるのがイランに生まれた思想家スフラワルディーの「黎明《しののめ》の光の叡智」、「黎明の光の国」というヴィジョンである。

スフラワルディーは、さまざまな原型的なイメージが生まれてくる「心」の奥底を「光」の世界、太陽が昇る東方にして黎明《しののめ》の世界として捉えた。それは井筒が『言語と呪術』で定義した「内包」の時空そのものでもあったはずだ。精神の東方にして黎明。そこから無限の意味、無限の光が発生してくる。そうした光にして意味を介して、有限の人間の世界と無限の神の世界が一つにつながり合う。井筒は、遺著となった『意識の形而上学』で、如来蔵を説いた大乗仏教の論書、『大乗起信論』を取り上げ、その可能性、「東洋哲学全体に通底する共時論的構造」を体現する可能性を論じ尽くす。

『大乗起信論』は禅と密教が生み落とされる基盤となった論書である。「真如」は、「心」は、「如来蔵」にして「アラヤ識」は、二重性にして両義性をもつものであった。そのことによって、存在と意味の「分節性」（多性）と「無分節」（一性にして無性）を一つにむすび合わせる。『言語と呪術』にはじまった言語論が、存在と意識をめぐる哲学として見事に完結した。その軌跡を問い直すことから、来たるべき新時代の「東方」の哲学にして「黎明」の哲学がはじまるはずだ。

（あんどう　れいじ・文芸評論家）

# エラノス会議と井筒哲学

澤井義次

井筒俊彦が逝去して四半世紀が経った今年、『井筒俊彦全集』の刊行に引き続いて、『井筒俊彦英文著作翻訳コレクション』の刊行が完結した。ここに、ようやく井筒哲学の全貌が明らかになった。英文著作も邦訳されて、井筒の海外での研究生活による、いわば空白の二十年も埋めることができることになった。

井筒哲学の展開を振り返ってみると、井筒が長年にわたり、エラノス会議で講演したことが、結果として独自の「東洋哲学」を構想する重要なきっかけとなった。エラノス会議での講演をとおして、井筒の名声は世界へと次第に広まっていった。このたび、英文著作翻訳コレクションの一冊として、エラノス会議における講演の全ての内容が『東洋哲学の構造——エラノス会議講演集』として刊行された。井筒が晩年、構築を目指した「東洋哲学」の構想を理解するうえで、エラノス講演集は大変貴重な文献となるだろう。

もう十年余り前になるが、筆者は同訳書の原本となるエラノス会議刊行の『エラノス年報』（*Eranos-Jahrbuch*）に収録された井筒の十二篇の英語論文を発表年代順に、慶應義塾大学出版会の「井筒ライブラリー・東洋哲学叢書」（The Izutsu Library Series on Oriental Philosophy）の第四巻として、英文著書 *The Structure of Oriental Philosophy: Collected Papers of the Eranos Conference*, 2 vols., Tokyo: Keio University Press, 2008 を責任編集した。「井筒ライブラリー・東洋哲学」とは、井筒の没後、井筒哲学の継承発展を意図して生まれたものである。井筒が精魂を傾けたエラノス会議における十二回の講演の邦訳書をとおして、井筒がいかに東洋思想の古典的テクストを意味論的に読み解いたのかを具体的に理解することができる。

井筒は一九六七年、スイスのアスコナで開催されていたエ

1979年夏、エラノス会議で「イマージュとイマージュ不在のあいだ」を講演する井筒板書は、『易経』の「卦」を図解する（『東洋哲学の構造』p.422の図）

ラノス会議に初めて講師として招かれた。五三歳のときであった。その年から八二年まで、ほぼ毎年、十二回にわたって、おもに東アジアの伝統的な思想をテーマとして講演をおこなった。二回目の一九六九年からは、豊子夫人も毎回、井筒と一緒にエラノス会議に参加している。

エラノス会議は、毎年八月下旬、スイスのマッジョーレ湖畔のアスコナで開催された。この会議は一九三三年、オランダ人女性のオルガ・フレーベ＝カプテイン（一八八一—一九六二）によって創立されたものである。この集まりを「エラノス」と命名したのは、『聖なるもの』の著者として世界的に有名な宗教学者のルードルフ・オットーであった。「エラノス」とは古典ギリシア語で、食事を共にしながら歓談する「会食」を意味する。一九三三年、第一回エラノス会議が開催された後、一九四〇年代に世界大戦のために中断したものの、一九八八年まで毎年、五十余年にわたって開催された。ちなみに、一九八八年以降も、「エラノス会議」と呼ばれる会議が開催されているが、その会議は井筒が参加したエラノス会議と名称こそ同じであるが、その開催の意図や方針はかなり異なっている。

井筒は一九六〇年代から、慶應義塾大学を離れて、カナダのマッギル大学やイラン王立哲学アカデミーを中心として、約二十年にわたり海外で研究生活を送った。しかし一九七九年、イラン革命のために、テヘランからの帰国を余儀なくされた。井筒は帰国した直後から、『イスラーム哲学の原像』、『意識と本質』、『意味の深みへ』、『コスモスとアンチコスモス』など、「東洋哲学」に関する著書を次々と出版していった。それらの著書の基盤を成していたのは、エラノス会議における講演のために蓄積された哲学的思惟であった。

井筒は後日、エラノス会議に講師として招かれたことを次のように述懐している。

> 特に一九六七年、エラノス学会の講演者の一人に選ばれてからは、一九八二年までほとんど毎年、夏のスイス、マッジョーレ湖畔で東洋哲学のあれこれを主題とする講演を行うことを、むしろ楽しみとするようにさえなって

きた。〔中略〕

たまたまこの時期〔エラノス会議に招かれた時期〕は、東方への憶いが私の胸中に去来しはじめ、やがてそれが、東洋思想をもう一度、この時点で、ぜひ自分なりに「読み」なおしてみたい、そして、できることなら、東洋哲学の諸伝統を現代世界の思想の現場に引き入れてみたいという希求（野望？）にまで生長していった二十年でもあった…。（「事事無礙・理理無礙」『井筒俊彦全集』第九巻、三頁）

井筒はエラノス会議での講演において、東洋思想の古典的テクストの意味論的〈読み〉にもとづき、「東洋哲学」という独自の哲学的思惟を次第に醸成していった。井筒は要請されて、禅思想をはじめ、東洋の宗教や哲学について講演をおこなった。エラノス会議に参加するようになった時期から、彼は次第に「自分の実存の『根』は、やっぱり東洋にあったのだ」と感じるようになった。さらに、東洋の伝統的な思想に深く関心を向けるようになり、「東洋哲学の諸伝統を現代世界の思想の現場に引き入れてみたいという希求（野望？）」を抱くようになった。その頃から井筒は、現代世界の思想状況の中で、東洋思想の諸伝統を「東洋哲学」の名に価する有機的統一体へと「未来志向的」に纏め上げたい、との思いを抱くようにもなった。

エラノス会議には、二十世紀を代表する世界的に有名な研究者たちが参加していた。心理学のカール・ユング、宗教学のミルチャ・エリアーデ、神話学のカール・ケレーニイ、生物学のアドルフ・ポルトマン、イスラーム学のアンリ・コルバン、ユダヤ神秘主義のゲルショム・ショーレム、心理学のジェイムズ・ヒルマンなど、実に多彩な顔ぶれであった。たとえば、ユングがエラノス会議での講演をとおして、独自の心理学理論を展開していったことは広く知られている。ユングなどの研究者たちと同じように、井筒もエラノス会議での講演をとおして、次第に「東洋哲学」構想を具体化していった。豊子夫人の話によれば、井筒はエラノス会議における講演の原稿を準備するのに、ほぼ一年の歳月をかけたという（拙稿「井筒俊彦先生ご夫妻との思い出」『井筒俊彦全集』第九巻月報、五―六頁参照）。井筒は合計十二回にわたって、エラノス会議において講演をおこなったので、ほぼ十二年のあいだ、毎年、まさに一年の歳月をかけて、全部で十二篇のエラノス原稿を周到に準備したことになる。

エラノス会議に講師として招かれた日本人の研究者には、井筒のほかに鈴木大拙、上田閑照、河合隼雄がいた。井筒がエラノス会議に招かれる十年余り前には、禅の研究で世界的に知られていた鈴木大拙が招かれ、二年連続で講演をおこなった。大拙は井筒がエラノス会議に招かれる前年、一九六六年に亡くなっている。そうした意味で井筒は、大拙の後継者という位置にあったと言えるだろう。井筒の後継者として、宗教哲学の上田閑照と臨床心理学の河合隼雄が選ばれた。上田閑照はマールブルク大学留学の経験もあり、同大学の宗教学者でエラノス会議に参加していたエルンスト・ベンツをよく知っていた。そういうわけで、上田がベンツと井筒によって推薦された。上田は四回、おもに禅思想について講演をおこなっている。河合隼雄はスイスのユング研究所でユング心理学を学んだこともあり、エラノス会議との接点をもっていた。そこで豊子夫人によれば、井筒は河合をエラノス会議の講師として推薦したという(井筒豊子『井筒俊彦の学問遍路』慶應義塾大学出版会、二〇一七年、四三—四四頁参照)。河合は井筒俊彦追悼エッセイの中で、「まったく思いがけず先生の推薦によって私がエラノス会議に参加することになった」(「井筒俊彦先生の思い出」『三田文学』一九九三年、春号)と記している。河合は五回、ユング心理学と日本の昔話や神話などのテーマで講演をおこなっている。

ところで、井筒が一九六七年、エラノス会議の講師として招かれたとき、その会議の主催者から専門分野を「哲学的意味論(Philosophical Semantics)としてよろしいか」と尋ねられた。井筒は「全く予想もしていなかったレッテル」に少し驚いたという。井筒のこの言葉は、当時、いまだ自分自身の方法論を「哲学的意味論」として自覚していなかったことを示唆する。しかし、「「哲学的意味論」——それは私が最近胸にいだいてきたイデーを他のどんな名称にもましてよく表現しているように思われた」と後日、述懐している。エラノス会議に招かれるまでの井筒は、英文著書『言語と呪術』(一九五六年)にも見られるように、自らの意味論を構想していたものの、「意味論的社会学、あるいはより一般的に文化の意味論的解釈学とでもいえるようなもの」を考えていた。井筒は学的関心を思想ばかりでなく、広く社会や文化にも向けていたのだ。

ところが、エラノス会議に招待された時期を境にして、井筒は「哲学的意味論」を彼自身の方法論として、東洋思想の意味世界の解明に専心するようになった。井筒はまず、クルアーンについての意味論的研究などによって、国の内外でイスラーム学者として知られるようになった。その後、イブン・アラビーなどのイスラーム神秘思想の研究に取り組んだ。初期のクルアーン研究から晩年の「東洋哲学」研究に至るまで、井筒の意味論的パースペクティヴは全ての著作を貫いている。

井筒はエラノス会議において、禅の思想をはじめ、インド思想や仏教思想さらに中国思想など、東洋思想の古典的テクストの意味論的〈読み〉にもとづいて、存在と意識に関する東洋哲学の構造を具体化していった。井筒はみずみずしい精神的創造力を内包する禅の思想を東洋哲学の根源的思惟形態の一つとして捉えて、その思想が限りなく豊饒な思想的可能性を示していることを、自ら主体的かつ思想的に覚知していたのだ。

エラノス会議における講演の主要テーマは、禅思想、中観思想や華厳思想の存在論、唯識思想の意識論、インドのヴェーダーンタ哲学、老荘思想、二程子や朱子の思想、『易経』の思想、楚辞のシャマニズムなど、実に多岐にわたっていた。これらの講演テーマは全て、晩年の『意識と本質』などの著書において主要な論点を成している。このことは、井筒が「東洋哲学」構想をエラノス会議における講演の内容を踏まえて展開したことを明示している。

井筒は『意識と本質』の副題を「精神的東洋を索めて」と表現している。ギリシアから中近東、インド、中国、日本までを「一つの理念的単位」として措定して、それを「東洋」と呼んだ。そして、「その世界に通用するひとつの普遍的なメタ的な言語」を構築しようとした。エラノス会議での講演をとおして、井筒が終始一貫して強調した「東洋」の哲学的思惟における根本的な特徴とは、東洋の哲人たちが日常的経験の世界に存在する事物を事物として成立させる境界線を取り外して、ありのままの事物を見ることを知っていたということであった。存在の現象的「多」の深みには、本源的「一」が存在する。東洋の哲人は、いわば「複眼」で存在のリアリティ、その表層と深層を同時に見ることを覚知していたのだ。

たとえば、井筒の意味論的視座からみれば、老荘思想の「道《タオ》」の形而上学は、東洋の哲人たちが体験したことの理論的な洗練化の結果であった。「道」は全ての事物の存在論的な源泉であり、荘子によれば、「夫れ道は未だ始めより封有らず」。「道」は本来的に絶対に無分節であり、物と物を区別する分割線(「封」)はどこにも引かれていなかった。そこに人間が「名」をつけて、限りなく分け目を作り出していく。こうしたコトバの意味分節機能が喚起する分別を生み出す。イスラームにおけるイブン・アラビーによれば、「存在《ウジュード》」は絶対無限定な存在であり、その自己分節の形として存在世界が展開する。この「存在」は荘子の「道」と共通した存在論的構造をもつと井筒は言う。そのことを『スーフィズムと老荘思想』の中でも、エラノス講演集の中でも、具体的に古典テクストを挙げて詳論している。

井筒の「東洋哲学」の構想は、エラノス会議での講演原稿を準備する中で、東洋の古典的思想テクストの意味論的〈読み〉を蓄積することで次第に明確になっていった。エラノス講演集からは、『意識と本質』以後の著作で展開される井筒哲学の萌芽、および東洋思想テクストの具体的な意味論的分析を読みとることができる。つまり、エラノス講演集は、井筒「東洋哲学」構想の構築へ向けて、彼が精魂を傾けた哲学的思惟の結晶を示していると言えるだろう。

近年、国の内外で、井筒の提唱した「東洋哲学」がますます注目されている。井筒が意味論的に提起した「東洋哲学」の構想は、今後、多様な方向性へ展開される無限の可能性を秘めている。井筒が依拠した哲学的意味論の視座から、東洋思想の古典的テクストの理解を深めていくことができる。井筒哲学を道案内として、多様な東洋思想の古典的テクストを現代的な視座から読み解いていくこともできる。さらに井筒哲学を手がかりとして、東洋哲学全体に通底する共時論的構造を理解し、それと同時に、東洋哲学と西洋哲学の差異に留意しながら、東洋思想の特徴をいっそう深く理解していくこともできるだろう。

井筒哲学は、未来へ向けて東洋思想と西洋思想を架橋し、新たな知のパラダイムを拓いていく思想的可能性を内包している。井筒哲学に関する本格的な研究の時期を迎えている今日、今後の井筒哲学研究とその展開に心から期待したい。

（さわい　よしつぐ・宗教学）

# 井筒俊彦と丸山圭三郎
## ――出会い、交錯した二人は、どこに向かったか

互　盛央

一九八〇年代から九〇年代前半にかけて、今日では想像することさえ難しいほど思想界も人文書の世界も華やかだった頃、祝祭の最中で数多くの思想家たちが邂逅を果たした。彼らの対談や鼎談、座談会が雑誌や単行本で競うように活字になっていた頃が懐かしい。祭りのあと何も残らなかった出会いもあれば、双方に重要な変化をもたらした出会いもあった。そして、その交錯の中に重要な問いが生み出されていた出会いもあった――井筒俊彦と丸山圭三郎の二人がまさにそうだったように。

この二人の関係は、今日に至るまで本格的に注目されることがなかったと言わざるをえない。むろん、それには理由がある。井筒より十九歳年下で、ソシュール研究によって華々しく思想界に登場した丸山の読者にとっては、ある時期から井筒の影響が前面に出てくることはすぐに気づかれたが、井筒にはそのようなはっきりした傾向は見られないからだ。華やかなりし思想界を憧れとともに見上げて青春時代を送った者として、二人の交錯を具体的に跡づけるための端緒をなすこと。それがここでの願いである。

世界的にも先駆をなす草稿研究に基づいた『ソシュールの思想』（岩波書店、一九八一年七月）で注目を浴びた丸山が研究者を越えて読者を一挙に獲得したのが、続く著作『ソシュールを読む』（岩波書店、一九八三年六月）だったことは、よく知られている。これは前年の一九八二年四月から六月にかけて行われた「岩波市民セミナー」を基にした新しいシリーズ「岩波セミナーブックス」の創刊書目の一冊であり、通し番号には「2」が付されている。同時発売の「1」は何だった

かといえば、井筒の『コーランを読む』だった。この書物の基となる井筒のセミナーが行われたのは、一九八二年一月から三月。文字どおり、井筒から丸山にバトンタッチされた形である。

このセミナーに先立つこと三年、一九七九年にイラン革命を機にテヘランを去った井筒は、以降、活動の場を日本に移した。帰国翌年の一九八〇年六月に『思想』誌（岩波書店）で連載が始まり、一九八二年二月で完結を迎えて翌年には単行本として同じ版元から刊行されたのが主著『意識と本質』だったことは今さら指摘するまでもない。丸山との関連に注意しながら改めて見てみると、この書物には丸山への言及はなく、わずかに一個所、ソシュールの名がどちらかと言えば批判的に挙げられているだけである（全集(6)一七七頁）。おそらく井筒が丸山の存在を意識するようになったのは、連載が完結を迎えつつある時期に始まった市民セミナーで、自分のあとに丸山が登場した頃のことだったのだろう。

その点で注目に値するのは、二人のセミナーブックスが刊行されて半年後、『みすず』誌（みすず書房）で行われている恒例の「読書アンケート」の一九八三年分（一九八四年一月号）に井筒が回答を寄せて、二年前に刊行された『ソシュールの思想』を挙げていることである。「『ソシュールを読む』と共に、すでに確たる定評をもつこの本について、今さら何も言う必要はないだろう。精読して、私は多くを学んだ」（全集(8)一〇五頁）と井筒は書いている。事実、二カ月後の一九八四年三月に岩波書店から刊行された『現代文明の危機と時代の精神』（岩波書店編集部編）に寄稿した「文化と言語アラヤ識」（のち『意味の深みへ』所収）で、井筒は「ソシュールは文化を恣意性ということで根本的に規定しようとした」と評した上で、「この決定的に重要な記号学的文化論の真相は、既に丸山圭三郎氏の委曲を尽した研究によって明らかにされている」と記している（全集(8)一五五頁）。

二人のあいだの重要な交錯が訪れるのは、この直後のことである。『コーランを読む』と『ソシュールを読む』が刊行された一九八三年六月にパリでジャック・デリダ（一九三〇—二〇〇四年）と会談した井筒に宛てて、翌月デリダが送ってきた書簡「日本人の友への手紙」が、「文化と言語アラヤ識」が発表された翌月の『思想』一九八四年四月号に「〈解体構築〉DÉCONSTRUCTIONとは何か」という表題で掲載される。訳者はほかでもない丸山であり、これは井筒からの依頼によるものだった（この間の経緯は、全集(8)五二二—五二三頁に詳しい）。同号は「構造主義を超えて」という特集にあてられた一冊で、巻頭論文は井筒の「「書く」——デリダのエクリチュール論に因んで」、次にデリダの書簡があり、続いて丸山が論考「〈現前の記号学〉の解体」を執筆している。この論考は、改訂された上で、半年後に丸山の思想的な画期をなす著作『文化のフェティシズム』(勁草書房、一九八四年十月)の中核をなす第三章となるだろう。そこには、丸山が企てる「記号学解体」の第四段階として「〈関係の第一次性〉を否定するにいたったソシュール」が「〈縁起〉する一切である〈法〉の非実在性、つまりは〈空〉を述べる点では、ナーガールジュナ Nāgārjuna(龍樹)の中観との奇しき類似性さえ感じられる」という記述がある(『丸山圭三郎著作集』⑵四〇八頁)。この一節には、井筒の「文化と言語アラヤ識」との関連(全集⑻一六七頁以下)を見て取れるだろう。

これ以降の丸山の著作には、井筒が提起する「言語アラヤ識」という術語が散見されるようになるばかりか、直接的な言及も目に見えて増えていく。とりわけ『意味の深みへ』(岩波書店、一九八五年十二月)に収録された論考は丸山を強く触発し、『週刊読書人』で取り上げたあと(「意味体験の限りなき深みへ」、一九八六年三月三十一日号)、『生命と過剰』(河出書房新社、一九八七年十一月)に至って「井筒哲学」を全面的に取り上げるとともに(著作集⑷六七頁以下)、『欲動』(弘文堂、一九八九年九月)ではジャック・ラカンとの共通性を指摘し(著作集⑶二二〇―二二一頁)、一般の読者を想定して書かれた『言葉・狂気・エロス』(講談社現代新書、一九九〇年六月)ではわざわざ「言語アーラヤ識」という小見出しを掲げて井筒の「意味分節理論と空海」の一節(初出『思想』一九八五年二月号、全集⑻四〇一頁)を引用している(著作集⑶三四五―三四六頁)。さらに、この新書の五カ月後、一九九〇年十一月二十日の『毎日新聞』「私の新古典」欄に登場した丸山は、「驚くべき厚み持つ思想」という見出しの下、五年前に刊行された『意味の深みへ』を取り上げる、という熱の入れようである。

先に触れた『生命と過剰』は、丸山自身が「ライフ・ワーク」として企図した三部作の第一作となった。その基となる連載は、一九八六年二月から『文藝』誌(河出書房新社)で始まっている。折しも、この連載が続行中だった一九八七年一月には『みすず』「読書アンケート」号で井筒が再び丸山を取り上げ、『フェティシズムと快楽』(紀伊國屋書店、一九八六年十一月)について「面目を一新した現代の世界思想的状況において、創造的に哲学し得る人は稀にしかいない。丸山氏はその稀な思想家の一人であることを本書は明示する」(全集⑼二九二頁)と賛辞を送った。かく言う井筒自身はといえば、『思想』誌で一九八五年七月号に始まり、断続的に発表されていた連載「東洋哲学のために」が進行中だった。これは一九八九年七月に『コスモスとアンチコスモス』(岩波書店)として単行本にまとめられるが、この連載こそが二人の最後の交錯を導き、重要な問いを生み出すものとなる。

連載の第五回「コスモスとアンティ・コスモス」(単行本収

録にあたって「コスモスとアンチコスモス」と改題）が発表されたのは、一九八七年三月のことである。そのわずか二カ月後に掲載された「生命と過剰」の連載最終回で、丸山はさっそくこれを取り上げている。その際に重視されたのが「カオス」をめぐる思索だった。丸山は「井筒氏も言われるように〈カオス〉は〈コスモス〉の外にあるのではなく「コスモス空間そのもののなかに構造的に組み込まれている」。そしてその構造とは、「今、ここ」ではカオスが絶えずコスモス化されていても、このカオス自体がコスモスの産物であり、しかもカオスが再びコスモス化されることによってしか新たなカオスは生じないという円環構造なのである」（著作集(4)二〇〇頁）と言う。同じ主張は二年後の『欲動』でも繰り返されるが（著作集(3)二四三頁以下）、ここには二人を分かつ微妙で決定的な違いが表れている。

丸山が引用した個所のすぐ前で、井筒はこんなふうに記している。「いったんコスモスが成立してしまうと、今度はそれに対立するカオスもその性格を変えはじめます。当然のことですが、カオスは、もはや秩序以前の無秩序というだけではすまなくなり、もっと積極的にコスモスの秩序に対立し、対抗し、敵対する無秩序になってくるのです」（全集(9)三二二頁）。これが「アンチコスモス」と呼ばれるわけだが、丸山が引用した一節もこの「アンチコスモス」について言われているのを見逃すことはできない。「アンチコスモスは、外部からコスモスに迫って来る非合理性、不条理性の力ではなくて、コスモス空間そのものの中に構造的に組み込まれている破壊力だった、ということです」（同書、三二二頁）。つまり、井筒はカオスをコスモス以前に見出しているのに対して、丸山はカオスをあくまで「コスモスの産物」と捉えることで、そこに「円環構造」を見ようとするのだ。

この違いは重大である。「コスモスとアンチコスモス」の冒頭に置かれた「梗概」で、井筒は「アンチコスモスは、存在の虚無化（「死」）を意味しない。存在「無」化は、存在世界を虚無の中に突き落してしまうことでなく、むしろ存在の全体を、主・客の区別をはじめとする一切の意味分節に先立つ未発の状態、すなわち絶対的未分節の根源性において捉えることにほかならない」（同書、二九七頁）と記している。ここで言われる「無」は「有」と二項対立をなす「無」ではない。この二項対立を遡ったところに見出され、二項対立そのものを生み出している〈無〉である。だから、井筒は「「無」と「有」とのこのパラドクシカルな共立の上に成立する「解体されたコスモス」」（同頁）という一見奇妙な表現を使う。そして、これこそが『意識と本質』で提起されていたある区別と関わりながら、二人の絶筆となる著作の交錯を導く問いとなる。

『意識と本質』の中で「有「本質」的分節」である「分節(Ⅰ)」と「無「本質」的分節」である「分節(Ⅱ)」を区別した井筒は(全集(6)一三六頁以下)、「絶対無分節から分節(Ⅱ)へ」を「実在そのものこの本然の道」と呼び、「禅者」の「修行道の後半」である「向下道」として位置づける(同書、一五二頁)。この分節(Ⅱ)では「分節された花は花として現象しているし、分節された鳥は鳥として現象しているが、無「本質」の花には花の凝固性がなく、鳥には鳥の凝固性がない。だから互いに浸透し合う」と言われ(同書、一六一頁)、「人間の言語的主体性の域を超えている」(同書、一七二頁)とされる。つまり、コスモスをなす分節(Ⅰ)に対して、分節(Ⅱ)はアンチコスモスをなす。そして、この非人称の分節(Ⅱ)に、晩年の井筒は「言語アラヤ識」を見た。

その展開は、『中央公論』誌で一九九二年五月、八月、十月に掲載され、遺著として死後出版された『意識の形而上学』(中央公論社、一九九三年三月)に見られる。そこで「大乗仏教全般を通じて枢要な位置を占めるキーターム の一つ」であり、「無限宇宙に充溢する存在エネルギー、存在発現力、の無分割・不可分の全一態であって、本源的には絶対の「無」であり「空」(非顕現)」(全集(10)四八三頁)だと言われる「真如」を取り上げた井筒は、こんなふうに記している。「『起信論』的「アラヤ識」は、何よりも先ず、「真如」の非現象態と現象態〔…〕とのあいだにあって、両者を繋ぐ中間帯として構想される。〔…〕非現象態(=「無」の境位)から現象態(=「有」の境位)に展開し、また逆に現象的「有」から本源の非現象的「無」に還帰しようとする「真如」は、必ずこの中間地帯を通過しなければならぬ」(同書、四八五―四八六頁)。明言こそされていないものの、この「中間地帯」と言われる「言語アラヤ識」に見出されるのが、かつて井筒が「分節(Ⅱ)」と呼んだものだろう。「現象態」をもたらすコスモスが分節(Ⅰ)であり、「非現象態」でしかありえないカオスが「絶対無分節」である以上、その「中間」にあるのはコスモスでもカオスでもないと同時にコスモスでもカオスでもあるような働き、「無分節」と二項対立をなすことがない〈分節〉以外ではありえないからだ。思えば、井筒は日常に見出される分節(Ⅰ)の向こう側に、いつも分節(Ⅱ)を見出していた。

この井筒の遺作を丸山はどう受け取っただろう。『生命と過剰』からおよそ五年を経て、「ライフ・ワーク」の第二作にして単行本としては最後の著作となる『ホモ・モルタリス』(河出書房新社、一九九二年三月)を刊行した丸山は、自身が語っているように、それまでの時期に癌を発症したこともあり、「死」を強く意識するようになっていた(「ホモ・モルタリス」は「死すべきヒト」という意味をもつ)。先に見た

「円環構造」をさらに展開したこの著作で「大きな円環を可能にする深部は、タナトスとレーベンが交錯し、人間個体の生物学的死か狂気を迎える危険地域である」（著作集⑷三三五頁）と記した丸山は、コスモスとカオスが区別を失う「中間地帯」に、レーベン（生）とタナトス（死）の区別の喪失を見ようとした。おそらく「ライフ・ワーク」の完結篇を書くことはかなわないだろう——そんな予感を抱いていたはずの丸山に、翌一九九三年一月七日に井筒が逝去したとの報が届く。「今世紀の偉大な哲人」（『朝日新聞』夕刊、一九九三年一月九日）、「人間の〈死＝生〉を語る」（『週刊読書人』同年一月二十五日号）という二つの追悼文を書いたあと、丸山が取り組んだ大きな仕事はあと一つである。それが『岩波講座 現代思想』（全十六巻、岩波書店、一九九三—九五年）の編集委員という任務だった。

その第一回配本である第一巻（一九九三年五月）に論考「コトバ・関係・深層意識」を寄せた丸山は、「深層・古層の言語＝意識においては、エロスとタナトスの境界がない。〔…〕生と死だけではない。自我と他者が融合し、時空のアルケーとテロスも絶えざる差異化としての円環の一通過点となる。井筒氏の言われる〈事事無礙〉、〈事理無礙〉、〈理理無礙〉の世界……」（著作集⑸二三一—二三三頁）と書いて、「生と死」および「自我と他者」の「融合」を再び強調する。主張は同じだが、「危険地域」という表現を使っていた『ホモ・モルタリス』とは違い、奇妙な静謐さが印象に残る。そして、そのさらに二カ月後、同じ講座の第三巻のために、丸山は本格的な論考としては絶筆となる「夢の象徴とコトバ」を書いた。ここで井筒の絶筆『意識の形而上学』に触れた丸山が引用したのが、ほかでもない先に見た一節（全集⑽四八五—四八六頁）だった。

だが、その引用を井筒の本文と比べてみると、最後の一文「非現象態（＝「無」の境位）から現象態（＝「有」の境位）に展開し、また逆に現象的「有」から本源の非現象的「無」に還帰しようとする「真如」は、必ずこの中間地帯を通過しなければならぬ」を丸山は「……還帰しようとする」で切り、冒頭の「『起信論』的「アラヤ識」は」を主語とする文に変えていることに気づかされる（著作集⑸二六二頁）。これは小さな改変ではない。かといって意図的な「改竄」だったのでもない。続く個所で「分節的存在界は、実は、隅から隅まで、根源的無分節「真如」自身の分節態にほかならないのだ。この意味では、現象世界も「真如」以外のなにものでもないのである」（全集⑽五〇三頁）と断じられているように、井筒は分節（Ⅰ）の向こう側に「根源的無分節」である「真如」とつながる分節（Ⅱ）を聞き取っている。井筒にとって「真如」は聞き取られねばならない。「中間地帯を通過しなければばならぬ」と言われるのは、だから当然のことだった。しかし、晩年の丸山は「真如」に到達しようとした、もっと言えば、「円環構造」から跳躍して、みずから「真如」になろうとしたように思えてならない。あの静謐さは、その表れではなかったか。だとすれば、丸山にとって、井筒の逝去はみずからを「分節」の世界につなぎとめる舫《もや》い綱を失うような出来事だったはずだ。井筒が亡くなってわずか八カ月後、一九九三年九月十六日に丸山が急逝したという事実は、あまりに象徴的である。

晩年の二人のあいだに生み出された「真如」をめぐる違いは、重要な問いを投げかけている。私たちは今も言葉を語っている。私が語っているのが言葉であることの根拠を求めるなら、「真如」に遡ることになるだろう。その「根源的無分節」から「分節」への「中間地帯」には、非言語から言語への転換がなければならない。その転換は、非人称の「それ」が語る、としか言いようのない出来事である。かつてニーチエがこう書きつけたように。「主語「私」は述語「考える」の前提である、と述べるのは事態の捏造である。それが考える〔Es denkt〕」(『善悪の彼岸』)。「私が語る」ことが言葉を語ることであるのなら、その向こう側に「それが語る」が見出されねばならない。それはどこまでも事後的にしかなされえないことだ。だから、井筒俊彦は「それが語る」のを聞き取ろうとしたが、丸山圭三郎は「それが語る」という出来事そのものになろうとした。これはどちらかが正しく、どちらかが間違っている、という問題ではない。正答も誤答もできず、しかし答えなければならない問いというものが、ここにはある。私たちが言葉を語るということが軽視しえない事実であるのなら、二人の交錯が今も発している問いに、私たちは答えなければならない。

（たがい　もりお・言語論・思想史）

（『全集』別巻付録）

執筆者一覧（掲載順）

白井浩司　しらい　こうじ
１９１７年―２００４年
フランス文学

柏木英彦　かしわぎ　ひでひこ
１９３４年生まれ
言語学

松原秀一　まつばら　ひでいち
１９３０年―２０１４年
中世フランス文学

牧野信也　まきの　しんや
１９３０年―２０１４年
イスラーム学

丸山圭三郎　まるやま　けいざぶろう
１９３３年―９３年
言語哲学

河合隼雄　かわい　はやお
１９２８年―２００７年
臨床心理学

安岡章太郎　やすおか　しょうたろう
１９２０年―２０１３年
作家

日野啓三　ひの　けいぞう
１９２９年―２００２年
作家

佐伯彰一　さえき　しょういち
１９２２年―２０１６年
文芸評論家

瀬戸内寂聴　せとうち　じゃくちょう
１９２２年生まれ
作家・僧侶

立花　隆　たちばな　たかし
１９４０年生まれ
ノンフィクション作家

伊東俊太郎　いとう　しゅんたろう
１９３０年生まれ
科学史

福永光司　ふくなが　みつじ
１９１８年―２００１年
中国哲学

高木訷元　たかぎ　しんげん
１９３０年生まれ
仏教学

長尾雅人　ながお　がじん
１９０７年―２００５年
仏教学

森本公誠　もりもと　こうせい
１９３４年生まれ
初期イスラーム史

門脇佳吉　かどわき　かきち
１９２６年―２０１７年
哲学

柳瀬睦男　やなせ　むつお
１９２２年―２００８年
イエズス会司祭・科学基礎論

ナスロッラー・プールジャヴァーディー　Nasrollah Purjavady
１９４３年生まれ
イスラーム哲学

ヘルマン・ランドルト　Hermann Landolt
１９３５年生まれ　マギル大学名誉教授
イスマーイール派研究所上級研究員
スーフィズム・イラン哲学

サイイド・ホセイン・ナスル　Seyyed Hossein Nasr
１９３３年生まれ
ニューヨーク大学名誉教授
イスラーム哲学

ナダール・アルダラン　Nader Ardalan
ハーバード大学大学院デザイン学科
建築家

関根正雄　せきね　まさお
1912年—2000年
旧約聖書学

今道友信　いまみち　とものぶ
1922年—2012年
哲学

松本耿郎　まつもと　あきろう
1944年生まれ
イスラーム学

江藤　淳　えとう　じゅん
1932年—99年
文芸評論家

中村廣治郎　なかむら　こうじろう
1936年生まれ
イスラーム学

山折哲雄　やまおり　てつお
1931年生まれ
宗教学

黒田壽郎　くろだ　としお
1933年—2018年
イスラーム学

---

安藤礼二　あんどう　れいじ
1967年生まれ
文芸評論家

合庭　惇　あいば　あつし
1943年生まれ
元編集者
国際日本文化研究センター名誉教授

司馬遼太郎　しば　りょうたろう
1923年—96年
作家

遠藤周作　えんどう　しゅうさく
1923年—96年
作家

池田晶子　いけだ　あきこ
1960年—2007年
文筆家

中沢新一　なかざわ　しんいち
1950年生まれ
宗教学

松長有慶　まつなが　ゆうけい
1929年生まれ
仏教学

---

澤井義次　さわい　よしつぐ
1951年生まれ
宗教学

互　盛央　たがい　もりお
1972年生まれ
言語論・思想史

井筒俊彦（いづつ　としひこ）
1914年、東京・四ツ谷生まれ。1937年慶應義塾大学英語英文学科卒業、同大学文学部助手。1949年、慶應義塾大学文学部で講義「言語学概論」を開始、他にも言語哲学、ギリシャ語、ギリシャ哲学、ロシア文学などの授業を担当した。『アラビア思想史』『神秘哲学』、『コーラン』の翻訳、*Language and Magic* などを発表。

1959年から海外に拠点を移しマギル大学やイラン王立哲学アカデミーで研究に従事、エラノス会議などで精力的に講演活動も行った。1962年マギル大学客員教授、69年同大学イスラーム学研究所テヘラン支部教授、75年イラン王立哲学アカデミー教授。この時期は英文での執筆に専念し、*God and Man in the Koran*, *The Concept of Belief in Islamic Theology*, *Sufism and Taoism* などを刊行。

1979年、日本に帰国してからは、日本語での執筆に勤しみ、『イスラーム文化』『意識と本質』などの代表作を発表した。93年、78歳で逝去。『井筒俊彦全集』（全12巻、別巻1、2013年–2016年）、『井筒俊彦英文著作翻訳コレクション』（全7作・8冊、2017年–2019年）。

編者

若松英輔（わかまつ　えいすけ）
批評家・随筆家。東京工業大学リベラルアーツ研究教育院教授。1968年生まれ、慶應義塾大学文学部仏文科卒業。2007年「越知保夫とその時代　求道の文学」にて三田文学新人賞、2016年『叡知の詩学　小林秀雄と井筒俊彦』にて西脇順三郎学術賞、2018年『詩集　見えない涙』にて第33回詩歌文学館賞を受賞、『小林秀雄　美しい花』にて第16回角川財団学芸賞受賞。著書に『井筒俊彦　叡知の哲学』（慶應義塾大学出版会）、『イエス伝』（中央公論新社）、『魂にふれる　大震災と、生きている死者』（トランスビュー）、『悲しみの秘義』（ナナロク社）、『詩集　燃える水滴』（亜紀書房）ほか多数。

井筒邸の書斎で資料調査する編者
2015年3月26日

撮影　渋川豊子

＊本書に収録するエッセイは、原則として発表時の表記のままとしました。
＊文中に、今日の人権意識に照らして不適切と思われる表現がありますが、時代的背景と作品の歴史的価値に鑑み、加えて著者が故人であることから、発表時の表記のままとしました。

井筒俊彦ざんまい

2019年10月22日　初版第1刷発行

編　者――若松英輔
発行者――依田俊之
発行所――慶應義塾大学出版会株式会社
〒108-8346　東京都港区三田2-19-30
TEL〔編集部〕03-3451-0931
〔営業部〕03-3451-3584〈ご注文〉
〔　〃　〕03-3451-6926
FAX〔営業部〕03-3451-3122
振替　00190-8-155497
http://www.keio-up.co.jp/
装　丁――桂川 潤
装　画――山田 紳
印刷・製本――萩原印刷株式会社
カバー印刷――株式会社太平印刷社


Printed in Japan ISBN978-4-7664-2630-4